上海大学（1922—1927）编年事辑

SHANGHAI DAXUE (1922—1927) BIANNIAN SHIJI

胡申生 编著

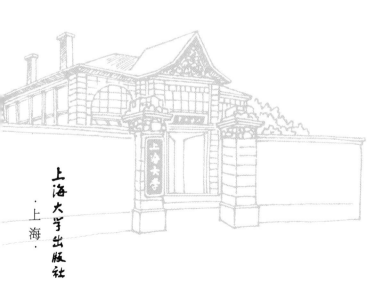

上海大学出版社
·上海·

图书在版编目(CIP)数据

上海大学(1922—1927)编年事辑 / 胡申生编著.
—上海：上海大学出版社,2022.7
ISBN 978-7-5671-4489-7

Ⅰ.①上… Ⅱ.①胡… Ⅲ.①上海大学-校史-史料
-1922-1927 Ⅳ.①G649.285.1

中国版本图书馆CIP数据核字(2022)第108173号

责任编辑　傅玉芳　刘　强
封面设计　柯国富
技术编辑　金　鑫　钱宇坤

上海大学(1922—1927)编年事辑

胡申生　编著

上海大学出版社出版发行
(上海市上大路99号　邮政编码200444)
(http://www.shupress.cn　发行热线 021-66135112)
出版人　戴骏豪

*

南京展望文化发展有限公司排版
上海东亚彩印有限公司印刷　各地新华书店经销
开本 787mm×1092mm　1/16　印张15.25　字数325千
2022年7月第1版　2022年7月第1次印刷
ISBN 978-7-5671-4489-7/G·3448　定价　75.00元

版权所有　侵权必究
如发现本书有印装质量问题请与印刷厂质量科联系
联系电话：021-34536788

自 序

胡申生

大凡为人物立传，为团体、单位作史，其基础是详尽地搜集占有资料，再行排比梳理，在此基础上撰成年谱或辑成编年事，纵向叙年，横向辑事，盖使读者得以了解传主或为史团体、单位之全貌。

清代史学家章学诚在《韩柳二先生年谱书后》中说："故凡立言之士，必著撰述岁月，以备后人之考证，而刊传前达文字，慎勿轻削题注与夫题跋评论之附见者，以使后人得而考镜焉。"（章学诚著、仓修良编注：《文史通义新编新注》，浙江古籍出版社2005年版）章学诚这里讲"年谱之体"对于立传作史所具有的重要性和必要性。

1976年以后，上海历史研究所方诗铭恢复《竹书纪年》的辑证工作，并得同所王修龄的大力帮助，撰成《古本竹书纪年辑证》，于1981年由上海古籍出版社出版。此书责任编辑为内子姜俊俊，我因得以了解这本书撰述、编辑、出版的全过程，并从中略窥散佚典籍搜集辨证之门径。《古本竹书纪年辑证》出版后，蒙方诗铭先生错爱，邀我协助他作《东观汉记》辑佚工作。几年中，在方诗铭先生的耳提面命下，遍访典籍，搜寻耙梳，认真抄录，辑成《东观汉记》佚文一册呈方诗铭先生。不料方先生尚未及作辑证工作，于2000年遽然西去，《东观汉记辑证》遂成方先生未竟之愿。然而，几年跟随方先生做辑佚"笨"工作，却使我从中学到了一些史料搜集校正的粗略功夫，懂得踏踏实实地做好史料基础工作对为史作传所具有的重要性。

2013年，上海大学建"溯园"，由我和党委宣传部的谢瑾撰《上海大学（1922—1927）大事记》。稿成以后，遂发愤撰《上海大学（1922—1927）编年事辑》。在学者此前研究的基础上，按年月逐日查寻辑事，于2018年9月撰成初稿，得十余万字。2020年编著出版之《从上海大学（1922—1927）走出来的英雄烈士》、2021年编著出版之《他们从上海大学

(1922—1927)走进新中国》、2021年编注出版之《上海大学(1922—1927)师生诗文书信选》以及2022年所著之《上海大学(1922—1927)全史》，无不得益于《上海大学(1922—1927)编年事辑》稿本。

从2020年开始，上海大学推出"校史工程"计划，在校党委的领导下，在党委宣传部、文学院、档案馆、博物馆以及出版社的共同努力下，陆续从全国各地革命纪念馆、陈列馆、校友后人，包括台湾地区以及俄罗斯等新搜集到许多珍贵的史料、资料和档案，于是，又对《上海大学(1922—1927)编年事辑》初稿作了修订补充。在此过程中，得上海大学档案馆副研究馆员洪佳惠襄助甚多，通过电话、微信沟通，每有会意，便欣然忘食，良有以也。

20世纪20年代的上海大学，存世时间五年不到，先后两次遭到帝国主义和国民党当局的武力封闭，档案遭毁散失，后又遇兵燹之祸，档案在运行途中罹难，现存档案不及原十分之一。有人编史，往往虑史料过多而愁精选之难，但对于20世纪20年代的上海大学，则每每有史料疏阔之叹。因此，凡事涉上海大学，即便细枝末节，均不忍弃去而编入书中。集腋成裘之念，还望读者体谅。

2022年是上海大学建校100周年。《上海大学(1922—1927)编年事辑》的出版，可对这所红色学府的了解和研究多一份资助。然而限于著者的视野与水平，难免会有疏漏舛错之处，还望读者多予指正和补充，不胜感谢。

凡 例

一、本书主要依据相关的档案、会议记录、报章杂志报道、书信、文稿、作品、回忆录、年谱以及传记资料编辑成书。出处一律放在括号中以便查检。

二、对资料中出现的讹误、产生的歧义或需要解释说明之处，用"按"的形式予以表述。

三、在本书出版之前，已有编者所著《上海大学（1922—1927）全史》出版，书中有上海大学主要的教师、学生传略，本书不另作介绍，读者可自行借助参阅；涉及非上海大学师生之人物，则以脚注的形式加以介绍。

四、对于人名、别名、曾用名、地名等的注释，采用重出重注的方式，以方便读者了解。

五、本书以公元纪年。正文大致按年、月、日编排；同一日所辑之事，不论事情大小，一律以上海大学本校之事放在首条。

六、当月之中，凡无日可考者，系于月，以"是月"辑于月末；当年之中，凡无月可考者，系于年，以"是年"辑于年末。

七、为事件记录的完整性，视事件具体情况，有的以"按"之形式采用纪事本末的方式对事件进行完整表述，有的则对同一事件按其发展线索分别在不同时日辑之。

八、为求行文简洁、格式统一，书中人物姓名后一律不冠尊称或职称。

九、本书编年时段分为上、下两编，上编为1922年至1927年，即上海大学存世时间，但由于1927年之后上海大学还有追认学籍、复校等举，为使读者了解其原委，特以下编辑之。

十、本书所引用的旧闻、旧著等，一律改用简化字和现代汉语标点符号，并对明显的错、漏字予以改正，其余一仍其旧。史料中难以辨认的字，以□代替。

目 录

上 编

1922 年	3
1923 年	8
1924 年	37
1925 年	86
1926 年	146
1927 年	192

下 编

1929 年	213
1930 年	214
1936 年	215
1937 年	219
1940 年	221
1941 年	222
1945 年	223
1947 年	224
1948 年	225
1949 年	226

参考文献 …… 227
后记 …… 232

上编

1922 年

1月

1月15日

东南高等专科师范学校举行第一次入学考试。第二次入学考试时间为2月10日。(《东南高等专科师范学校招生》,《时报》1921年12月31日)

按：东南高等专科师范学校是上海大学的前身。这所学校成立于1921年底和1922年初之间,是一所私立学校。校址在上海闸北青岛路(后改称青云路)青云里。校长为王理堂,校务长为陈勋武,会计为汤石庵。学校设有国文、英文及美术专修科和附属中学。当年经过考试招收男女学生160人。(《东南高等专科师范学校招生》,《时报》1921年12月31日;程永言:《回忆上海大学》,《党史资料丛刊(第2辑)》,上海人民出版社1980年版)

10月

10月10日

于右任在《民国日报》上发表《教育改进的要义》。文章说:"教育固然是立国的命脉,但误用时,也是亡国灭种的祸根;所以'教育普及不普及'是一个问题,'所普及的是甚么教育',却另是一个问题。教育不普及,流弊是人民愚陋;人民愚陋,也还有使他们虽愚陋而进于开通的方法;若普及了一种落后时代拂逆思潮妨害人群进化的教育,流弊要比愚陋大十百倍了。"

按：在这篇文章里,于右任强调"教育固然是立国的命脉",但更重视普及符合时代进步要求、有利于人群进化的教育,反对那种拂逆时代进步思潮的所谓教育。

10月18日

东南高等专科师范学校学生入学以后,发现学校的现状与报纸刊登的广告以及其他相关宣传、承诺相去太远。加之校长王理堂又带着学生所缴的学膳费去日本东京留学,于是程永言、周学文、汪钺、陈荫楠、孔庆仁、陈子英、王德庆、余益文、黄吉羽和一个姓郝的同

学秘密组织十人团,假午饭夹生、伙食公开账目等问题发难,闹起学潮,宣布罢课。(程永言:《回忆上海大学》,《党史资料丛刊(第2辑)》,上海人民出版社1980年版)

按:东南高等专科师范学校学生季步高,在1922年10—11月间写信给父亲,说自己"即来上海东南高等专科师范学校,无如该校以骗钱为目的,校中腐败不堪,言喻毕业后亦无资格,众同学遂起风潮,宣言改组前创办四人,三人皆被驱逐,其一为处州人,姓耿名熙,尚热心教育,故仍挽留"。(季步高:《致父亲的信》,胡申生编著《上海大学(1922—1927)师生诗文书信选》,上海大学出版社2021年版)

10月19日

罢课风潮起后,东南高等专科师范学校形成两派组织对峙,即支持罢课的自治会和反对罢课的维持会。下午2时,东南高等专科师范学校自治会开会,议决改校名为上海大学,请于右任为校长。(《东南高专师校风潮续志》,《申报》1922年10月20日;《东南高等专科师范校风潮》,《民国日报》1922年10月20日)

按:关于为什么请于右任担任上海大学校长,季步高说:上海大学"现新请校长于右任,此人系革命伟人,曾做过陕西督军,后以不肯做,弃职来沪,热心办理教育事业,在上海为最有名之人也。"(季步高:《致父亲的信》,胡申生编著《上海大学(1922—1927)师生诗文书信选》,上海大学出版社2021年版)程永言说,罢课开始以后,他"秘密地组织十人团为核心,决定改组学校,拟推翻前校长,迎接一个有革命声望的人进来,办一所革命的大学,使外地青年来沪求学有所问津。十人团内推陈独秀、章太炎、于右任三先生,拟在其中延请一位来掌校"。(程永言:《回忆上海大学》,《党史资料丛刊(第2辑)》,上海人民出版社1980年版)沈雁冰说:东南高等专科师范学校罢课风潮起来后,"这时学生中有与党有联系的,就来找党,要党来接办这学校。但中央考虑,还是请国民党出面办这学校于学校的发展有利,且筹款也方便些,就告诉原东南高等师范闹风潮的学生,应由他们派代表请于右任出来担任校长,改名为上海大学。于是于右任就当了上海大学的校长"。(茅盾:《我走过的道路(上)》,人民文学出版社1981年版。茅盾是沈雁冰在1927年9月在上海发表小说《幻灭》始用的笔名,后以笔名行)沈雁冰是中国共产党早期党员,后来又到上海大学担任教授。他说"学生中与党有联系的",这个学生究竟是谁?他并没有明说。按照目前所能看到的史料,这位与党有联系的学生最有可能的应该是嵇直。在东南高等专科师范学校的学生中,只有他当时与共产党有联系,并且参与了学校罢课风潮的领导工作。嵇直在东南高等专科师范学校带头组织学生成立学生会,要求学校改组时,已经在张秋人的直接领导下。张秋人作为共产党员,本和陈独秀、施存统、沈雁冰、沈泽民、邵力子等共产党员熟悉,嵇直完全可以通过他来找到共产党,并带回党中央关于请于右任担任校长的建议和指示。实际上,嵇直在完成东南高等专科师范学校改组成上海大学的准备工作以后,就奉组织之命到上海南方大学读书,担任团支部书记,并开展工人运动。(嵇直:《我所知道的上海大学的由来》,中共江苏省委党史资料征集委员会、江苏省档案局编《江苏革命史料选辑》1983年第6期)所以,嵇直在上海东南高等专科师范学校领导学生闹学潮,严格说,是党团组织领导的一项革命工作,即使和共产党组织有联系,也完全是处在秘密状态之中的。这和程永言自发组织的"十人团",要求赶走原来的校长、改组学校、选择新的校长,并不在一条线上。因此,关于东南高等专科师范学校的闹学潮、改组为上海大学、请于右任来担任校长等,在嵇直和程永言所留下的回忆中,竟没有任何交集,也就不奇怪了。1922年10月23日,上海大学成立之时,正是国共两党酝酿合作时期。当时,国民党已在南方拥有与北京的北洋政府对抗的政府,是一个公开进行政治活动的政党。而中国共产党则处于秘密状态,不能以组织的名义公开活动。然而,从沈雁冰、嵇直等人的回忆中可以断定,中国共产党从上海大学成立一开始,就参与了上海大学校长的遴选并给出了自己的建议。关于决定由于右任来担任校长,上海大学陕西籍学生党伯弧有个说法:"于右任出任上海大学校长,名义上是经过校内、外的国民党人所公推,实际上是当时的中共中央决定的。在学校改组过程中,党中央曾从各方面给予了协助和支持。"(党伯弧:《大革命时期陕籍青年在上海大学》,中国人民政治协商会议陕西省西安市委员会文史资料研究委员会编《西安文史资料(第4辑)》1983年6月内部发行)这一说法也是对沈雁冰的回忆,即共产党参与了于右任担任上海大学校长的遴选和讨论说法的一个佐证。

10月20日

《民国日报》刊登署名"际安"的《东南高等专科师范风潮》的消息,称:"东南高等专科师范,由饭食风潮激成学校改组风潮,我想平日若无他种事故,一时风潮扩大亦不至如此。"

10月21日

《民国日报》刊登《东南专师风潮之昨闻》、《申报》刊登《三纪东南高专师校之风潮》的消息,报道了东南高等专科师范学校罢课风潮的情况。

10月22日

《申报》刊登《上海大学启事》:"本校原名东南高等专科师范学校,因东南二字与国立东南大学相同,兹从改组会之议决,变更学制,定名上海大学。公举于右任先生为本大学校长。此布。"

10月23日

上海大学成立,于右任任校长。校址在闸北青岛路(今青云路)。

上午10时,上海大学召开大会,欢迎于右任就任上海大学校长。首先由教工代表陈藻青致欢迎词。他说,此次改造学校,可谓公理战胜强权。于校长为革命伟人、共和元勋、言论界之先驱、教育界之先进,敬为本校前途表示欢迎。于右任即席发表演讲。他说:"予自陕西回沪,极欲投身教育界,但予乃愿为小学生以研究教育,非好为人师。因予自审学力不足,诸君改组大学,前途艰巨,尤非予所能任。予二十年奔走,能得人同情者,惟不随

风倒浪,但因此便不能不审慎进退,予实不敢担任校长。但诸君如此诚意,念西哲言互助之义,自动植物以至野蛮人类皆能互助,何况吾辈为有文化之人,自当尽力之所能,辅助诸君,力谋学校发展。改日再当提出意见,与诸君商榷,谨以诚意感谢诸君。"(《上海大学欢迎校长》,《民国日报》1922年10月24日)于右任又特别指出,自己在"少年时代,曾做过小鞭炮竹,今后要制造炸弹、地雷,不仅在中国落地开花,还要炸得全世界开花结果"(程永言:《回忆上海大学》,《党史资料丛刊(第2辑)》,上海人民出版社1980年版)。邵力子以来宾的身份发表了演说。他说:"诸君以革命精神,改造学校,实可佩服。上海学校林立,优少劣多。所谓劣者,即营业式之学校。营业学校何自而发达,实由于高级学校之佳者学额有定,考取不易,彼等遂得乘机而起,以供学子之需求。今诸君群众一心,推倒营业式之学校,此类学校,当可逐渐消灭。于先生为余旧友,余不欲作标榜语,但深知其进退不苟,七年护法赴陕,辛苦数载,孑然归来,可谓失败。然其失败乃光荣之失败,余以为于先生之精神实近于易卜生所云非全有则宁无者。现代青年病根在羡慕虚荣,骗钱学校亦即乘此弱点而起,故非称专科,即称高等,或专门,或大学。诸君此次改组大学,只能视为悬一大学之目标以共赴之,万不可遽自命为大学学生。于先生谦言愿为小学生以研究教育,余望诸君亦本此精神,切切实实地多求几年学问。"(《上海大学欢迎校长》,《民国日报》1922年10月24日)最后程永言代表学生作了发言。

10月25日

《民国日报》刊登胡寄尘写于24日的来函,称:"顷悉上海大学已由于右任先生担任校长,南方大学已由江亢虎先生担任校长,深为两校学生庆幸。我于此两校之教员职务,自当量力勉任。因劳知友函询,不及遍复,特此奉答。"

10月26日

下午,于右任在上海大学召集教务会议,决定以叶楚伧为教务主任。议决10月30日(星期一)正式开课,每星期六、日,由图音、图工、英文、国文四部轮开教务会议一次。每月开全体教务会议一次。会议还决定学校的工作目前暂时维持现状,其他的革新计划将逐步通过会议讨论后公布。(《上海大学之教务会议》,《民国日报》1922年10月27日)

10月27日

《民国日报》刊登《上海大学之教务会议》的消息,介绍了上海大学于26日召开的教务会议情况,并称"上海大学由于右任君担任校长后,教职员学生均极欣幸"。

11月

11月13日

物理学家爱因斯坦博士访问日本途经上海,于右任以上海大学校长的身份参与接待,与王一亭、张君谋等一起在梓园宴请爱因斯坦夫妇一行。于右任在宴会上致辞说:"鄙人今日得与日本改造社欢宴博士,谨敢代表中国青年略述钦仰之情意。博士实为现代人类之夸耀,不仅在科学界有伟大之贡献与发明,中国青年崇仰学术,故极崇仰博士。今所抱歉者,时间匆促,不能多尽东道之谊,尤不能多闻博士伟论。惟愿博士在日本讲学既毕,重为我国青年赐诲。"爱因斯坦博士致答词。席间张君谋用德语发表了演说。(《恩斯坦博士过沪之招待》,《民国日报》1922年11月14日)

12月1日

下午2时,于右任以上海大学校长的身份应邀参加中华公学建校一周年纪念大会,并发表演说。在演讲中,于右任称:"教育之最要者,为授以生活上必需之智识技能。人谁不求生活,欲求生活,非具创造力不可。"(《中华公学之一周纪念》,《申报》1922年12月2日)

12月8日

原东南高等专科师范学校校长王理堂在法租界蒲石路召开会议,参加者为原东南高等专科师范学校旧创办人员。会议决定就学校被改组事提起诉讼,和上海大学交涉。(《上海大学之交涉·旧校长之举动》,《时报》1922年12月9日)

按:12月21日《时报》刊登《上海大学交涉再志》,称王理堂"迭在上海地方审检二厅提起诉讼,并请求审厅对于校具假处分及假扣押,已由审厅准允。于昨日下午二时,由承发吏孙益嘉偕同王及某律师,前往该校检查。在校教员陈某及学生汪某,以为该项训令系属伪造,坚不许查。承发吏现已回署复命"。

是年

季步高、李逸民①、王环心、王秋心等考入东南高等师范专科学校。10月23日该校改组为上海大学后,都转入上海大学学习。(《上海大学一览》,1924年4月编印)

龙大道进入上海大学社会学系学习。(《上海大学一览》,1924年4月编印)

---

① 又名叶书。

1923 年

1月

1月6日

原东南高等专科师范学校学生王幹庭、陈九经等十余人,因反对学校被改组成上海大学,到上海大学交涉,表示欢迎东南高等专科师范学校创办者王理堂等入校,欲"一切均恢复原状"。经上海大学报警后,王幹庭一行被警署派警驱离。(《东南高等专科师范学生启事》,《民国日报》1923年1月7日、8日)

1月21日

《民国日报》刊登《上海大学交涉和平解决》的消息:"闸北青岛路上海大学学生,与前创办人王公燮等交涉事,屡志前报。兹闻王公燮等因近日诉讼,形势不佳,托律师王某一再携函向该校校长及学生委员声明脱离关系,请求和平解决,双方撤销讼案。闻该校长等已允其请,交涉从此可告结束云。"

1月23日

《民国日报》刊登《上海大学交涉和解续志》的消息:"闸北青岛路上海大学学生,与前创办人王公燮、陈勋武、汤石庵等交涉,日前和平解决,已志前报。兹觅得王等致该校学生函云:径启者,同人等创办之东南高等专科师范学校,所有校具及其他各种物件,均应归改组之上海大学所有,同人等从此即脱离该校关系,至双方民、刑诉讼,各自向检、审两厅撤销可也。"

1月25日

《民国日报》刊登由程嘉咏①、余宜文、周学文、汪钺等四人署名的《上海大学学生委员会来函》,称"敝校与前东南高等专科师范创办人王公燮、陈勋武、汤石庵等交涉一事,近日已和平解决"。

---

① 即程永言。下同。

《申报》刊登《王开疆为东南高等专科师范上海大学事声明》:"东南高等专科师范与上海大学涉讼一节已志各报,现经鄙人出任调解,蒙双方让步了结。特此声明。"

按:王开疆为程永言等人的律师,后任上海大学兼职教授。

2月

2月10日

《民国日报》《申报》刊登由上海大学校长于右任署名的《上海大学招生》广告。

2月26日

上海大学寒假留校学生程嘉咏等致北京学生联合会总会函,称:北京政府教育总长彭允彝破坏司法,蹂躏人权,逼走校长,压制学子,呼吁各省学生联合会力请政府罢斥彭允彝,全国各学校暂与北京教育部脱离关系等。(《上海大学生严厉对彭》,《民国日报》1923年2月27日)

按:彭允彝,生于1878,湖南湘潭人。1922年,任北京政府教育总长。1923年,附和北京政府逮捕北京大学进步教授,引起风潮,酿成惨案,受到舆论的严厉谴责。

是月

《史地学报》1923年2月第5号刊登《上海大学将设史学系》的消息,称:"兹闻上海大学教职员会议决定下学期起添设史学系及社会科学系等。"

3月

3月1日

《民国日报》刊登《上海大学各科每周授课时间表》,共分"高级中学""国学部""英文部""图工部""图音部"五个部分。

3月4日

《民国日报》《申报》刊登由上海大学校长于右任署名的《上海大学续招生》广告。

3月5日

《民国日报》刊登《上海大学积极整顿》的消息,称:"上海大学自去岁风潮平息后,由校长于右任先生积极整顿。今岁添办高级中学,并于原有之师范部各科添设主任、增聘教员。"又称:"美术科主任为洪禹仇君,文学科主任为张君谋博士,中学科主任为陈德徵君,皆积学热心之士。"报道还说上海大学"以原有校址隘陋,不敷应用,现方在物色新校舍,一经择定,即将迁移,目前则仍在原址上课"。

按:《申报》于3月6日作了内容相同的报道。

3月12日

上海大学正式开课。(《日昨开学之两校·上海大学》,《申报》1923年3月13日)

3月26日

《申报》刊登《国民对日游行大会纪·游行时情形》的消息,称:游行队伍的横额为"国民对日外交游行大会",还有大旗两面,上面分别写有"不承认二十一条约""收回旅顺大连主权"。上海大学等150多所学校参加了游行活动。

3月31日

遵照中共上级领导的指示,邓中夏化装成商人模样,由北京赴上海,寓居在闸北宝山路宝山里82号,化名"安石"。(冯资荣、何培香编著:《邓中夏年谱》,中国文史出版社2014年版)

4月

4月1日

《民国日报》刊登《上海大学今日之演讲》、《申报》刊登《上海大学今日请人演讲》的消息,称上午10时,张继①应上海大学校长于右任的邀请,来位于闸北青岛路的上海大学作题为"个人与社会"的演讲。报道还称上海大学自于右任先生接办后,对于教务认真改革,新有教职员皆系名流。开学以来,来学者非常踊跃。现学额已满,新生业于昨日停止录取。

4月5日

上海大学放春假四天。放假期间,美术科学生组织旅行写生团赴杭州西湖进行风景写生实习活动。(《三大学近闻汇纪·上海大学学生旅行》,《民国日报》1923年4月6日;《上海大学学生赴杭写生》,《申报》1923年4月6日)

4月15日

上午10时,北京大学教授李大钊到上海大学作题为"演化与进步"的演讲。其大意谓:"演化是天然的公例,而进步却靠人去做的。我们立足在演化论和进步论上,我们便会像马克斯一样的创造一种经济的历史观了。我们知道这种经济的历史观系进步的历史观。我们做人当沿着这种进步的历史观,快快乐乐地去创造未来的黄金时代。黄金时代不是在我们背后的,是在前面迎着我们的。人类是有进步的,不是循环而无进步的。即就文艺论,也不是今下于古的。所以无论如何,应当上前进去,用了我们底全力,去创造一种快乐的世界。不要悲观,应当乐观。"(《上海大学昨日之演讲·李大钊讲"演化与进步"》,《民国日报》1923年4月16日;《"演化与进步"之演讲》,《申报》1923年4月16日)

按:4月16日,《民国日报》《申报》分别刊登报道,称"上海大学每星期必举行演讲会",昨日(15日)李大钊的演讲为该校演讲会之第二次。

下午2时30分,中国国民党交际部举办招待教育界茶话会,上海大学英文组学生周继晖、孔庆波、施锡其、朱耀宗、朱国栋、陈元丰、王才举、李芳、张由嘉、余益文、袁恕之、阎

---

① 张继(1882—1947),原名溥,字溥泉,直隶沧州(今属河北)人。国民党元老。

慈佛、佘埃生、阎鸿钧、阎太元等参加了茶话会。(台北：中国国民党中央委员会文化传播委员会党史馆一般档案 415.142)

4月22日

《民国日报》刊登《各学校消息汇志·上海大学》、《申报》刊登《汪精卫今日在上海大学讲演》的消息，称上海大学文科主任张君谋请俄国美术家卜脱儿四喀氏任该校油画教授。

4月23日

《民国日报》刊登《各学校消息汇志·上海大学》的消息，称："本埠上海大学，自于右任先生接任校长以来，为整顿校务起见，特聘邓安石①为总务长。"还称："闻邓君前为北大文科毕业生。"《申报》以《上海大学新聘总务长》为题作了同样的报道。

按：4月上旬，上海大学校长于右任设宴招待李大钊，李大钊向于右任推荐邓中夏到上海大学工作，出任上海大学历史学教授、总务长。为表诚恳，于右任特派代表程永言到宝山路寓所迎接邓中夏到校履新。(程永言：《回忆上海大学》，《党史资料丛刊(第2辑)》，上海人民出版社1980年版)1924年4月编印的《上海大学一览》称邓中夏1923年夏季到校。

上海大学教职员在四马路②同兴楼召开会议，讨论学校扩充和校务整顿等问题。议决由张继、于右任负责在宋公园(今闸北公园)筹建新校舍；邓中夏、陈德徵、洪野负责制定学校扩充后的章程；下一学期添设俄国文学系、社会科学系、史学系。(《上海大学教职员会议》，《民国日报》1923年4月24日；《上海大学筹建校舍于宋园》，《申报》1923年4月24日)

4月29日

汪精卫到上海大学作题为"集权与分治"的演讲。(《汪精卫君讲演记·在上海大学·题为"集权与分治"》，《民国日报》1923年5月1日)

是月

邓中夏与杨贤江、恽震③等介绍侯绍裘加入"少年中国学会"。(冯资荣、何培香编著：《邓中夏年谱》，中国文史出版社2014年版)

5月

5月2日

上海大学聘请沈雁冰为西洋文学史教授、何连琴女士为洋琴教师。(《上海大学又添聘教师》，《申报》1923年5月3日)

---

① 即邓中夏。
② 今福州路。
③ 恽震(1901—1994)，字荫棠，江苏常人，浙江公立工业专门学校讲师。新中国成立后历任华东工业部电器工业部处长、贵州工学院电机系教授、机械部外事局、电工总局顾问等职。

按：1924年4月编印的《上海大学一览》称沈雁冰于1923年5月到上海大学任教，教授欧洲文学史、小说。

5月4日

《民国日报》刊登《上海大学创设图书室》、《申报》刊登《上海大学新设图书室》的消息，称上海大学为使学生课余自动研究学问起见，拟创办图书馆。因经济关系，暂设图书室，由陈德徵为主任，徐竹虚、姚天羽为管理员。并称在开馆仪式上将请总务长邓中夏作题为"图书馆与自动教育"的演讲。

5月5日

中午12时，中国国民党在法租界莫里哀路29号（今香山路7号）孙中山寓所举行"双五节庆祝大会"，庆祝孙中山当天在广州就任大总统。除该党在沪党员赴会外，上海大学等各界到者共600余人。邵力子参加了会议，并发表演说。（《庆祝双五节纪·国民党本部》，《申报》1923年5月6日）

5月6日

上海学生会在南洋大学①开会，上海大学代表出席会议。会议决定发印"五九"②特刊，加入市民大会。并用快邮代电致各国公使请主持公理。（《学生会昨日开会·议决发印〈五九特刊〉》，《申报》1923年5月7日）

5月9日

上海大学学生会举行五九纪念会大游行，上午10时游行队伍从学校出发，由青岛路、青阳桥、经过东宝山路、北火车站、王家旱桥、天通庵，至下午3时后返校。在游行过程中，还"沿途演讲，语极沉痛，听者莫不动容"。（《"五九"纪念日之上海·上海大学》，《民国日报》1923年5月10日；《五九纪念日之上海·各学校·上海大学》，《申报》1923年5月10日）

5月12日

《民国日报》刊登《上海大学图书馆征求图书》的消息，称："敝校创设图书馆，原以副莘莘学子自动研究之望。惟开创之初，书籍不多，势不得不向各界恳切征求。务希海内外热心教育诸君，欣然惠赠，不计性质，不计册数（多多益善）。"

5月13日

上午10时，马君武③到上海大学作题为"国民生计政策"的演讲。（《上海大学之演讲

---

① 今上海交通大学。下同。
② 1915年5月9日，中华民国第一任大总统袁世凯被迫接受日本"二十一条"中的十二条内容。条约签订后，全国教育联合会决定，各学校每年以5月9日为"国耻纪念日"举行纪念，借此警励国人毋忘此日，誓雪国耻。
③ 马君武（1881—1940），原名道凝，广西桂林人。国民党元老。获德国柏林工业大学工学博士学位，曾任广西省省长。

会·马君武博士讲"国民生计政策"》,《民国日报》1923年5月15日)

5月25日

上海大学美术科毕业同学会成立。同学会以"继续研究美术,增长上大精神"为宗旨。首届毕业生34人均为会员。同学会拟编辑中小学艺术教科书,筹备上海大学美术科毕业同学成绩展览会,筹办上海大学美术科暑期义务学校等。(《上海大学一览》,1924年4月编印)

5月27日

下午2时,武进旅沪同学会在林荫路江苏省教育会举行成立大会,上海大学等学校代表100多人参加了大会。(《武进旅沪学生会成立会》,《申报》1923年5月28日)

6月

6月1日

《民国日报》刊登由校长于右任署名的《上海大学招生》广告。

6月3日

邓中夏就中国社会主义青年团内部与中国共产党闹独立的错误倾向及团的建设等问题,给团中央书记施存统写信,提出六点建设性的意见。6月11日,施存统给邓中夏回信,说:"来信所论各节,弟本人大体极表赞同",并告知:《先驱》决定"把你的意见发表出来,供同志们公开的讨论"。

按:邓中夏致施存统的信和施存统的复信,以《讨论本团此后进行的方针》为题,发表于《先驱》第22号上。(冯资荣、何培香编著:《邓中夏年谱》,中国文史出版社2014年版)

6月7日

上海大学教务长叶楚伧主持教职员会议,讨论决定了几项工作:一是美术科学生毕业事宜;二是大学各系及高级中学学生考试事宜;三是招考新一届学生问题,并推举叶楚伧、陈德徵、周颂西三人为招生委员。(《上海大学之校务会议》,《申报》1923年6月8日)

6月8日

《申报》刊登《上海大学之校务会议》的消息,称上海大学美术科教授万古蟾,现为晨光美术会推任暑期学校主任,并未兼南方大学教授。

6月12—20日

中国共产党第三次全国代表大会在广州召开。出席大会的代表有30余人,代表全国420名党员。大会选举陈独秀、蔡和森、李大钊、谭平山、王荷波、毛泽东、朱少连、项英、罗章龙九人为中央执行委员会委员,邓培、张连光、徐梅坤、李汉俊、邓中夏为候补委员。由陈独秀、蔡和森、毛泽东、罗章龙、谭平山组成中央局,陈独秀为委员长,毛泽东为秘书,罗章龙为会计,负责中央日常工作。会上还决定成立"中华全国总工会筹备委员会",邓中夏

被任命为筹委会主任委员。

6月14日

《申报》刊登由校长于右任署名的《上海大学招生》广告。

《民国日报》刊登《上海大学革新之猛进》的消息,称:"上海大学自去冬于右任先生接办后,锐意革新,一面筹募款项,一面罗致人才,于是在上海向不著名之学校,一变面崭露头角矣。"还披露了上海大学拟定的今后发展的大体计划。报道还称,上海大学自下年起已预定的教职员有:总务长为邓中夏,教务长为瞿秋白,社会学系主任为李汉俊,中国文学系主任为陈望道,俄国文学系为瞿秋白兼任,绘画系主任为洪野,附设中学部主任为陈德徵。报道还称:"其所聘新教员如程太炎①、李大钊(以上为特别讲座)、俞平伯、田汉、沈仲九、施存统、刘宜之、朱自清等,皆属海内知名之士。上海原少提高文化之大学,该校如果从此革新之后,继长增高,当不难为东南文化之总汇也。"

按:根据陈望道回忆,当时自己对是否应聘进上海大学任教任职问题正在踌躇不决时,接到陈独秀写给他的一张署名"知名"的小条子,上面说:"上大请你组织,你要什么同志请开出来,请你负责。"(邓明以著:《陈望道传》,复旦大学出版社2005年版)社会学系主任,实际上后来由瞿秋白担任,李汉俊直到1926年才到上海大学社会学系任教授。

《民国日报》副刊《觉悟》刊登《上海大学概况》,内容包括:上海大学略史;上海大学此后之计划。关于此后之计划,提出:"本校为应社会之需求及事实之便利起见,除仍办中学部外,大学部决暂转办下述两院:(一)社会科学院;(二)文艺院。分为三期扩充办理,每期定为两年。"在社会科学院中添办社会学系、经济学、政治学系、史学系、法律系、哲学系、心理学系、教育系;在文艺院中添办绘画系、俄国文学系、德国文学系、音乐系、法国文学系、雕刻系。

6月15日

中国共产党理论刊物《新青年》季刊在广州创刊,瞿秋白担任主编。由瞿秋白翻译的《国际歌》的中文歌词首次在这个刊物上发表。该刊于1926年7月停刊。

《民国日报》副刊《觉悟》刊登《上海大学概况(续)》,公布了《上海大学暂行校则》。

6月19日

《民国日报》副刊《觉悟》刊登《上海大学概况(续)》,公布了各系科目及必修课目和选修课目。

恽代英致信弟媳妇葛季膺。在信中,恽代英说:"现友人约到上海大学任总务长一席,我已以支款了结宿债为条件,决定承诺与否。但八月间总须到沪一行,下半年事现仍不能自决。不过据友人来函,上海大学任教多一时畏友,苟稍经营,可为一般改造同志驻足讲

---

① 疑为"章太炎"之误。

学储能之所,故颇重视之也,我约十日后离此。"(刘吉主编:《永远的丰碑:党的英烈代表人物诗文选粹》,光明日报出版社2006年版)

> 按:恽代英在给弟媳葛季膺写这封信时,邓中夏已就任上海大学总务长一职。在信中,恽代英没有谈及具体什么时候友人约他任上海大学总务长一席,也没讲这位友人是谁。但有一点是可以确定的,即恽代英当时也是上海大学总务长人选之一。当年8月前后,恽代英就到上海大学社会学系任教授。

6月21日

《北京大学日刊》全文刊登《上海大学之略及此后计划》《上海大学暂行校则》。

6月22日

下午1时,上海大学中国文学系乙组学生在本班教室召开全体会议,决定刊印同学录、创办周刊等项事宜。(《上海大学之近况》,《民国日报》1923年6月23日)

6月24日

上海大学总务长邓中夏和图书室主任陈德徵,会同美孚工程师方保障到闸北宋园为新校址建设进行勘察测量。(《上海大学建筑新校舍》,《民国日报》1923年6月26日)

是月

贺昌进入上海大学学习,并被编在中共上海地委兼区委第一组上海大学组。(穆生高:《贺昌传》,中共党史出版社2008年版;中央档案馆、上海市档案馆:《上海革命历史文件汇集(上海区委会议记录)一九二三年七月——一九二六年三月》,1989年10月)

7月

7月1日

上午10时,上海大学美术科图音组、图工组首届毕业生34人,在宋园举行毕业庆祝活动。校长于右任参加并在宋教仁遗像前发表演说,大意为:"宋先生是一位有预备的政治家。未革命以前,遂将革命时之文告及成功后之建设计划静心预备,彼时我方以为迂,宋先生则曰早日准备,他日可不致有临渴掘井之苦。袁世凯、赵秉钧辈何以要暗杀宋先生呢,即以宋先生是位政治家,主张政党内阁,袁、赵辈深忌之,故下此毒手。现谋杀宋先生者(如袁世凯、赵秉钧、洪述祖等)与知宋案真相者(如黄克强、陈英士等)皆相继死去,只剩我一人。现在袁贼虽死,而袁贼化身却布满国中,国事蜩螗如故。我无能,未能有所建树,以慰国民,以报死友。及今思之,且愧且痛。诸君年富力强,其奋勉毋息。"在场学生听了于右任校长这番充满革命深情的演说,都深为感动,报以热烈掌声。最后,于右任和全体毕业生合影留念。(《上海大学毕业之盛典》,《民国日报》1923年7月3日;《纪各校之毕业礼·上海大学》,《申报》1923年7月3日)

上海大学全体学生举行欢送会,欢送美术科图音组、图工组毕业生。在欢送会上,来

宾曹刍①和教师邓中夏、曾伯兴、陈德徵、沈雁冰等先后发表了演说。邓中夏在演说中称:"革命之手段不一,而假艺术手段以从事革命,其收效亦大,在目下无产阶级被压迫之时,吾人尤不能不以艺术宣泄和安慰被压迫者之痛苦。"沈雁冰在演讲中说:"人生艺术底趋势亦有二:其一即托尔斯泰之无抵抗主义,其一即罗曼罗兰之大勇主义。吾以为在事实上和时势上看,无抵抗主义底理想,未免太高。而罗曼罗兰之大勇主义,主张由糟的一方面前进,有时似乎又不免令人失望,所以目下所急迫,还是俄罗斯阿尔支拔绥夫所提倡的对于社会痛恨而努力从事于革命的一法。"毕业生代表朱凤文、王显诏也在会上发言致谢。上海大学学生举行聚餐会,欢送美术科图音组、图工组首届毕业生。(《上海大学毕业之盛典》,《民国日报》1923年7月3日;《纪各校之毕业礼·上海大学》,《申报》1923年7月3日)

中国共产党机关刊物《前锋》月刊由广州平民出版社出版,瞿秋白担任主编。到1924年2月1日出至第三期后停刊。(蓝鸿文、许焕隆著:《瞿秋白评传》,人民日报出版社2000年版)

7月3日

《民国日报》刊登由校长于右任署名的《上海大学第一期录取新生案》。大学部中国文学系录取韦杰三、陈均、孙维垣三名新生,中学部录取新生多名。

7月5日

上海大学学生会召开全体职员会,宣布学生会因放暑假而闭会。会议根据校长于右任要求,推定陈子英、夏小溪两人在暑假期间到校帮助学校处理校务。(《上海大学学生会闭会》,《民国日报》1923年7月8日)

下午2时,上海大学中国文学系乙组学生在学校第六教室举行茶话会。会议要求学生放假回到家乡,"应尽国民天职,露天宣传,以谋群众运动"。(《上海大学国乙茶会记》,《民国日报》1923年7月6日)

《民国日报》刊登《上海暑期讲习会通告》,称本会邀约上海学界同人趁这暑期内各校休假余闲,选定了国民常识中必需的几种科目,分日讲授。叶楚伧、沈雁冰、陈望道、何世桢、邵力子等都应邀担任讲师。

7月6日

《申报》刊登《全国学生会筹备开大会·各省代表已纷纷报到》的消息,称全国学生总会派理事两人,向上海大学、复旦中学接洽接待各地代表的寄宿问题。

7月8日

下午1时,上海大学召开美术科图工、图音甲组首届毕业生告别会,校长于右任和教

---

① 曹刍,别名守一、漱逸,江苏镇江人。曾任民革江苏省委员会常务委员,江苏省第三、第四届政协委员。

职员20多人参加了会议。会议由学生代表致辞别词。校长于右任就"博爱"发表了训词。教师陈望道、叶楚伧、邵力子在会上先后发表演说。陈望道在发言中说，绘画当求适于人生，与其闭门临一裸体美人，不如在田间写一裸体农民。叶楚伧在发言中说："人生是社会全体之一小段，专顾小己，未免苟且偷安，凡我同学，倘不能排除阻力，达到改革之目的，为全社会造幸福，即非吾徒。"邵力子在发言中勉励同学须注意于开新路，如儿童画、通俗画皆可救国。学生代表也作了发言。最后，教师和同学表演了各种文娱节目。会后宣布成立上海大学毕业同学会。（《上海大学前日之盛会》，《民国日报》1923年7月10日）

根据中共中央通知，中共上海地方兼区执行委员会召开在上海的全体共产党员会议，由出席中共三大的代表传达三大的决议，并改选中共上海地方兼区委执行委员会。会议选出徐梅坤、沈雁冰、邓中夏、甄南山、王振一五人为上海地方兼区执行委员会委员。张国焘、顾作之、郭景仁三人为候补委员。（中央档案馆、上海市档案馆：《上海革命历史文件汇集（上海区委会议记录）一九二三年七月——一九二六年三月》，1989年10月）

7月9日

下午2时，上海大学举行美术科图工、图音甲组首届毕业生毕业典礼。校长于右任出席毕业典礼，并致开幕辞。教务长叶楚伧、美术科主任洪野先后发言。来宾居正[①]为全体毕业生颁发毕业证书并作了发言。来宾代表李大钊应邀在毕业典礼上作了演讲。李大钊说："美术勿专供贵族阶级之所赏，应将现代社会之困苦悲哀表现出来，企图社会全部之改造。社会改造家大分为三派：一为理想派，以人道主义为徽识，如托尔斯泰便是代表；一为科学派，以社会经济改造为目的，如马克斯便是代表；一为趣味派，以精神改造为归宿，如拉斯琴便为代表。第一派至今已证明其徒为空想，试验失败，姑置勿言，第二派与第三派乃相需为用，庶可使社会改造易为完成。一般谓马克斯派绝对屏弃精神方面，实乃误会，不过欲图社会之彻底改造，惟有赖于社会经济之彻底改革也。而启发及鼓舞人精改造之精神，则有待于趣味社会改造家之努力。诸君为美术科毕业生，应特别注意于此。"教职员代表王登云、邵力子、曾伯兴也先后发表演说。在会上，总务长邓中夏报告了学校今后发展的计划。最后，毕业生代表程嘉咏致答辞。会后，来宾参观了美术科教学成就展览。（《上海大学毕业式志盛·美术科毕业三十四人》，《民国日报》1923年7月13日；《纪各校之毕业礼·上海大学》，《申报》1923年7月13日）

晚上，中共上海地方兼区执行委员会召开第一次会议，到会的有执委徐梅坤、王振一、沈雁冰、邓中夏和中共中央委员王荷波、项德隆[②]、罗章隆及S.Y[③]代表彭雪梅。会议讨论新选委员会分工，决定邓中夏为委员长；徐梅坤任秘书兼会计，王振一、甄南山任劳动运动委员，沈雁冰为国民运动委员。会议决定：按党员居住相近的原则，将党员重新分组。

[①] 居正（1876—1951年）字觉生，湖北广济人。国民党元老。
[②] 即项英。
[③] 中国社会主义青年团的简称。

党员53人,共编为5个组。第一组为"上海大学组",组长为林蒸,组员有邓中夏、瞿秋白、施存统、许德良、王一知、贺昌、张春木①、严信民、黄让之、彭雪梅等。会议还指定邓中夏、瞿秋白负责宣传马克思列宁主义理论和党纲。会议还决定办劳动夜校,瞿秋白、邓中夏等担任教员;特设"国民运动委员会",由沈雁冰任委员长。(中央档案馆、上海市档案馆:《上海革命历史文件汇集(上海区委会议记录)一九二三年七月——一九二六年三月》,1989年10月)

7月12日

晚上,中共上海地方兼区执行委员会召开第二次会议,邓中夏、徐梅坤、王振一、沈雁冰出席了会议。学生总会代表何恐、邓鹤鸣、龚际飞、张特立②等应邀出席了会议。(中央档案馆、上海市档案馆:《上海革命历史文件汇集(上海区委会议记录)一九二三年七月——一九二六年三月》,1989年10月)

按:龚际飞1923年秋进入上海大学英国文学系学习,并于当年加入中国共产党。1924年1月,代理中共上海地方兼区执委会第三组组长。

7月14日

《民国日报》刊登由校长于右任署名的《上海大学第二次招生》广告。

7月23日

瞿秋白写就《现代中国所当有的"上海大学"》一文。(《民国日报》副刊《觉悟》1923年8月2日、3日)

按:瞿秋白在《现代中国所当有的"上海大学"》一文中提出:中国作为"远东四五千年的古文化国,现在反而落后,学问艺术无不要求急速的进步,方能加入国际学术界的文化生活。"瞿秋白认为,"切实社会科学的研究及形成新文艺的系统——这两件事便是当有的'上海大学'之职任,亦就是'上海大学'所以当有的理由"。根据这一设想,瞿秋白为学校的未来规划了一幅蓝图:大学设社会科学院和文艺院,社会科学院预计设立六个系:社会学系、经济学系、政治学系、法律学系、哲学系、史学系;文艺院在文学方面预计设立中国文学系、英文系、俄文系、法文系、德文系;而在艺术方面则预计设立三个系,即绘画系、音乐系和雕刻系。围绕着这些院、系,瞿秋白还提出了课程设置,胪列了必修科目和选修科目。瞿秋白的这篇关于上海大学办学设想的文章后来在8月2日、3日的《民国日报》副刊《觉悟》上分两天全文发表。瞿秋白提出的这个设想和规划,宏大完整,虽然按当时上海大学的办学条件难以完全办到,但即使在今天看来,仍有着借鉴意义。

《民国日报》刊登《暑期讲习会今日讲全民政治·何世桢博士主讲》的消息。

晨光美术展览会举办的暑期学校开学,聘上海大学教授万古蟾为主任。(《晨光美术

---

① 即张太雷。
② 即张国焘。

展览会闭幕》,《申报》1923年7月18日)

7月24日

中共上海地方兼区执行委员会召开第五次会议,出席会议的有徐梅坤、沈雁冰、王振一、邓中夏和中央特派员王荷波五人。(中央档案馆、上海市档案馆:《上海革命历史文件汇集(上海区委会议记录)一九二三年七月——一九二六年三月》,1989年10月)

7月27日

《民国日报》刊登《暑期讲习会讲宪法史》的消息,称"上海暑期讲习会自二十三日起至二十七日止,由何世桢博士讲全民政治,听者颇众"。该会自28日起至30日,由邵力子先生演讲中华民国宪法史。

7月30日

瞿秋白致信胡适,谈到自己如何办好上海大学问题。信中说:"既就了上大的事,便要用些精神,负些责任。我有一点意见,已经做了一篇文章寄给平伯。平伯见先生时,想必要谈起的。我们和平伯都希望'上大'能成南方的新文化运动中心。"(中国社会科学院近代史研究所中华民国史研究室编:《胡适往来书信选》,中华书局1979年版)

按:瞿秋白致胡适信的原件现藏中国社会科学院近代史研究所。

是月

瞿秋白正式到上海大学任教。担任上海大学教务长兼社会学系主任。

按:《上海大学教职员一览表》称瞿秋白1923年秋季到校。

上海大学美术科毕业生杨秀涛到法国留学。(《行将去国之留学生》,《民国日报》1923年7月2日;《行将出国之留学生》,《申报》1923年7月2日)

邓中夏接到上海大学代理校长邵力子转来的商务印书馆学徒刘华要求入上海大学中学部学习的来函,约刘华到学校面谈,当面答应刘华免除学费,还从自己的薪水中拿出部分补贴刘华的伙食费。(冯资荣、何培香编著:《邓中夏年谱》,中国文史出版社2014年版)

邓中夏、王荷波赴无锡、松江两地发展党的地下组织。在松江景贤女中与侯绍裘取得联系,通过侯绍裘开展工作。(冯资荣、何培香编著:《邓中夏年谱》,中国文史出版社2014年版)

8月

8月5日

中共上海地方兼区执行委员会召开第六次会议,出席会议的有邓中夏、徐梅坤、王振一、沈雁冰和中央委员毛泽东。毛泽东在发言中代表中共中央提出"对邵力子、沈玄庐、陈望道态度须缓和并编入小组"。(中央档案馆、上海市档案馆:《上海革命历史文件汇集

《上海区委会议记录》一九二三年七月——一九二六年三月》,1989年10月)

按:据沈雁冰回忆,在这次会上,中共上海地方兼区委派沈雁冰去做陈望道、邵力子、沈玄庐三人的工作,"请他们不要出党"。沈雁冰说:"结果,邵力子同意,陈望道不愿。他对我说:'你和我多年交情,你知道我的为人,我既然反对陈独秀的家长作风而要退党,现在陈独秀的家长作风依然如故,我如何又取消退党呢?我信仰共产主义终身不变,愿为共产主义事业贡献我的力量,我在党外为党效劳,也许比在党内更方便。'邵、陈又说,不必去劝沈玄庐了,他一定不愿留在党内的。不过我仍去劝了沈玄庐,他发了一顿牢骚,却表示愿意考虑党组织的挽留,但第二年春天,他还是退了党。"(叶子铭编:《茅盾自传》,江苏文艺出版社1996年版)

8月7日

上海大学中学部主任陈德徵在《民国日报》副刊《觉悟》上发表题为《发展中的上海大学中学部》文章。文章称:"这上海大学中学部,不仅含有预备入上海大学的目的,也有预备到社会去的目的,所以课程方面,一壁固然与大学衔接,一壁也尽有不完全与大学相联续的。"文章还说:"俄罗斯的社会制度,在现世界中是寻不出第二国了,学社会科学的人,当然应该学习俄文;而俄国文艺,又有他特殊的价值,学文艺的人,当然也应研究;至于德文,自然是为研究科学者所必备的了!"文章又称:"中学底教员,确是很难找的:普通的,不适合;适合的,又怕他们不肯俯就,而且经济上也是极不容易办到。上海大学中学部,却有一种幸运:大学教授多肯兼为高中和初中的教员,他们底才力和思想,自然是很可观的了。"

8月8日

上海大学在"一江春"召开全体教职员会议,议决组织上海大学评议会,"评议会为该校最高会议",决策全校重大事务。于右任为主席,叶楚伧、陈德徵、邓中夏、瞿秋白、洪野、周颂西、冯子恭、陈望道、邵力子九人为评议员。陈德徵为评议员书记。(《上海大学教职员会》,《民国日报》1923年8月9日)

《民国日报》刊登由校长于右任署名的《上大录取新生案》。中国文学系一年级录取新生中有徐石麟、英国文学系二年级录取新生中有邱青钱①、中学部高级中学二年级录取新生中有葛克信②等。

8月11日

上海大学评议会举行第一次会议,议决两件事项:第一,组织校董会。校董会人员入选资格和条件定为五个方面:一是全国国民所敬仰,足为学生模范者;二是教育界上负有声誉者;三是出资助成学校经费及校舍者;四是与宋教仁有密切关系者;五是于本校发展

---

① 即邱清泉。
② 后转入英国文学系。

事项著有劳绩者。根据以上资格与条件,会议决定拟请孙中山为名誉校董,蔡元培、汪精卫、李石曾、章太炎、张继、马玉山、张静江、马君武等为校董,会议决定在9月1日之前与各校董候选人接洽完毕,在20日之前成立校董会。第二,考虑到目前校舍湫隘,另迁亦无相当房屋,决定设立校舍建筑委员会,以总务长邓中夏兼委员长,陈德徵、曾伯兴、钱病鹤、冯子恭为委员,张继、邵力子任顾问,限半年内在宋园建成新校舍。(《上海大学首次评议会·组校董会,筑新校舍》《民国日报》1923年8月13日;《上海大学开第一次评议会》,《申报》1923年8月13日)

按:上海大学校董,除以上《民国日报》《申报》所列人员以外,还有马素、简照南、王一亭、孙科、柏文蔚、邹鲁等,分别见浩人《张开元与〈上海大学志〉》(政协淮阴市委员会文史资料委员会编《别梦依稀——淮阴文史资料第八辑》,1989年10月)、台湾档案《上海大学概况》、汪令吾《国共合作创办的上海大学》(上海市政协文史资料委员会编《上海文史资料存稿汇编(第9辑)》,上海古籍出版社2001年版)。

8月12日

《民国日报》刊登《上海大学之近况》的消息,称:"闸北青岛路上海大学,鉴于整理旧文学、研究新文学及养成中学以上国文教师,均亟须培养专才,特创设中国文学系以应时代需要,本学期共办一、二年级两级。已聘定陈望道先生为主任,兼授修词学、美学、语法、文法学等,沈仲九先生教授中国文学史及选文(语体),沈雁冰先生教授西洋文学史,叶楚伧、邵力子两先生教授历代著名文选(包含群经诸子及史传),俞平伯先生教授诗歌、小说、戏剧,田汉先生教授文学概论及西洋戏剧,高冠吾先生教授文字学,李仲乾先生教授金石学。其英语及社会科学等则由别系教授兼任。此外尚有章太炎、褚理堂诸先生担任特别讲座。精神异常焕发,新学生除已投考录取者外,连日报名尤极踊跃。"报道还称上海大学教务长瞿秋白、总务长邓中夏被如皋暑期讲习会请去讲学。

晚上,中共上海地方兼区执行委员会召开第七次会议,出席会议的有沈雁冰、王振一、邓中夏三人。会议讨论并通过了徐梅坤请病假和党的小组改组问题。决定将全市党员重新编成四个组,第一组依然为上海大学组,组长为许德良,组员为瞿秋白、张春木①、严信民、黄让之、张特立②、邓中夏、施存统、王一知、邵力子等9人。尚有林伯渠等18人"或请病假,或离沪,或回家未到,或在狱,或不知住处,未编组"。(中央档案馆、上海市档案馆:《上海革命历史文件汇集(上海区委会议记录)一九二三年七月——一九二六年三月》,1989年10月)

按:严信民、黄让之、王一知三人为上海大学学生。

8月13日

《民国日报》刊登《上海大学添设高中三年级招生》和由校长于右任署名的《上海大学

---

① 即张太雷。
② 即张国焘。

续招生》广告。

《民国日报》刊登《上海大学概况附录之一(高中概略)》的消息。

8月14日

《申报》刊登《上海大学之扩充学额》的消息,称"上海大学近因浙省子弟来学者多,特在杭州浙江省教育会设立招考处,请该校讲师张乃燕博士主持一切,定本月十九、二十日假浙省教育会举行入学试验。该校招生委员会委员长陈德徵君特于今日乘车赴杭亲往监试"。

8月17日

《申报》刊登由校长于右任署名的《上海大学续招生》广告。

8月19日

沈雁冰在暑期讲习会作题为"革命后俄国和德国的文学"的演讲;叶楚伧在暑期讲习会作题为"中国外交史"的演讲。(《暑期讲习会之昨日》,《民国日报》1923年8月20日)

8月20日

中国社会主义青年团第二次全国代表大会在南京召开,出席代表29人,代表全国6 000多名团员。彭习梅、张人亚、张秋人和邓中夏作为上海团组织代表出席大会。大会选举张太雷、恽代英、邓中夏等组成新的中央执行委员会。由于到会中央执行委员仅4人,不能召开第一次全体会议,于是暂时成立"临时中央局",由邓中夏任委员长。青年团二大为团结广大团员,参加建立革命统一战线的工作做了准备。大会于25日闭幕。

8月22日

《妇女周报》创刊。这份刊物作为《民国日报》的副刊出版。向警予为该刊的主编之一。(上海市妇女联合会:《上海妇女运动史(1919—1949)》,上海人民出版社1990年版)

按:《妇女周报》系上海妇女问题研究会和妇女评论社将《现代妇女》和《妇女评论》改组合并而成。上海大学教授沈雁冰、邵力子、陈望道等都曾为《妇女周报》撰写评论。

8月23日

《民国日报》刊登《上海大学中学部近况》的消息,称上海大学为培植根本人材计,已聘定沈仲九、冯子恭、邵诗舟、施存统、徐萼女士、曾伯兴等分别担任必修科目,叶楚伧、蔡和森、狄侃、洪野、仲子通等担任选修科目。所聘讲师如瞿秋白、邵力子、叶楚伧、王登云、沈雁冰、陈望道、蔡和森、狄侃、张春木①、张心诚等皆一时知名之士。

按:同日,《申报》以《上海大学整顿中学部》为题,《时报》以《上海大学中学部近况》为题,也对上海大学中学部近况作了报道。

8月26日

为期六个星期的暑期讲习会,上午由上海大学教授沈雁冰完成最后一讲"新兴各小民

---

① 即张太雷。

族之文学"以后,宣告结束。(《暑期讲习会宣告结束》,《民国日报》1923 年 8 月 27 日)

8 月 29 日

上海暑期讲习会假座宁波同乡会开聚餐会,庆祝暑期讲习会圆满结束。讲习会讲师沈雁冰、胡愈之、乐嗣炳、谢六逸、陈望道、何世桢、吴梦非、董翼孙、邵力子等出席,还有听众代表 30 余人。在聚餐会上,叶楚伧汇报了讲习会的举办经过,邵力子、何世桢发表了演说。聚餐会结束后全体与会者摄影留念。(《暑期讲习会聚餐记》,《民国日报》1923 年 8 月 30 日)

是月

上海大学聘请恽代英、施存统为上海大学社会学系教授。(冯资荣、何培香编著:《邓中夏年谱》,中国文史出版社 2014 年版)

上海大学聘请蔡和森为社会学系教授,讲授社会进化史、私有财产及家庭起源。(李永春编著:《蔡和森年谱》,湘潭大学出版社 2008 年版)

按:《上海大学教职员一览表》称蔡和森于 1923 年秋到上海大学任教,教授社会进化史。

中共上海地方兼区执行委员会召开第八次会议,出席会议的有沈雁冰、邓中夏两人。(中央档案馆、上海市档案馆:《上海革命历史文件汇集(上海区委会议记录)一九二三年七月—一九二六年三月》,1989 年 10 月)

9 月

9 月 2 日

中共上海地方兼区执行委员会召开党员大会进行改选,王荷波、徐白民、沈雁冰、徐梅坤、顾作之为正式委员;瞿秋白、向警予、林蒸为候补委员。又因徐梅坤请病假两月,尚未销假,即以瞿秋白代理其职务。(中央档案馆、上海市档案馆:《上海革命历史文件汇集(上海区委会议记录)一九二三年七月—一九二六年三月》,1989 年 10 月)

按:9 月 4 日,中共上海地方兼区执行委员会召开第九次会议,新当选的中共上海地方兼区执行委员会委员讨论分工:王荷波任委员长,沈雁冰为秘书兼会计,徐白民、顾作之为国民运动委员,王荷波(兼)、徐梅坤为劳动运动委员。(中央档案馆、上海市档案馆:《上海革命历史文件汇集(上海区委会议记录)一九二三年七月—一九二六年三月》,1989 年 10 月)

9 月 3 日

《民国日报》刊登《上海大学录取新生案》。社会学系一年级录取新生中有王逸常、徐梦秋、曹蕴真、陶淮、李清漪、徐鹏翥、何成湘、金铸[①]、安剑平、许乃昌;中国文学系二年级

[①] 即金仲椿。

录取新生中有蒋抱一,一年级录取新生中有施德普①、王耘庄、林登岳、戴朝寀②等。

9月5日

中共上海地方兼区执行委员会召开第十次会议,出席会议的有王荷波、沈雁冰、顾作之三人,瞿秋白请病假。会议讨论了邓中夏离职前的工作移交问题。(中央档案馆、上海市档案馆:《上海革命历史文件汇集(上海区委会议记录)一九二三年七月——一九二六年三月》,1989年10月)

9月6日

中共上海地方兼区执行委员会召开第十一次会议,出席会议的有沈雁冰、顾作之两人,因董亦湘、林蒸两人晚到,决定9月12日再召集会议。(中央档案馆、上海市档案馆:《上海革命历史文件汇集(上海区委会议记录)一九二三年七月——一九二六年三月》,1989年10月)

9月8日

《申报》刊登《上海大学紧要通告》:"本校定于本月十日开学,凡新旧学生均须于九日、十日到校缴费注册。"

9月11日

上海大学美术科主任洪野、东方艺术研究会主席周勤豪、傅彦长、创造社郭沫若、成仿吾、郁达夫等,与北京国立美专陈晓红、夏伯鸣教授共同发起组织成立全国艺术协会,并发表宣言。(徐昌酩主编:《上海美术志》,上海书画出版社2004年版)

9月12日

中共上海地方兼区执行委员会召开第十二次会议。会议决定将上海党员重新分组的问题,决定将党员重新分成四个组,第一组为上海大学组,组长施存统,组员有瞿秋白、邓中夏、严信民、黄让之、王一知、邵力子、张人亚、刘拜农、向警予等10人。(中央档案馆、上海市档案馆:《上海革命历史文件汇集(上海区委会议记录)一九二三年七月——一九二六年三月》,1989年10月)

9月17日

中共上海地方兼区执行委员会召开第十三次会议。会议讨论修改地方预算、批准党员和决定演讲人名单等问题。在会上,沈雁冰提议:"南京同志除谢远定外,现又新去沈泽民一人,应予介绍,使他们共同筹划在学生方面活动";"又高尔松、高尔柏两人,经本地方第二组通过介绍入党,嗣经本地委第五次会议批准在案,现彼二人已赴南京读书,应令谢、沈两同志先往接洽(因该时地委虽已批准,尚未得中央批复,故未对两高公

---

① 即施蛰存。
② 即戴望舒。

开),乘机和他们说起,一面原介绍人自然也去信。"(中央档案馆、上海市档案馆:《上海革命历史文件汇集(上海区委会议记录)一九二三年七月——九二六年三月》,1989年10月)

9月20日

中共上海地方兼区执行委员会举行第十四次会议。会议讨论浦东工人请求援助与国民运动委员会工作问题。对于国民运动委员会工作问题,鉴于原有委员大半离开上海,会议作出决定,仍由徐白民兼委员长,特改派瞿秋白、杨贤江、陈其寿、黄让之、董亦湘、张秋人、邓中夏、施存统等八人为委员。(中央档案馆、上海市档案馆:《上海革命历史文件汇集(上海区委会议记录)一九二三年七月——九二六年三月》,1989年10月)

9月25日

《民国日报》《申报》刊登《上海大学俄文班招生》广告。

9月27日

中共上海地方兼区执行委员会召开第十五次会议。会议讨论国民运动问题、改编小组及整顿纪律等问题。根据中央关于国民运动应包括劳工运动、妇女运动、学生运动、商人及农民运动等一切运动的意见,改组"国民运动委员会",由瞿秋白、恽代英、董亦湘、沈雁冰、邵力子、张秋人、杨贤江、向警予、许德良、黄让之等18人为委员,并做了具体分工。会上还重新划分党小组,将所有党员31人编成四个组,上海大学组为第一组,组长王一知,组员有瞿秋白、邓中夏、施存统、向警予、卜士奇、许德良、徐白民、恽代英、黄让之等九人。会议还任命向警予、沈雁冰两人为国民运动委员会妇女工作委员。(中央档案馆、上海市档案馆:《上海革命历史文件汇集(上海区委会议记录)一九二三年七月——九二六年三月》,1989年10月)

9月28日

上海大学美术科毕业生杨秀涛随晨光美术会员吴待赴法国巴黎美术学校留学。(《画家吴待赴法》,《申报》1923年9月27日)

9月29日

上海大学英国文学系组织的英语辩论会,举行第一次英语辩论赛,系主任何世桢博士应邀担任评判。(《上海大学之英文辩论》,《申报》1923年10月1日)

按:1923年10月1日《申报》所发报道《上海大学之英文辩论》称"昨日星期六,英语辩论会初次开会"。查该年9月的星期六,为29日。

10月

10月4日

中共上海地方兼区执委会召开第十六次会议。会议决定将杭州的党员编为第五组,

由安体诚担任组长。(中央档案馆、上海市档案馆:《上海革命历史文件汇集(上海区委会议记录)一九二三年七月——一九二六年三月》,1989年10月)

按:中共上海地方兼区委管辖区域包括江苏、浙江两地。安体诚于1924年春任上海大学教授,教授现代经济学。

10月6日

上海大学学生250余人,举行反对曹锟窃国示威大游行。沿途大呼"国贼曹锟僭窃大位,国人当群起攻之"等口号,并于沿途讲演,分散传单。(《上海大学学生因愤曹锟窃位举行示威游行》,《民国日报》1923年10月7日)

10月8日

上海大学学生社团探美画会成立,以"研究绘画,增进同学纯洁的艺术思想和感情"为宗旨。有会员19人。画会的组织分甲乙两部。甲部为中国画,乙部为西洋画。西洋画部又分室内写生和野外写生。(《上海大学一览》,1924年4月编印)

10月9日

上海大学学生会为北京贿选一事通电全国各省教育会、学生会、商会、农会、工会及各机关、各学校,称:"北洋军阀曹锟、吴佩孚辈,丧权辱国,屠杀人民,公行贿赂,盗买总统,攫取政权。故敢不自量力,奋臂高呼,誓与军阀曹、吴辈决一死战!"表示:"吾人不欲中华民国成为独立民主之国家则已,若欲使中华民国为独立民主国家,非对军阀一致攻击,根本铲除其势力不可。"(《上海大学反对贿选电》,《民国日报》1923年10月9日)

10月10日

上海大学举行辛亥革命12周年庆祝大会,瞿秋白在会上高唱由他翻译的《国际歌》。(周永祥著:《瞿秋白年谱新编》,学林出版社1992年版)

10月11日

中共上海地方兼区执行委员会第十七次会议,批准瞿秋白辞去国民运动委员会的职务。会议决定邓中夏、蔡和森、瞿秋白、施存统、恽代英、向警予等六人为党小组会议讲演员,每人每月讲演一次。沈泽民、高尔柏、高尔松等五人编为中共上海地方兼区委南京组,即第六小组。(中央档案馆、上海市档案馆:《上海革命历史文件汇集(上海区委会议记录)一九二三年七月——一九二六年三月》,1989年10月)

10月14日

上海大学英国文学系二年级举行第二次英语辩论,题为"废止学期试验",系主任何世桢博士为评判。(《上海大学之英语辩论·不分胜负》,《民国日报》1923年10月15日)

柳亚子、叶楚伧、胡朴安、余十眉①、邵力子、陈望道、曹聚仁、陈德徵等人在上海发起

---

① 余十眉(1885—1960),名其锵,号秋槎,浙江嘉善人。南社著名诗人。

成立以"整理国学、引纳新潮、提倡人类的气节、发挥民族的精神、指示人生底高远的途径"为宗旨的新南社,柳亚子当选为社长,邵力子、陈望道、胡朴安当选为编辑部主任,吴孟芙、叶楚伧、陈布雷任干事,并出版《南社社刊》。(汪梦川著:《南社词人研究》,上海古籍出版社2015年版)

按:叶楚伧、邵力子、陈望道、陈德徵其时都在上海大学任教。胡朴安于1924年春任上海大学中国文学系教授,曹聚仁于1925年3月任上海大学中学部教员。

10月18日

中共上海地方兼区执行委员会第十八次会议,出席会议的有王荷波、徐白民、徐梅坤、沈雁冰、顾作之和学生联合总会王基永、龚际飞两人。会议讨论吴淞问题及开展店员联合会与机器工人俱乐部工作等问题。(中央档案馆、上海市档案馆:《上海革命历史文件汇集(上海区委会议记录)一九二三年七月——一九二六年三月》,1989年10月)

10月20日

《中国青年》在上海创刊。该刊是中国社会主义青年团中央委员会机关刊物。恽代英、萧楚女、林育南、任弼时、邓中夏、张太雷、李求实等先后担任周刊的编辑。该刊曾迁移武汉。1927年7月汪精卫叛变后重新迁回上海。1927年11月至1932年间,曾先后用《无产青年》《列宁青年》等名称秘密出版。

10月21日

马君武在上海大学作题为"赫凯尔一元哲学"的演讲。(《上海大学近事两则》,《民国日报》1923年10月22日)

10月23日

上午9时,上海大学召开建校一周年纪念大会,校长于右任率全体教职员和学生参加了大会。还有各界来宾也出席了大会。学生余益文担任大会主持人。会议开始前,全体学生300多人高唱校歌,并向校旗敬礼。校长于右任发表了训词并报告了上海大学成立一年来在各方面取得的成就和今后进一步发展的计划。接着,来宾代表张继、汪精卫等先后发言。教职员代表瞿秋白、何世桢、邓中夏、施存统、曾杰①、程嘉咏②等也都在会上发表了演说。晚上,有文艺节目表演,由学生新剧团表演12幕的《盗国记》和5幕的《女神》等。(《欢乐之会务一束·上海大学》,《申报》1923年10月26日;《上海大学一周纪念会纪要》,《新闻报》1923年10月26日)

上海大学中国文学系学生施蛰存在《民国日报》副刊《觉悟》上发表《上海大学的精神》一文。文章说:"上海大学的教授,主要不是以教授糊口的教授。他们热心地聚集在上海大学,将他们所研究到的专长,指示给他们的学生。"

---

① 即曾伯兴。
② 即程永言,当时以半工半读的方式担任学校义务书记。

10月25日

《民国日报》刊登《上海大学特别讲座布告》:"本大学为提高文化起见,已经预请海内硕学多人担任长期讲演,校内外皆可自由听讲,无须入场券。"

中共上海地方兼区执行委员会召开第十九次会议,参加会议的有王荷波、徐梅坤、沈雁冰及S.Y.地方代表张秋人。会议讨论吴淞问题及顾作之辞去地方兼区执委会委员职务问题,递补瞿秋白为地方兼区执委会正式委员。(中央档案馆、上海市档案馆:《上海革命历史文件汇集(上海区委会议记录)一九二三年七月—一九二六年三月》,1989年10月)

10月29日

上海大学中国文学系教授俞平伯所作《拟重印〈浮生六记〉序》,在《时事新报》副刊《文学周刊》第94期上发表。(孙玉蓉编纂:《俞平伯年谱》,天津人民出版社2001年版)

按:《浮生六记》系清人沈复著于嘉庆十三年(1808)的自传体散文。俞平伯幼年在苏州时就读过此书,觉得可爱。到上海大学后,在任教之余,从顾颉刚处借来《雁来红丛报》本,从王伯祥处借来《独悟庵丛钞》本,进行校点并重印。并于1924年2月27日写了《重刊〈浮生六记〉序》,发表在同年8月18日的《时事新报》副刊《文学周刊》第135期上。1981年11月12日,已81岁高龄的俞平伯应钱锺书之请,为德国汉学家马汉茂译本《浮生六记》作序,称"余垂髫爱诵,年少时标点印行,影响甚微",即指在上海大学任教期间校点重印《浮生六记》这段往事。

11月

11月1日

中共上海地方兼区执行委员会召开第二十次会议,会议决定在11月7日俄国革命六周年之际,在《民国日报》副刊《觉悟》出一期纪念号,请瞿秋白、刘仁静、施存统、陈独秀、沈雁冰各写纪念文章一篇;上海大学社会学系原拟在11月7日下午召开社会科学研究会会议,临时改为纪念会。会议还通过上海大学学生、第一组党员严信民提出的"自费赴俄留学"的申请。(中央档案馆、上海市档案馆:《上海革命历史文件汇集(上海区委会议记录)一九二三年七月—一九二六年三月》,1989年10月)

11月5日

上海大学学生唐颂安所编的《新小说周报》出版,第一期为妇女特号。(《出版界消息》,《申报》1923年11月2日)

11月7日

上海大学社会问题研究会成立,以"研究社会疾病,促进社会健康"为宗旨,有会员80多人。李大钊应邀参加成立大会,并作了题为"社会主义释疑"的演讲。(《上海大学一览》,1924年4月编印)

按：李大钊这次演讲的记录稿，1923 年 11 月 13 日发表在《民国日报》副刊《觉悟》上。发表时题记"李守常先生在上大社会问题研究会讲"，由陈钧、张湛明合记。在演讲稿末，有"一九二三年九月七日于上大"字样。对照演讲稿中"今天是苏维埃俄罗斯革命成功的六周纪念日，又是本校的'社会问题研究会'成立日"这段文字，俄国十月革命胜利是公历 11 月 7 日，而上海大学"社会问题研究会"成立于 1923 年 11 月 7 日，故可推定此处的"九月"应为"十一月"之误。

11 月 8 日

中共上海地方兼区执行委员会召开第二十一次会议。会议讨论了"教育宣传问题"，决定委托上海大学组织成立社会问题研究会，并要求每月向上海地委兼区委作报告。关于"演讲人"，决定由蔡和森、邵力子、刘仁静讲"现代政治"；刘仁静、卜士奇、恽代英讲"青年运动"；恽代英、瞿秋白、施存统讲"主义"；王荷波、罗章龙、邓中夏讲"劳动问题"；向警予、沈雁冰讲"妇女问题"；施存统讲"社会思想史"。（中央档案馆、上海市档案馆：《上海革命历史文件汇集（上海区委会议记录）一九二三年七月——一九二六年三月》，1989 年 10 月）

按：上海大学社会问题研究会已于中共上海地方兼区执行委员会第二十一次会议召开的前一天成立。

11 月 9 日

上海大学青凤文学会成立并发表启事。会员有李灏、施蛰存、戴克崇①、戴朝寀②、叶黄叶、张豪。（《上海大学底两个文艺团体》，《民国日报》1923 年 12 月 7 日）

下午 2 时，上海大学教授高冠吾应位于南市花衣街的群贤女学校邀请，为该校学生作女性问题讲演。（《群贤女学校之讲演会·高冠吾讲女性问题》，《申报》1923 年 11 月 10 日）

11 月 10 日

《民国日报》刊登《上海大学之近况》、《申报》刊登《上海大学之演讲及参观》的消息，称上海大学自本学期力求整顿后，校务蒸蒸日上。近闻该校所设特别讲座已举行，最近主讲者有马君武，讲题为"一元哲学"二续；李大钊讲题为"史学概论"六次讲完；胡适之题为"科学与人生观"。又该校美术科成绩颇著，有新自日本归国之王道源（东京美专毕业）、王国源（日界广岛师范毕业）二先生到校参观，由该科洪主任招待，并请其讲演，题为"日本美术界之状况"及"艺术的文明"。

11 月 11 日

李大钊到上海大学作题为"史学概论"的演讲。

按：李大钊的这次演讲全文刊登在 1923 年 11 月 29 日《民国日报》副刊《觉悟》上，题

---

① 即杜衡。
② 即戴望舒。

记为"李守常先生在上海大学讲演",由张湛明笔记。

胡适到上海大学作题为"科学与人生观"的演讲,由周白棣记录。

按:1923年11月16日《民国日报》发表了胡适的演讲稿,发表时题记"十一月十一日胡适之先生在上海大学演讲",并附有周白棣小记:"此稿听时匆匆记录。归后,晚间始整理出之,但又未有机会得胡先生之校正,故恐不免有错误或脱漏处,只得请阅者及讲者原谅并指正。棣记。"

11月12日

国民党上海大学分部负责人周颂西致函国民党上海本部的彭素民、张秋白、叶楚伧等人,提出上海大学国民党党务筹备人陈德徵已离校,推荐教师曾伯兴继任,并请从速委任。(台北:中国国民党中央委员会文化传播委员会党史馆环龙路档案09689)

按:从现存的档案来看,在周颂西去函的信封上,有批复"已决议缓,存"。(台北:中国国民党中央委员会文化传播委员会党史馆环龙路档案09689)

11月15日

《民国日报》刊登《上海大学特别讲座布告》:"本大学为提高文化起见,特设特别讲座,已预请硕学多人陆续担任主讲。因学术为公,故校外愿来听讲者,亦一律欢迎,无须入场券。"

中共上海地方兼区执行委员会召开第二十二次会议。出席会议的有徐白民、徐梅坤、沈雁冰、王荷波、瞿秋白和S.Y.地方代表张秋人。会议决定召开上海地方全体党员大会。(中央档案馆、上海市档案馆:《上海革命历史文件汇集(上海区委会议记录)一九二三年七月——一九二六年三月》,1989年10月)

11月17日

《民国日报》发表邓中夏以记者的名义所写《上海大学发展之将来》一文,文章说:"上海大学已为一般社会认为新文化指导者,至其近来内部组织及其发展中之计划,尚有为社会所未明了者。记者爰据见闻所得略述一二。当彼处一周纪念时,记者亦参与座间,听汪精卫、张溥泉演讲及校长于右任致词,俱以造成新中国先养成士气为指归。其平日训练之课目,大可想见。闻其中社会系及其他文艺系俱有各种团体研究之组织颇有成绩可观。近日定期讲演如马君武之一元哲学、李守常之史学概论、胡适之科学与人生观,各种讲稿不日可以汇成专集。惟校舍建筑与图书馆设备尚属目前重要问题。据记者考察所得,教务处揭示一则云:'校舍为学校之基础,辟雍无存,讲诵奚托?昔东汉大学以学问气节风率一时,明季顾君①讲学而天下清议皆归东林。使当时无百堵之宫以位皋比,无广厦以聚国士。弦歌声辍,乾坤惨黯矣。我校创办伊始,校舍犹虚。兹拟积极以谋建筑,期早观成。

---

① 指明朝末年东林党领袖顾宪成。

安石承乏建筑校舍委员长。以智虑之疏庸,惧榱题之莫举,现当着手计划之始。诸同学如有精思卓见,凡可以匡助进行者,尚望条举见告。以便提交委员会议决施行。邪许交呼,曷胜欣盼云云。'即此可见将来美轮美奂之观不难早睹厥成,而弦歌讲学之风定可奋起士气。建筑基址闻在宋园,建筑经费闻从事募集,建筑时期明年暑期当可蒇工。"

按:根据这篇文章中"安石承乏建筑校舍委员长"字样以及通篇内容,可以确定这是上海大学总务长邓中夏以记者名义所写,介绍上海大学的发展现状以及在宋园自建校舍的情况。

11月18日

《申报》刊登《出版界消息》,称"上海大学唐颂安倡办之《新小说周报》已出二期,今已决定由单张改为小本,每期材料可增加至四倍以上。现正积极筹备,扩充后第一期约须至十三年一月方可出版"。

11月20日

为了推动国民党改组,《新建设》月刊创刊,由恽代英担任主编。(中共上海市委党史资料征集委员会编:《中共上海党史大事记(1919.5—1949.5)》,知识出版社1988年版)

按:《新建设》共计出版了8期。

11月22日

中共上海地方兼区执行委员会召开第二十三次会议。出席会议的有王荷波、徐白民、徐梅坤、沈雁冰、瞿秋白和S.Y.地方代表张秋人。会议审查批准候补党员等问题。经过审查,批准了第一组即上海大学组提出的关于吸收张景曾、龙康庄①、薛卓汉、王逸常、徐梦秋、许乃昌、刘剑华②七人加入中国共产党的申请。自本月23日起为中国共产党候补党员,组织关系编入第一组即上海大学组。(中央档案馆、上海市档案馆:《上海革命历史文件汇集(上海区委会议记录)一九二三年七月——一九二六年三月》,1989年10月)

按:这次会议审查批准的七名中国共产党候补党员都是上海大学在校学生。

11月23日

下午2时,中共上海地方兼区执行委员会召开会议。会议讨论地委经济独立和组织国民外交委员会等问题。蔡和森发言说明"组织外交委员会"的问题,认为"现在中国人对于日本之帝国主义已经一致排斥,但英美之帝国主义却不注意。然最近英美帝国主义之侵略日益迫切,如护路案等等,但须组织国民外交会唤起一般人之注意。至于方法,可先从学生会入手"。瞿秋白、蔡和森分别作了"美国与中国""最近国际情形"的报告。(中央档案馆、上海市档案馆:《上海革命历史文件汇集(上海区委会议记录)一九二三年七月——一九二六年三月》,1989年10月)

---

① 即龙大道。
② 即刘华。

11月29日

中共上海地方兼区执行委员会召开第二十四次会议。出席会议的有王荷波、瞿秋白、徐白民、沈雁冰和S.Y.地方代表张秋人。会议讨论停止津贴机器工人俱乐部及南京、杭州成立地委问题。(中央档案馆、上海市档案馆:《上海革命历史文件汇集(上海区委会议记录)一九二三年七月——一九二六年三月》,1989年10月)

是月

李大钊应邀到上海大学作题为"劳动问题概论"的演讲。(《李大钊文集》,人民出版社1984年版)

按:1923年12月4日《民国日报》副刊《觉悟》发表了李大钊演讲的第一章第二节,题为《劳动问题的祸源》。

上海大学三民主义研究会成立,有会员90多人。(《上海大学一览》,1924年4月编印)

12月

12月1日

《申报》刊登《演讲并记·上海大学》的消息,称:"上海大学每礼拜俱请名人到校演讲,已志前报。兹闻该校因李大钊君所讲之'史学概论'(六次讲毕),马君武所讲之'一元哲学'及'非农村主义''经济学史略''武力统一与道路统一'等,均已讲毕。"

按:根据这则报道,可知李大钊在上海大学所作"史学概论"演讲共分六次讲完;马君武在上海大学的演讲,除"一元哲学"以外,还有"非农村主义""经济学史略""武力统一与道路统一"等。

12月2日

下午2时,章太炎应邀到上海大学作题为"中国语音统系"的演讲。(《上海大学昨日之讲演·章太炎讲演"中国语音统系"》,《民国日报》1923年12月3日)

按:据12月3日《民国日报》介绍,"此题原极枯燥,章先生能以犀利之辞,深入浅出,故听众皆相悦以解,极其满意。听众除本校学生外,校外人士约有一二百人之多,教室挤满,后来者致不能入场"。

12月3日

《民国日报》刊登《上海大学昨日之讲演·章太炎讲演"中国语音统系"》的消息,除介绍昨日章太炎讲演"中国语音统系"的情况外,又称上海大学下星期拟请吴稚晖讲演。

12月5日

上海大学评议会通过《上海大学章程》。章程明确提出:"本大学以养成建国人才,促进文化事业为宗旨。"章程共分"定名""宗旨""组织与行政""学制""学年与休假""普通规

则""附则"等七则,共四十条。(《上海大学一览》,1924年4月编印)

按:关于上海大学宗旨,在1923年12月5日经上海大学评议会通过的《上海大学章程》中明确提出"本大学以养成建国人才,促进文化事业为宗旨"后,一直到1924年3月31日经上海大学行政委员会第一次修正、1925年7月10日上海大学行政委员会第二次修正,都没有改变过。其原件藏上海市档案馆,档号为D10-1-38。据现存于台北"国史馆"的《上海大学概况》,在"二、教学宗旨"中称:"本校经评议会决定以'养成三民主义的建国人才促进文化事业'为宗旨。"这份《上海大学概况》并非上海大学原存档案,而是后来新撰写而成,在"教学宗旨"中称"养成三民主义的建国人才促进文化事业",其中"三民主义的"五个字是新加进去的,已非上海大学原定办学宗旨。台湾大学历史系毕业、后任美国加州大学伯克利分校历史系讲座教授暨东亚研究所所长的叶文心,在其所著的《民国时期大学校园文化》中称:"上海大学创立者宣布的办学目标是'根据三民主义之原则培养重建国家的人才'。"(中国人民大学出版社2012年版,第90页)其所引用的档案为藏于台北的"木栅档案·上海大学档",正是对上海大学办学宗旨做过修改的《上海大学概况》。显然,叶文心并没有看到上海大学1924年4月出版的《上海大学一览》中所刊登的《上海大学章程》。

上海大学文学团体"湖波文艺研究会"成立。研究会以"研究文艺"为宗旨,会员有岳世昌、刘剑华[①]、冯飞、傅超雄、郭镒、王振猷、葛克信、冯超、黄之彦、方山等人。(《湖波文艺会成立大会》,《民国日报》1923年12月6日;《上海大学底两个文艺团体》,《民国日报》1923年12月7日)

按:1924年4月编印的《上海大学一览》中称上海大学湖波文艺研究会成立于1923年11月30日。

12月6日

中共上海地方兼区执行委员会召开第二十五次会议。出席会议的有王荷波、徐白民、徐梅坤、沈雁冰和S.Y.地方代表张秋人。会议讨论杭州组和上海第二、第五组报告和徐梅坤辞职(讨论结果为否决)等问题。(中央档案馆、上海市档案馆:《上海革命历史文件汇集(上海区委会议记录)一九二三年七月——一九二六年三月》,1989年10月)

12月6日

中共上海地方兼区执行委员会召开第二十六次会议。出席会议的有地方委员王荷波、徐白民、沈雁冰、瞿秋白、徐梅坤,组长龚际飞、沈泽民、比南、郭景仁和中央代表蔡和森、S.Y.地方代表张秋人、国民党改组委员会代表卜世畸。会议由中央代表报告中央对于国民党明年全国代表大会之计划及上海当前应办事项。(中央档案馆、上海市档案馆:《上海革命历史文件汇集(上海区委会议记录)一九二三年七月——一九二六年三月》,1989

---

① 即刘华。

年10月)

12月23日

国民党上海市党部召开全体党员大会。汪精卫致开幕词,胡汉民作关于改组国民党的报告,廖仲恺作关于广州改组国民党工作情况的报告。大会选举了出席国民党一大的代表。出席会议的瞿秋白曾叙述了他对这次大会的感受。他说:"大会之前,局势是非常复杂的,参加会议的人员是各式各样的。但会上仍然感到热情洋溢。简直不能设想,在国民党二十年的全部历史中竟从未开过一次全体大会。大家都情绪高昂地怀着过节的心情来开会。"瞿秋白介绍参加大会的对象中,"有很多海员、手工业者、工人、铁路员工","上海大学的学生尤其多,中学教师不少,商人更少"。他还说:"到处都是佩戴着国民党徽章的管理人员……他们中大多数是共产党员、学生运动的代表。"(周永祥著:《瞿秋白年谱新编》,学林出版社1992年版)

12月25日

《民国日报》刊登《上海大学之猛进》的消息,称:"上海大学颇以提高文化自励,半年以来,教授方面极为认真,其中由教授自编讲义者甚多。该校拟择其尤精粹的编为'上海大学丛书',预计在一年内至少可出五种。该校章程业已修订,学制一章中除原定设文艺院、社会科学院外,并添设自然科学院。已设各系之新学程,亦已慎审规定,颇兼国内外各大学之长。组织与行政一章中,改评议会为'行政委员会',为本校最高议事机关,除校长、学务长、校务长及各系部主任为当然委员外,并由教职员中选举四人为委员。闻已依据新章程改组,于右任(校长)为委员长,邓安石(校务长)为秘书,何世桢(学务长兼英文系主任)、陈望道(中国文学系主任)、瞿秋白(社会学系主任)、洪野(美术科主任)及叶楚伧、邵力子、曾伯兴、韩觉民(皆教职员)为委员。"报道还称:"闻该校因旧有校舍太狭,寒假内迁入新租校舍,现正在缔约中。"

是月

瞿秋白在广州致妻子、上海大学中国文学系学生王剑虹信,信中一开始就写道:"万郊怒绿斗寒潮,检点新泥筑旧巢。我是江南第一燕,为衔春色上九霄。我忽然得此四句旧诗,——后来一想,出了韵。你又可以笑一笑我。"(瞿独伊、李晓云编注:《秋之白华》,人民文学出版社2018年版)

杨杏佛在上海大学作"劳动问题"系列讲座。讲座共分五个部分,分别是绪论、妇女和儿童劳动问题、血汗制、贫乏与工资及失业问题、罢工与同盟抵制。演讲由高尔松[①]、高尔柏记录。

按:杨杏佛的演讲稿于1923年12月至1924年1月在《民国日报》副刊《觉悟》连载。1927年上海商务印书馆出版单行本。

[①] 高尔松,上海人,高尔柏胞兄。

上海大学学生、共产党员濮德治和王步文等,在柯庆施①的筹划下,在安庆濮德治的老屋召开会议,建立中国共产党安庆支部,会议推选柯庆施为支部书记,濮德治负责宣传工作。(中共安徽省委党史研究院编:《中国共产党安徽历史(第一卷)》,中共党史出版社2021年版)

按:中共安庆支部是中国共产党在安徽最早成立的城市支部,直属党中央领导。(濮清泉:《忆陈独秀与安徽党团的建立》,欧阳淞、曲青山主编《红色往事——党史人物忆党史》,济南出版社2012年版)

上海大学学生、共产党员曹蕴真、薛卓汉、徐梦秋、王逸常等一行,根据上海大学党组织的安排,利用寒假在寿县小甸集小甸小学成立了中共安徽寿县小甸集特别支部,由曹蕴真任特支书记。(中共安徽省委党史工作委员会编:《中共安徽党史大事记(1919—1949)》,安徽人民出版社1992年版)

按:中共安徽寿县小甸集特别支部是安徽农村建立的第一个党的基层组织,直接受党中央的领导。

是年

邓中夏写信给正在北京的钟复光,称上海大学在社会科学方面是独树一帜的,要钟复光到南方去进上海大学。信中附有一首诗:"光明在山顶上,可是山前山后,荆棘丛丛,山左山右,豺狼阻路,青年朋友们!去呢?不去。"在邓中夏的鼓舞下,钟复光变卖了友人送的一只金手镯,作为旅费去了上海。(钟复光:《回忆上海大学》,王家贵、蔡锡瑶编著《上海大学(1922—1927)》,上海社会科学院出版社1986年版)

按:钟复光回忆称邓中夏于1923年初给她写信,要她到上海大学去学习。邓中夏是1923年4月到上海大学任职的,因此,邓中夏致信钟复光的时间不会早于1923年4月。

蔡和森任上海大学教授,教授社会进化史。(《上海大学一览》,1924年4月编印)

杨贤江任上海大学社会学系教授。(金立人、贺世友著:《杨贤江传记》,光明日报出版社2005年版)

张秋人任上海大学教授。(陈予欢编著:《黄埔军校将帅录》,广州出版社1998年版)

吴梦非任上海大学美术科教授,教授艺术教育。(《上海大学一览》,1924年4月编印)

张治中进入上海大学社会学系学习。(《张治中回忆录》,文史资料出版社1985年版)

王一知进入上海大学社会学系学习。(王一知:《回忆太雷》,《回忆张太雷》,人民出

---

① 柯庆施,又名柯怪君,安徽歙县人,1922年加入中国共产党。

版社1984年版)

严信民、李硕勋、糜文浩、李秉乾、李敬泰、胡允恭①、吴霆②、吴云进入上海大学社会学系学习。(《上海大学一览》,1924年4月编印)

曹渊在上海大学学生胡允恭的帮助下进入上海大学,成为一名旁听生。(胡允恭:《金陵丛谈》,人民出版社1985年版)

方运炽③进入上海大学学习。(萧志远主编:《江淮英烈传(第3辑)》,安徽人民出版社1991年版)

黄让之、郭伯和、何尚志、蒋冰之④、王剑虹、孔另境⑤、马文彦进入上海大学中国文学系学习。(《上海大学一览》,1924年4月编印)

董每戡⑥进入上海大学中国文学系学习。(《20世纪20年代的上海大学》,上海大学出版社2014年版)

王绍虞进入上海大学英数高等补习科学习。(《上海大学一览》,1924年4月编印)

吴震、龚际飞进入上海大学英国文学系学习。(《上海大学一览》,1924年4月编印)

张庆孚进入上海大学英国文学系学习。(张庆孚:《我的革命生涯》,中共中央党史研究室编《中共党史资料(第40辑)》,中共党史出版社1992年版)

王超北进入上海大学学习。(欧阳淞总主编:《中国共产党人的故事》第一辑,中国方正出版社2017年版)

---

① 又名胡萍舟。
② 即吴晓天。
③ 即方英。
④ 即丁玲。
⑤ 又名孔令俊。
⑥ 又名董华。

1924 年

1月

1月1日

上海大学学生安剑平等发起成立"孤星社"社团,聘校长于右任和国民党元老吴稚晖为名誉社长,邓中夏、邵力子、瞿秋白等人为顾问。孤星社以"研究学术,讨论问题,彻底了解人生,根本改进社会"为宗旨。有会员67人。该社还提出:本社态度公开,不论校内外同志,皆可入社或投稿。(《上海大学一览》,1924年4月编印)

按:"孤星社"又称"中国孤星社",于2月25出版旬刊《孤星》。(《出版界消息》,《申报》1924年3月20日)

1月3日

《民国日报》《申报》刊登由校长于右任署名的《上海大学招生》广告。

1月6日

《申报》刊登上海大学学生王赤华代表上海各大学安徽籍的学生起草的谴责马联甲[①]摧残教育的通电,题为《本埠各大学皖籍学生之通电·宣布马联甲摧残教育》。

1月10日

中共上海地方兼区执行委员会召开会议。会议决定将"国民党改组委员会"改为"国民党委员会",受上海共产党和青年团的地方委员会领导。成员包括:蔡和森、卜士奇(闸北);徐白民、顾修(南市);韩觉民、恽代英(法租界);张廷灏、张秋人(江湾);刘拜农(英租界)。会议还批准了瞿秋白辞去执委委员职务的请求。会议还决定1月13日下午2时,在上海大学召开大会,讨论国民党问题,拟请陈独秀在会上发表意见。(中央档案馆、上海市档案馆:《上海革命历史文件汇集(上海区委会议记录)一九二三年七月—一九二六年

---

① 马联甲,字少甫,江苏东海人。民国成立后,驻军安徽。二次革命时随张勋、倪嗣冲南下镇压讨袁军。1918年任皖南镇守使、第一混成旅旅长;1922年任安徽军务督理;年底兼署安徽省省长。

三月》,1989年10月)

社会主义青年团上海地委提出报告,称在组织方面,上海大学支部有49人,"一切活动,尚有精神,每二礼拜开会一次,不曾间断,虽不按月缴费,但多少总可缴到一部分,组织社会问题讨论会,以便在校宣传"。(中央档案馆、上海市档案馆:《上海革命历史文件汇集(青年团上海地委文件)一九二二年七月——一九二七年一月》,1986年8月)

1月11日

邓中夏收到远在山东青岛的邓恩铭(党的一大代表)来信,信中邓恩铭向邓中夏汇报了青岛书店筹备开业的有关情况,还询问"上大经济与社会学讲义即出否?请别忘了各寄一份来!"(邓恩铭:《致邓中夏的信》,柏文熙、黄长和编《邓恩铭遗作选》,贵州人民出版社1990年版)

1月13日

下午,中共上海地方兼区执行委员会举行全体党员会议,进行改选和重新分组。沈雁冰、沈泽民、施存统、徐白民、向警予五人当选为执行委员,徐梅坤、杨贤江、张秋人当选为候补执行委员。将上海的党员重新编为四个组,第一组为上海大学组,组长刘剑华①,组员邓中夏、瞿秋白、施存统、王一知、其雄、黄让之、陈比难、张景曾、龙康庄②、薛卓汉、王逸常、徐梦秋、许乃昌、向警予、许德良、林蒸等16人。第三组12人,刘拜农(组长,未到沪前先派龚际飞代)、顾作之、郭景仁、游星五、龚际飞、王基永、恽代英、邵力子、雷晋笙、韩觉民、柯怪君③,地方委员徐白民参加。在会议讨论中,施存统提出关于党员在上海大学的方针,认为党员在上海大学中"应作有系统的活动";关于上海大学党小组的问题,他认为"旧组长辞职,新组长未派,似乎地方委员有些疏忽";关于广州办军官学校的问题,他建议"希望多派同志去"。(中央档案馆、上海市档案馆:《上海革命历史文件汇集(上海区委会议记录)一九二三年七月——一九二六年三月》,1989年10月)

1月17日

晚上7时,中共上海地方兼区执行委员会召开会议。会议通过了施存统的请假申请和向警予的辞职申请,决定在施存统请假期间,由杨贤江代理执行委员会委员职务;向警予的职务由徐梅坤替补。会议决定中共第二届上海地方执行委员会由徐白民、沈泽民、杨贤江、徐梅坤、沈雁冰五人组成,并决定执行委员会委员长由施存统担任,施存统未到任之前,由徐梅坤代理。沈雁冰任执委会秘书兼会计。(中央档案馆、上海市档案馆:《上海革命历史文件汇集(上海区委会议记录)一九二三年七月——一九二六年三月》,1989年10月)

---

① 即刘华。
② 即龙大道。
③ 即柯庆施。

1月20日

《民国日报》在"通信"专栏中,刊登上海大学学生何尚志致《民国日报》副刊《觉悟》主编、上海大学教授邵力子的信,对正在西安讲学的康有为大谈尊孔读经、尊君复古的论调提出批评。同一天,邵力子在《民国日报》"通信"专栏发表《康有为和陕西》一文作为回应。

中共上海地方兼区执行委员会召开特别会议。讨论国民运动委员会及纪念"二七"活动安排。参加会议的有杨贤江、徐白民、沈泽民、徐梅坤、沈雁冰和S.Y.代表张秋人、中央代表罗章龙。(中央档案馆、上海市档案馆:《上海革命历史文件汇集(上海区委会议记录)一九二三年七月—一九二六年三月》,1989年10月)

1月20—30日

中国国民党第一次全国代表大会由孙中山主持在广州举行。出席开幕式的代表165人中,有共产党员20多人,包括共产党员李大钊、谭平山、毛泽东、瞿秋白、林祖涵①、张国焘、李立三等。李大钊被孙中山指定为大会主席团成员,谭平山代表国民党临时中央执行委员会向大会作了工作报告。大会审议并通过了《中国国民党第一次全国代表大会宣言》,对三民主义作了顺应时代潮流的新解释。国民党一大的政治纲领同中国共产党在民主革命阶段的政治纲领的若干基本原则是一致的,因而成为第一次国共合作的政治基础。大会否决了国民党右派分子提出的反对共产党员"跨党"的提案,确认了共产党员以个人身份加入国民党的原则。大会选举出中国国民党中央执行委员会。共产党员李大钊、谭平山、毛泽东、林祖涵、瞿秋白等10人当选为中央执行委员或候补执行委员,约占委员总数的四分之一。会后,在国民党中央党部担任重要职务的共产党员有:组织部部长谭平山、农民部部长林祖涵、宣传部代理部长毛泽东等。国民党一大在事实上确立了联俄、联共、扶助农工的三大革命政策,标志着第一次国共合作的正式形成。(中共中央党史研究室著:《中国共产党的九十年——新民主主义革命时期》,中共党史出版社、党建读物出版社2016年版)

按:国民党一大还作出决定,每月津贴上海大学1000元。后由于国民党中央经费拮据,津贴没有继续拨发。于右任在1925年8月22日致国民党中央执行委员会函中称:"曩者,经本党中央执行委员会议决,每月津贴本校一千圆,自属分内之应为,并非格外之恩惠。嗣经停寄,本校亦能原谅其苦衷。"(台北:中国国民党中央委员会文化传播委员会党史馆汉口档案7510.1)

1月23日

《民国日报》刊登《上海大学》、《申报》刊登《上海大学新生之录取》的消息,公布上海大学1月21日、22日两日第一次招生录取名单,共录取新生10名,其中中国文学系一年级录取新生中有刘峻山,社会学系有马凌山、杨之华等。

---

① 即林伯渠。

1月24日

《民国日报》刊登《上大中国文学系近闻》的消息,称:"上海大学中国文学系,自十二年①暑假后由陈望道担任主任后,颇有改进气象。所聘教员如沈雁冰、田汉、俞平伯、邵力子、叶楚伧等,对于所教功课有专门研究者。学生多能努力求学,人数已达九十人。一切课程,寒假前由该系各教员修改一次,较以前更加切实。大约前三年必修科目居多,后一年为适应社会需要和发展各人个性计,设选修科四大类:第一类预备学生毕业后专门研究新文艺;第二类预备整理中国旧文艺;第三类预备作中学国文教师;第四类预备为新闻记者等。学生可选修一类。此次招考插班生,投考本系者十人,考取标准较以前严格,闻只录取三人。"

1月26日

上海大学召开校务处全体职员会,讨论通过《上海大学行政委员会议事细则》《学务处办事细则》和《校务处办事细则》等。(冯资荣、何培香编著:《邓中夏年谱》,中国文史出版社2014年版)

《北京大学日刊》第1395期刊登《上海大学招考简章》,内容包括:招考班次、入学资格、考试科目、报名日期及地点、试验日期及地点、报名手续、入学手续和缴费等。(《上海大学招考简章》,《北京大学日刊》1924年1月25日)

1月31日

《民国日报》刊登《上海大学中学部消息》,称:"上海大学中学部,自前主任陈君辞职以后,校长于君即极力物色继任人物,兹已聘定杨君明轩担任。杨君历任陕西省立渭北中学第二中学教务主任及第一师范校长,此次任事,对于该部力求改进,各种计划均已拟定,不久即可发表。并已添聘张君石樵、李君未农、王君凤喈等为专任教员。尚拟聘请刘君薰宇为训育主任,惟刘君现任春晖中学教务主任,能否就聘尚难确定。"

中国国民党一届一中全会在广州召开,由孙中山主持。决议在上海、北京、汉口、哈尔滨、四川等地设立中央执行委员会执行部。国民党上海执行部统辖江、浙、皖、赣、沪四省一市党务。委任执行委员胡汉民、汪精卫、叶楚伧、于右任、张人杰;候补执行委员毛泽东、邵元冲、沈定一、茅祖权、瞿秋白驻上海执行部。(中共上海市委党史资料征集委员会编:《中共上海党史大事记(1919.5—1949.5)》,知识出版社1988年版)

中共上海地方兼区执行委员会召开常委会议。会议讨论编定预算及筹划列宁追悼会之事。关于列宁追悼会,决定以上海大学的社会问题研究会及马克思学说研究会的名义发起,并征求外界其他团体加入。开会时间定在3月初,通信地址定在上海大学。(中央档案馆、上海市档案馆:《上海革命历史文件汇集(上海区委会议记录)一九二三年七月—

---

① 指民国十二年,即1923年。

一九二六年三月》,1989 年 10 月)

中共上海地方兼区执行委员会召开组长会议。会议布置小组活动及"二七"活动。决定每两星期开一次小组会议,每次开会均要向地委报告。(中央档案馆、上海市档案馆:《上海革命历史文件汇集(上海区委会议记录)一九二三年七月——一九二六年三月》,1989 年 10 月)

是月

瞿秋白和上海大学中国文学系女学生王剑虹结婚。(陈铁健著:《瞿秋白传》,红旗出版社 2009 年版)

邓中夏介绍大连籍青年团员杨志云进入上海大学社会学系学习。(冯资荣、何培香编著:《邓中夏年谱》,中国文史出版社 2014 年版)

2 月

2 月 7 日

上海各团体和京汉铁路及河北工会等外地工会代表 20 余人,举行京汉铁路"二七"大罢工一周年纪念大会。刘华等代表在会上愤慨陈词,痛斥军阀屠杀工人的罪行,并提出进一步开展工会工作的要求。(中共上海市委党史资料征集委员会编:《中共上海党史大事记(1919.5—1949.5)》,知识出版社 1988 年版)

2 月 10 日

上海大学行政委员会举行第二次会议,校务长邓中夏在会上作"上半年经济状况"的校务报告,学务长何世桢作"第一次招生情形"报告。会上就"会计年度""教授职员薪水标准""职员薪水之规定""迁移学校问题""中学部与大学部之划分与关系"等作出相应的决议。会上还决定编辑出版"上海大学丛书",成立"上海大学丛书审查委员会",推定邵力子、陈望道、瞿秋白、何世桢、邓中夏五人为委员,负责丛书出版的选题、编审等事务。(《上海大学周刊》第一期,1924 年 5 月 4 日出版,见《20 世纪 20 年代的上海大学》,上海大学出版社 2014 年版)

2 月 11 日

《民国日报》刊登由校长于右任署名的《上海大学招生》广告。

2 月 12 日

瞿秋白致信鲍罗廷,信中说:"需要制订上海大学党的工作计划,找到教'政治常识'课的教员"等问题。(《瞿秋白自传》,江苏文艺出版社 1996 年版)

2 月 16 日

《申报》在《将开学之各学校》的总标题之下,介绍上海大学,称:"上海大学因闸北原有校址,颇为湫隘,不敷应用,爰租定西摩路南洋路口洋房一大所,闻五日内即行迁入。该地

房舍极广阔,尚有广大余地可供操场之用,交通颇便利。闻该校原定计划,定于二十二、三两日举行第二次招生,二十四日开学。"

《申报》刊登《上海大学迁移校舍通告》:"本校已租定西摩路(南洋路口)二十九号洋房一大宅为校舍,定五日内迁入。五日后新旧学生及投考者均向该处接洽可也。又本校英文名(The University of Shanghai),各界如用英文写信,面请照此写,以免错误。"

按:上海大学校址另有"西摩路132号"之说。(《邵力子被控案撤销》,《申报》1925年1月10日)

2月21日

中共上海地方兼区执行委员会召开会议,讨论列宁追悼会的筹备工作,决定由上海大学、复旦大学等联名发起。(中央档案馆、上海市档案馆:《上海革命历史文件汇集(上海区委会议记录)一九二三年七月——一九二六年三月》,1989年10月)

2月23日

《申报》刊登《上海大学启事》:"本校已于昨日迁至公共租界西摩路南洋路口,如有投函本校或接洽事务者,请直向此处可也。"

《申报》刊登由校长于右任署名的《上海大学附设英数高等补习科招生》广告。

2月24日

《民国日报》刊登《上海大学启事》:"本校已于昨日迁至公共租界西摩路南洋路口,如有投函本校或接洽事务者,请直向此处可也。"

《民国日报》刊登《上海大学布告》,公布了上海大学第二次录取新生名额。社会学系一年级录取新生中有关中哲、罗石冰、韩福民等。

《民国日报》刊登由校长于右任署名的《上海大学附设英数高等补习班招生》广告。

2月25日

上海大学行政委员会举行第三次会议,邓中夏在会上作"迁校情形"报告。会议决定成立上海大学"建筑募捐委员会",于右任、邓中夏、何世桢、邵力子四人为委员;增加学生宿舍;确定开课日期;下学期添设五学系,推定刘庐隐为政治学系筹备员,瞿秋白为经济学系筹备员,何世桢为法律学系及商业学系筹备员,杨荃骏[①]、陈望道为教育学系筹备员;编辑出版校刊,推定陈望道为编辑主任;确定中学部宗旨。(《上海大学周刊》第一期,1924年5月4日出版,见《20世纪20年代的上海大学》,上海大学出版社2014年版)

按:1924年3月18日的《民国日报》刊登《上海大学》、《申报》刊登《上海大学将新添学系》的消息,介绍了上海大学拟于下学期新添学系的相关情况。

---

① 即杨明轩。

国民党上海执行部召开第一次执行委员会会议。于右任、叶楚伧、瞿秋白、茅祖汉、何世桢、邵力子、谢持、孙镜到会。胡汉民任主席。会议议决通过执行部秘书处及各部职员名单：一、秘书处常务委员胡汉民、叶楚伧、汪精卫。文书部主任邵元冲（邵未到任前，由毛泽东代理）。另设书记、干事、录事、会计、庶务等部门人员。二、组织部部长胡汉民，秘书毛泽东，组织指导干事为罗章龙等；三、宣传部部长汪精卫，秘书恽代英，宣传指导干事为施存统、沈泽民等；四、工农部部长于右任，秘书邵力子，调查干事及录事分别为邓中夏和刘伯伦、王荷波等；五、青年妇女部部长叶楚伧，秘书何世桢，助理向警予；六、调查部部长茅祖权，秘书孙镜等。并决定3月1日执行部正式对外办公。（中共上海市委党史资料征集委员会编：《中共上海党史大事记（1919.5—1949.5）》，知识出版社1988年版）

2月28日

晚上7时，中共上海地方兼区执行委员会召开会议。会议讨论列宁追悼会的筹备工作及候补党员转正问题。关于列宁追悼会，由国民党发起，拟于《民国日报》出一特刊，并出纪念册，纪念册设法请国民党宣传部编辑；关于候补党员转正问题，决定批准上海大学的各候补党员全部转正为正式党员。（中央档案馆、上海市档案馆：《上海革命历史文件汇集（上海区委会议记录）一九二三年七月——一九二六年三月》，1989年10月）

是月

上海大学春风文学社成立。春风文学社有会员七人，以"研究文学"为宗旨，在组织方面，"屏除一切的形式，由各会员精神上的契合而成"；在研究方法上，采取"集合讨论"和"通信研究"的形式。（《上海大学一览》，1924年4月编印）

3月

3月1日

上海大学附设英文义务学校成立。这所学校"专以启迪应用英语为宗旨"，由英国文学系六位同学分任教授，不另设其他职务。学生学费免收，书籍由学生自备，分甲乙两组教授。（《上海大学一览》，1924年4月编印）

中国国民党中央执行委员会举行第十次会议。会议推定叶楚伧为上海《民国日报》编辑委员会委员长，胡汉民、汪精卫、瞿秋白、邵力子为委员。（国民党中央执行委员会第10次会议记录，1924年3月1日。见周永祥著：《瞿秋白年谱新编》，学林出版社1992年版）

3月3日

孙中山致电上海大学学生安剑平，称《孤星》"深切时弊"，勉励《孤星》继续办下去，并亲题"孤星"二字寄到安剑平处。（陈旭麓、郝盛潮主编：《孙中山集外集》，上海人民出版社1990年版）

按：《孤星》旬刊是上海大学学生社团"中国孤星社"主办的一个进步刊物，于1924年

2月5日创办。上海大学学生、中国孤星社负责人、《孤星》旬刊主编安剑平,曾写信给孙中山,请求为《孤星》题写刊名。孙中山于1924年3月3日将题写的刊名寄到上海大学。《孤星》旬刊从3月25日第五期开始,刊头就改换为孙中山的题字。

《民国日报》刊登《上海大学》的消息,称:"上海大学自迁入西摩路新校舍后,一切进行较前顺利,报名者亦较上年增加,现共有五百余人。中学部方面又增聘教员多人,多为国内外大学毕业生。教务方面仍由何世桢博士担任。现定今日起,正式上课。"

按:3月4日的《申报》刊登题为《上海大学最近之整顿》的相同内容的报道。

3月6日

中共上海地方兼区执行委员会召开会议,会议讨论平民夜校津贴、店员联合会津贴等问题。参加会议的有杨贤江、徐梅坤、徐白民、沈泽民、沈雁冰和S.Y.代表张秋人。(中央档案馆、上海市档案馆:《上海革命历史文件汇集(上海区委会议记录)一九二三年七月——一九二六年三月》,1989年10月)

国民党上海执行部召开第二次执行委员会会议。毛泽东、瞿秋白、于右任、胡汉民、叶楚伧等出席。会议决定组织平民教育运动委员会,大力开展平民教育,要求全体同志都参加此项工作。会上汪精卫、叶楚伧、邓中夏、于右任、孙镜、何世桢、恽代英、毛泽东等九人被推举为"平民教育委员会"委员。经委员讨论,邓中夏、孙镜、毛泽东被推举为"平民教育委员会"常务委员。(中共上海市委党史资料征集委员会编:《中共上海党史大事记(1919.5—1949.5)》,知识出版社1988年版)

3月8日

下午4时,上海工团联合会召开追悼列宁大会。到会者有全国工界救亡大会、上海纺织工会等20余个工团组织。上海大学教授邵力子、施存统等相继发表演说。邵力子在演说中称:"列宁自甘辛苦,替多数人谋幸福,并非牺牲人民自谋利益者可比。"(《各工团昨日追悼列宁纪》,《申报》1924年3月9日)

3月9日

国民党上海执行部及所属分部、中共上海地方组织、社会主义青年团、学生总会、上海印刷工会等30余团体300余人在南市小西门少年宣讲团联合举行追悼列宁大会。上海大学的瞿秋白、叶楚伧、邵力子、邓中夏等参加了追悼会。会上,瞿秋白发表演讲,介绍了列宁的生平事迹,邓中夏、叶楚伧、邵力子等发表了演说。并印发《上海追悼列宁大会特刊》,上面刊登了瞿秋白、恽代英等人的纪念文章。(中共上海市委党史资料征集委员会编:《中共上海党史大事记(1919.5—1949.5)》,知识出版社1988年版)

3月10日

晚上6时,卜士畸、程永言代表上海大学参加由寰球中国学生会召开的会议,讨论筹办平民夜校事宜。(《上海大学程永言、卜世畸参加平民夜校筹办会议》,《民国日报》1924

年3月11日;《租界西区平民夜校消息·昨日开会讨论进行事宜》,《申报》1924年3月11日)

3月11日

晚上7时,中共上海地方兼区执行委员会召开国民党委员会会议,参加会议的有杨贤江、张秋人、毛泽东、罗章龙、刘剑华等。会议议决另组织新建设社,上海大学、中华书局、同孚路瑞兴里、北火车站、邮局五区分部归入第四区党部,并请求执行部改组区党部。(中央档案馆、上海市档案馆:《上海革命历史文件汇集(上海区委会议记录)一九二三年七月——一九二六年三月》,1989年10月)

3月12日

上海大学行政委员会举行第四次会议,会上讨论了"校舍建筑计划及募捐办法",议决组织"校舍建筑费保管委员会",推定汪精卫、张继、张静江、王一亭为委员;还决定编印《上海大学一览》,推定陈望道、杨明轩、邓中夏三人为编辑。会议还决定中国文学系、社会学系每周再添教授英文4小时;添设俄文班一班;审查本学期预算;开办平民学校,由学生办理等事项。(《上海大学周刊》第一期,1924年5月4日出版,见《20世纪20年代的上海大学》,上海大学出版社2014年版)

下午1时,国民党陆军军官学校(黄埔军校)在上海大学举行招生考试,投考者100多名。(《小专电》,《时报》1924年3月14日)

下午3时,上宝平民教育促进会在省教育会三楼举行第一次大会,上海大学等50余团队共100多人参加了会议。上海大学代表向大会报告拟设立平民学校一所。(《上宝平民教育促进会大会纪·选出董事十五人》,《申报》1924年3月13日)

3月13日

国民党上海执行部召开第三次执行委员会会议,毛泽东、瞿秋白、汪精卫、叶楚伧、茅祖汉、胡汉民等出席。汪精卫报告赴粤向国民党中央接洽事宜,议决国民党上海执行部在沪负责招考黄埔军校学生事,由毛泽东负责湖南投考黄埔军校学生在沪复试事宜。(中共上海市委党史资料征集委员会编:《中共上海党史大事记(1919.5—1949.5)》,知识出版社1988年版)

3月14日

戴季陶到上海大学作题为"东方问题与世界问题"的演讲。(《上海大学周刊》第一期,1924年5月4日出版,见《20世纪20年代的上海大学》,上海大学出版社2014年版)

按:1928年广州民智书局出版发行的《中国独立运动的基点》收录了这篇演讲稿,并在标题下括注"十三年(民国十三年,即1924年)三月十四日午后二时在上海大学的演讲"。

3月15日

上海大学学生社团孤星社主编的《孤星》旬刊第四期(悼念列宁专号)出版,将瞿秋白

的文章《历史的工具——列宁》作为代社论。并同时发表了陈独秀的《列宁之死》。(《党史资料丛刊(第4辑)》,上海人民出版社1983年版)

按:瞿秋白的《历史的工具——列宁》于3月19日首次发表在《民国日报》的《追悼列宁大会特刊》上。《党史资料丛刊》1983年第4辑在刊登瞿秋白《历史的工具——列宁》时加有一段"注",称:"本篇及下篇陈独秀的《列宁之死》原载于上海大学进步学生社团'孤星社'主办的《孤星》旬刊第四期。《孤星》旬刊第四期为'悼念列宁专号',一九二四年三月十五日出版。瞿秋白的文章系为专号撰写的社论,陈独秀的文章系杂感。今刊出,供研究者参考。原件由无锡市图书馆余福媛同志提供。"

上海东方艺术研究会创办人周勤豪宴请来华访问的日本松图新一郎一行,陈望道、邵力子、吴梦非、张聿光、朱应鹏、傅彦长等出席。双方商定10月在上海举办中日艺术展览会,筹设中日美术俱乐部,出版《中日美术杂志》等事宜。(徐昌酩主编:《上海美术志》,上海书画出版社2004年版)

3月16日

《民国日报》刊登关于上海大学教学方面的报道,称上海大学"现已迁至西摩路,并在附近租赁民房为宿舍,第一宿舍在时应里,第二宿舍在甄庆里,第三宿舍在敦裕里。一切设备,逐渐就绪。并闻该校新添教授甚多,中国文学系添聘刘大白教文学史,胡朴安教文字学;英国文学系添聘何世枚教散文、小说及论理学,董承道教经济学,虞鸿勋教散文及文学史;社会学系添聘周建人教生物哲学;美术科添聘李骦教油画,陈晓江教塑造。其选修之现代政治,已预定者有胡汉民、汪精卫、马君武、张溥泉四先生,至其校长闻仍为于右任,学务长仍为何世桢,校务长仍为邓安石"。

按:3月17日《申报》刊登题为《上海大学之新教职员》的相同内容的报道。

3月17日

《民国日报》刊登《上海大学》的消息,称:"上海大学中学部一切教育行政,原与大学部合并,后因大学与中学性质颇异,如大学管理应相当放任,若中学则应相当严格,即其一端。该校行政委员会议决,自今年起,中学之教务与训育,皆与大学分开,惟事务仍统属大学之校务处。其主任闻为杨荃骏君,富有教育经验,国文、英文、数学三科皆设专任教员。闻国文为张石樵,英文为李未农,数学为韩觉民。"

《民国日报》刊登《上海大学添招俄文新生广告》:"本校因应社会之需求,特开俄文,新生从字母教起。有志者请于本月十八日以前来校报名可也。学费每半年十元。"

3月19日

晚上7时,公共租界西区平民教育联合会在中华工业专门学校举行演讲大会,上海大学等七所学校参加了大会。(《西区平民教育讲演会》,《申报》1924年3月20日)

3月20日

国民党上海执行部召开第四次执行委员会会议,毛泽东作记录。会议讨论在上海大学设立"现代政治班"问题,召集区党部、区分部执行委员解释国民党宣言及章程问题。(中共中央文献研究室:《毛泽东年谱(一八九三——一九四九)上卷》,中央文献出版社2013年版)

3月21日

下午4时,上海大学等学校700余人参加由公共租界西区平民教育大会发起的大游行,宣传平民教育。(《西区各校鼓吹平教大游行》,《申报》1924年3月22日)

3月22日

吴稚晖在上海大学演讲。(《上海大学周刊》第一期,1924年5月4日出版,见《20世纪20年代的上海大学》,上海大学出版社2014年版)

3月23日

上午,上海大学假座大东酒楼宴请新旧职教员,校长于右任致开会词,会后全体合影并入座聚餐。(《上大职教员之聚餐会》,《申报》1924年3月24日)

3月27日

上海大学美术科第一届毕业生张弦赴法国巴黎美术学校留学。(《明日放洋之留法学生》,《民国日报》《申报》1924年3月26日)

3月29日

邓中夏在《民国日报》副刊《平民周报》上发表诗作《悼歌》。全诗采用民歌五叠的形式,表达了对列宁逝世的哀悼之情。

3月31日

上海大学行政委员会举行第五次会议。会议议决:审查《上海大学一览》;修改《上海大学章程》;审查新添五个学系的学程表;扩充图书馆,推定陈望道为筹备员,一面进行募捐,另一面开展向私人借用藏书的工作;在全校开展自建校舍的募捐活动,募捐总额为120万。并接洽海内外得力人士为募捐人;决定校刊宗旨为"以学术研究为主,本校新闻为副",两星期后出版。(《上海大学周刊》第一期,1924年5月4日出版,见《20世纪20年代的上海大学》,上海大学出版社2014年版)

是月

上海大学英国文学系二年级成立"英文文学会",其宗旨为"本同学互助精神,以研究英文,练习英语"。会员有31人。(《上海大学一览》,1924年4月编印)

4月

4月1日

为纪念国民党改组,《民国日报》出版特刊《中国国民党改组纪念·民国日报特刊》。

刊登了共产党人陈独秀、瞿秋白与国民党人汪精卫、戴季陶、胡汉民等人的文章。陈独秀以"实庵"署名,发表《国民党与共产主义者》,瞿秋白发表《中国革命史的第二篇》。

上海大学召开"上海大学平民学校"成立大会。校务长邓中夏说明开会宗旨。程永言报告了上海大学参与全国平民教育运动大会的经过。会议确定上海大学平民学校的宗旨为"普及教育,提高国民程度"。会议讨论通过了《平民教育方案》和上海大学平民学校组织大纲。会议推举卜士畸、程永言、马建民、刘华、郭镒、杨国辅、朱义权、王秋心等八人为上海大学平民学校执行委员。定于4月8日起开始招生,学员学费一律免收,书籍用品由学校赠送。(《平民教育消息汇志》,《民国日报》1924年4月5日;《上海大学创办平民学校》,《申报》1924年4月5日;《上海大学一览》,1924年4月编印)

4月3日

上海大学全体女生为保定第二女子师范学校风潮发出文电三通,称保定第二女师同学为女子教育前途,誓死奋斗,同人愿为后盾。谴责保定女士校长殴辱女生,摧残教育,要求当局撤换校长。恳求社会各界一致赞助救援保定女师的学生。(《上海大学女生援助保定女师》,《民国日报》《申报》1924年4月4日)

4月4日

上海大学举行报告会,由恽代英教授作题为"中俄交涉破裂原因"的演讲、沈泽民教授作题为"欧洲形势与东方民族之关系"的演讲。(《上海大学周刊》第一期,1924年5月4日出版,见《20世纪20年代的上海大学》,上海大学出版社2014年版)

4月6日

上海大学初中阅书报社成立,其宗旨为"增进新智识以助学业之进步"。社员有18人。(《上海大学一览》,1924年4月编印)

4月10日

上海大学校长于右任赴广州公干,由邵力子代理校长。(《上海大学周刊》第一期,1924年5月4日出版,见《20世纪20年代的上海大学》,上海大学出版社2014年版)

4月12日

上宝平民教育促进会假青年会举行筹备会,上海大学代表出席会议,并在发言中介绍了本校创办平民学校的经过和宣传办法等。(《上宝平民教育促进会消息·昨日召集学生代表会议,讨论一星期大运动办法》,《申报》1924年4月13日)

4月13日

《民国日报》刊登上海大学关于平民教育的消息,称:"西摩路上海大学附设之平民学校,自委员会成立以来,筹备不遗余力,报名学生已达一百八十余人。现该校为求教授上便利起见,暂分为两级四组:以成年识字者为一级一组,成年不识字者为一级二组,童年识字者为二级三组,童年不识字者为二级四组,将来尚需设妇女特别班以利成年妇女。"

上海大学为全校学生进行"肺病检查及布种牛痘"工作。(《上海大学周刊》第一期,1924年5月4日出版,见《20世纪20年代的上海大学》,上海大学出版社2014年版)

4月15日

晚上7时,上海大学平民学校举行开学典礼,280多名工人学生及100多名来宾和家属参加了大会。教务长邓中夏出席会议。平民义务学校主任卜士畸致词,详细阐述办学的目的与宗旨;总务朱义权报告了学校筹备的经过;代理校长邵力子发表演说,祝贺平民义务学校开学;刘华、曹斌等发表讲话阐述平民义务学校办学的意义。(《关于平民教育运动之进行·上大平民学校开学》,《民国日报》1924年4月16日)

4月16日

邓中夏致信毛泽东、孙镜,告知不能参加本日举行的平民教育委员会常务会议,委托刘伯伦代自己与会。信中说:"弟因要参与上大平民学校教务会议,故不能到今日之常务会,特请刘伯伦兄为代表。"(杨天石:《毛泽东和国民党上海执行部》,《百年潮》2003年第6期)

4月17日

刘仁静[①]到上海大学演讲。(《上海大学周刊》第一期,1924年5月4日出版,见《20世纪20年代的上海大学》,上海大学出版社2014年版)

4月19日

《寰球中国学生会周刊》第142期刊登《协助上海大学平民夜校》的消息。

下午2时,闸北举行平民教育运动大游行,上海大学平民学校等80余团体参加,人数达3 000多人。(《闸北平教运动大游行纪·团体八十余起人数三千以上》,《申报》1924年4月20日)

4月20日

胡汉民在上海大学作题为"民族主义"的演讲。(《上海大学周刊》第一期,1924年5月4日出版,见《20世纪20年代的上海大学》,上海大学出版社2014年版)

中国国民党中央执行委员会秘书处杨匏安、林祖涵[②]通过邓中夏致函上海大学学生丁郁,称"关于上海大学请拨筹办经费一事,请即来处接洽为盼"。(台北:中国国民党中央委员会文化传播委员会党史馆汉口档案7493)

中午,南市平民教育促进会在职工教育馆开成立会,出席会议有50余人。恽代英出席会议并发表题为"平民教育之要点"的演讲。(李良明、钟德涛主编:《恽代英年谱》,华

[①] 刘仁静(1902—1987),湖北应城人。1920年加入北京的中国共产党早期组织,次年出席中国共产党第一次全国代表大会。1925年去莫斯科列宁主义学院学习。受托洛茨思想影响,1929年回国后进行托派组织活动,被开除出党。新中国成立后,在北京师范大学任教,后在人民出版社从事翻译工作。

[②] 即林伯渠。

中师范大学出版社 2006 年版)

4月21日

上海大学美术科组织的西湖旅行写生团第一支队赴杭州写生。第二支队于 29 日抵杭州。(《学校消息·上海大学》,《民国日报》1924 年 4 月 20 日;《杭州快信》,《申报》1924 年 4 月 29 日)

《民国日报》刊登《"上大"平民学校消息》,介绍了上海大学平民学校开课后的上课情况。称该校全体教职员共 41 人,均系平素对于教育富有研究兴趣的,此番对于平民学校,尽量招收附近一般失学的平民,实地给予相当的教育。报名者达 450 余人,实际上课者 360 余人。科目分 6 种,最注重的是识字和算学。报道还说,该校对于学生上下课路途间的照料尤为周至,规定每晚女生早十分钟放学,男生则由各级主任及助教员依次领出校外,护送回家。

晚上 7 时,上海大学英文义务补习班正式开课。这是上海大学英国文学系同学为适应一般商业人才的需求起见,组织的一个英文义务补习班,学费免收,书籍自备。(《"上大"平民学校消息》,《民国日报》1924 年 4 月 21 日)

4月22日

上海大学召开全体教职员会议。会议决定自下学期起,增设俄文、社科、史学三系。邓中夏在会上被推举为"办理扩充后章程事要"负责人,负责修订《上海大学章程》。(冯资荣、何培香编著:《邓中夏年谱》,中国文史出版社 2014 年版)

4月23日

邓中夏以社会主义青年团中央局组织部主任名义,与团中央秘书刘仁静联名签发团中央局通告:"依照扩大执委会通过之修正中央局组织法决议案,决定重新分配中央局职务。职务如下:秘书刘仁静、组织部邓中夏、宣传部恽代英、学生部卜世畸、农工部梁鹏云、驻鄂特派员林育南、驻湘特派员夏曦。"(冯资荣、何培香编著:《邓中夏年谱》,中国文史出版社 2014 年版)

《民国日报》刊登《上海大学》、《申报》刊登《上大将办法国文学系》的消息,称:"中法通惠工商学校去年因风潮出校之学生,多于去年暑期考入他校。惟尚有一部,因英文程度之关系,未能考得相当学校。现其中有褚维樾等特向上海大学请求下学期开办法国文学系正科,已得该校校长于右任允许,并嘱其从速征集未入校之旧同学。褚君等特设筹备处于法租界大自鸣钟湘余公行内,正在积极征集诸同学。"

4月26日

胡汉民在上海大学作题为"民权主义"的演讲。(《上海大学周刊》第一期,1924 年 5 月 4 日出版,见《20 世纪 20 年代的上海大学》,上海大学出版社 2014 年版)

4月27日

邓中夏、恽代英、侯绍裘等出席松江14团体在城内举行的"追悼列宁大会",邓中夏在会上发表演说,介绍列宁生平。恽代英发表题为"我们现在应该如何努力"的演讲。会议通过提议,致电苏俄驻华大使加拉罕,表达追悼之意。(冯资荣、何培香编著:《邓中夏年谱》,中国文史出版社2014年版;李良明、钟德涛主编:《恽代英年谱》,华中师范大学出版社2006年版)

是月

上海大学公布由张继题写书名的《上海大学一览》。校长于右任为《上海大学一览》撰写弁言。弁言最后称:上海大学"以已往成绩计之,校史虽短,进步则速:此皆前评议会与今行政委员会暨职教员诸君子努力之所致也。至将来能达到建学之目的与否,固视同人之继续努力如何,而犹赖社会先知先觉之匡助。'合抱之木,生于毫末;千里之行,始于足下。'右任不自量,愿随诸君子后,竭毕生之力以赴之。倘贤哲不弃,进而教之,使有遵循,则尤幸之幸矣!"《上海大学一览》刊登了《上海大学章程》,还有《教职员一览表》《学生一览表》《学生组合简表》等;另载有校历、各种学程、各种细则、学制系统表等。

上海书店从1—4月,陆续出版《社会科学讲义》1—4集。该书根据上海大学社会学系的讲义整理而成,内收瞿秋白《现代社会学》《社会哲学概论》、安体诚《现代经济学》、施存统《社会运动史》《社会思想史》《社会问题》等。(周永祥著:《瞿秋白年谱新编》,学林出版社1992年版)

按:《社会科学讲义》1—4集,于同年3—6月再版。1927年1月,又由汉口长江书店再版。

5月

5月1日

由上海工商联合会发起在北河南路①天后宫举行纪念劳动节大会。到会的各工团代表2 000余人。应邀到会演说的有汪精卫、邵力子。会上散发《劳动八点钟纪念歌》《上海国民党工人部敬告工界的兄弟姐妹们书》等宣传品。(中共上海市委党史资料征集委员会编:《中共上海党史大事记(1919.5—1949.5)》,知识出版社1988年版)

5月4日

上海大学校刊《上海大学周刊》创刊号出版,刊载师生研究成果及校内消息,内容有论著、时评、杂感、诗歌及学校大事记等。创刊号上,刊登了瞿秋白的《自民族主义至国际主义—五七—五四—五一》和邓中夏署名"A·S"的《上大的使命》。(黄美真、石源华、张云

---

① 今河南北路。

编:《上海大学史料》,复旦大学出版社 1984 年版)

上海学联于复旦中学召开五四纪念会,30 余所学校团体到会。全国学联向到会者散发五四纪念会宣言。邵力子、瞿秋白、胡汉民到会演说。(中共上海市委党史资料征集委员会编:《中共上海党史大事记(1919.5—1949.5)》,知识出版社 1988 年版)

5 月 5 日

上海大学举行马克思诞生 106 周年纪念会,瞿秋白在会上发表演说。会议中,瞿秋白和任弼时登台高唱《国际歌》。(周永祥著:《瞿秋白年谱新编》,学林出版社 1992 年版)

按:第二天,也就是 5 月 6 日,瞿秋白致信鲍罗廷,信中说:"五月五日马克思诞辰纪念时,我们在上海大学组织了一次纪念会,汪精卫在会上发表演说,声称国民党同马克思主义有很多共同之处。"(《瞿秋白自传》,江苏文艺出版社 1996 年版)另据中共中央文献研究室编的《任弼时传》,说任弼时在上海大学的课堂上,"他不但教俄语,而且还向同学介绍俄国十月革命后的新面貌,有时,他引吭高歌,教同学唱'国际歌';'英特纳雄——耐尔——就一定——要实现',歌声使课堂里充满革命的气氛。"(中央文献出版社 2004 年版)

国民党上海执行部在上海法租界莫里爱路(今香山路)29 号孙中山寓所,举行纪念孙中山在广东就任非常大总统三周年庆祝集会。这次集会共有国民党上海执行部和各区党部代表 300 余人出席。在共产党方面,出席集会的有毛泽东、恽代英、邓中夏、向警予、王荷波、沈泽民、罗龙章、邵力子、韩觉民等,在国民党方面,出席集会的有胡汉民、汪精卫、张继、茅祖权、谢持、叶楚伧、周佩箴、喻育之、何世桢等。胡汉民以国民党上海执行部常委委员兼组织部部长的身份主持了集会。集会出席者在孙中山寓所前还合影留念。(中共上海市委党史资料征集委员会编:《中共上海党史大事记(1919.5—1949.5)》,知识出版社 1988 年版)

按:以上名单中,恽代英、邓中夏、沈泽民、邵力子、韩觉民、胡汉民、汪精卫、叶楚伧、何世桢等当时都在上海大学任职任教。

5 月 7 日

上午 9 时,上海大学召开欢送大会,欢送张继为上海大学的新校舍建设赴南洋募款。上海大学全体教职员和学生参加了大会。会议邀请了汪精卫、胡汉民、谢持出席会议并发表演讲。上海大学建筑校舍促进会委员长曾鲁致欢送词,张继致答词。最后由代理校长邵力子代表上海大学全体教职员和学生致词对张继表示欢送之热忱。(《学校消息·上海大学》,《民国日报》1924 年 5 月 8 日)

按:据上海大学学生程永言说,张继后来并没有履行诺言到南洋募款。(程永言:《回忆上海大学》,《党史资料丛刊(第 2 辑)》,上海人民出版社 1980 年版)

5月9日

南洋大学学生会组织"五九"国耻纪念会,上海大学教授恽代英应邀在会上作题为"我们要雪的岂独是'五九'?"的演讲。在演讲中,恽代英揭露国际帝国主义和军阀政治是中国进步的最大阻力,宣传孙中山"联俄、联共、扶助农工"的三大政策,号召南洋大学的学生投入到火热的政治斗争当中来。恽代英针对像南洋大学这样的理工科学校的学生忽视政治、服膺"科学救国"主张的普遍心理,提出在帝国主义和封建军阀的压制摧残下,所谓"科学救国"主张只不过是空谈。他呼吁青年学生放弃读书救国的幻想,先起来打倒帝国主义,铲除封建军阀,才能实现科学救国的愿望。(《南洋周刊》第四卷第九号,1924年5月18日)

按:当年在现场听恽代英演讲的南洋大学学生陆定一后来在1982年回忆了这一幕。他说恽代英在演讲中讲的道理,"这在现在已是常识,而在当年闻所未闻,顿开茅塞"。陆定一说恽代英"是我的第一个共产主义的老师"。(陆定一:《我的第一个共产主义老师》,《回忆恽代英》,人民出版社2015年)

邓中夏、瞿秋白、沈玄庐、叶楚伧、邵力子等出席在天后宫举行的"五九"国耻纪念会并发表演说。(中共上海市委党史资料征集委员会编:《中共上海党史大事记(1919.5—1949.5)》,知识出版社1988年版;冯资荣、何培香编著:《邓中夏年谱》,中国文史出版社2014年版)

5月10日

上海大学平民学校公布有关章则,其中包括《上海大学平民学校组织大纲》《上海大学平民学校委员会细则》《上海大学平民学校考查成绩之类别及标准》《上海大学平民学校对于学生之奖励及惩戒条例》《上海大学平民学校现任教员一览》《上海大学平民学校教务部职教员分配一览》《上海大学平民学校职责分配表》《上海大学平民学校全体教职员一览》等。另外还有上海大学平民学校的课程表、学生调查表、教授名录[①]等。(台北:中国国民党中央委员会文化传播委员会党史馆环龙路档案11088)

5月12日

上海学生会在威海卫路远东商业专门学校开会,议决两案如下:一是协助建社筹备展览会事件,决定组织委员会,以利进行,推定复旦大学、上海大学、暨南学校为委员。关于经费事务,由各校自行募捐。二是会址,因经费困难,暂不赁定房屋,设通信处于复旦、上海大学及远东商业专门学校。(《上海学生会会议纪要·议决两案》,《申报》1924年5月13日)

5月14日

上海大学平民学校公布《学生职业一览表》。按成年未识字者、童年未识字者、成年已

---

① 原表空白。

识字者、童年已识字者分班,所从事的职业有厨房、裁缝、车夫、木匠、泥水匠、木匠、花匠、布车工等。(台北:中国国民党中央委员会文化传播委员会党史馆环龙路档案11090)

中共中央三届三次扩大执行委员会议在上海召开,会议所作的《中央局报告》系统地总结了党在组织、宣传、政治运动、劳动运动及国共两党关系等方面的情况及经验教训,并提出了具体要求。上海地方委员会就党内情形、国民运动、工人运动作了报告。党员以前为56人,现47人,分上大、闸北、西门、法界、虹口五个组。在国民党上海执行部的组织部、宣传部、工农部、青年妇女部都有同志,又任要职;国民党区党部方面,闸北、南市有同志在主持,区分部方面,上大、中华书局、新建设杂志社等有的是同志所组织,有的有同志在内活动。(中共上海市委党史资料征集委员会编:《中共上海党史大事记(1919.5—1949.5)》,知识出版社1988年版)

5月15日

《申报》刊登《上海大学组同乡会》的消息,称上海大学成立浙江同乡会,推举施存统、杨之华、朱义权、李乃培、邱青钱①等五人为执行委员,朱义权为委员长。

5月17日

《民国日报》刊登《上海大学书报流通处启事》:"为宣传文化起见,有书报流通处的组织,经售国内各大书社的出版品——社会科学、新文学、自然科学一类的书籍和刊物。"

上海大学学生因南京河海工程学校学生石愈白发布"五一"传单被拘之事,发出通电援助,称:"河海工程学生石愈白,因发布'五一'传单,被警厅拘押半月,备受虐待,至今未放。民国约法,人民皆有言论之自由,石君发布传单,本为人民应有之权利,万望各界一致主持正义,起而援助石君,争回自由。"(《上海大学援助宁学生》,《民国日报》1924年5月18日)

《中国青年》1924年第31期刊登题为《〈孤星旬报〉上海大学孤星旬报社》的报道,称:第八期为"五五纪念特号",对于"五一"运动的历史,"五四"当日的事实,"五五"与马克思学说体系纲要,"五九"外交上经过均叙述得简明扼要。青年读之,不啻读了许多书——可算编得极好。

5月20日

《民国日报》刊登《学校消息》,称:"近日发行校刊,为该校传播校内消息、教员学生共同发表研究所得之刊物,每周出版一次,现已出至第三期。材料丰富,如胡汉民之《智识阶级与劳动阶级》、汪精卫之《对于学生运动之一感想》,立论皆极精深正确。"

按:5月22日《申报》刊登的《出版界消息》、5月26日《北京大学日刊》刊登的《介绍——上海大学校刊》,作了相同内容的报道。

---

① 即邱清泉。

5月20日

《申报》刊登《上大学生创办平民校》的消息,称上海大学一部分热心教育的学生创办明智公学一所,在未开学前,先设平民学校及英算专修班。

5月24日

社会主义青年团上海地委发表第3号报告,内容为关于5月份代表大会的情形,其中称:"第一支部(上海大学)——共有77人,内有七八人已离申,共分13小组。除受地委命令参与各种活动外,在校内实在很难活动,因为国民党的关系并歧视的缘故,时有暗潮。校内所设的平民学校及学生会都为我们所操纵。我们又发起社会问题研究会,但不甚活动。书报流通处为我们所把持,贩卖我们自己的出版物——《中国青年》《向导》《前锋》等——及新文化书籍。"(中央档案馆、上海市档案馆:《上海革命历史文件汇集(青年团上海地委文件)一九二二年七月——一九二七年一月》,1986年8月)

5月28日

《民国日报》刊登消息,介绍《上海大学一览》:"该校因海内外来函询问详细内容者日必数起,故由行政委员会决议编辑《上海大学一览》一册,内容分校历、章程、学程、各种细则、中学部概况、学生组合简表、职教员、学生、毕业生一览表等,并附有图画及新校舍建筑图样多幅。闻已于昨日印出,颇为精美,欲悉该校内容者,可付邮票15分至该校出版部,即可照寄。"(《上海大学》,《民国日报》1924年5月28日)

5月31日

邓中夏在《民国日报》副刊《平民周报》第12号发表《劳动常识》第一章绪言,署名"中夏"。

按:《劳动常识》是上海大学平民夜校为工人读书识字而编写的通俗读物。后在《民国日报》副刊《平民周刊》陆续登载。其中第一章绪言、第二章劳动运动的起源署名"中夏",为邓中夏撰写;第三章社会主义的思潮与劳动运动、第四章资本主义的解剖、第五章资本主义的崩坏署名"李成",为李立三撰写。

《申报》刊登《上宝平民学校详细统计表(续)·上宝平民教育促进会调查》,其中称上海大学平民学校学生男生301人、女生63人,共计6个班级。

是月

关向应进入上海大学学习。(《中共中央党史研究室第一研究部编著:《中国共产党第一至第六次全国代表大会代表名录(增订本)》,中共党史出版社2014年版)

按:1924年秋,关向应写信给叔父关成羽、关成顺,信中说:"侄之入上海大学之事,乃系确实。至于经济问题,在未离连(指大连)以前,已归定矣,焉能一直冒昧?当侄之抵沪为五月中旬,六月一日校中即放暑假,况且侄之至沪,虽系读书,还有一半的工作,暑假之不能住宿舍了矣。"(中国革命博物馆:《革命烈士遗书选》,贵州教育出版社1992年版)

6月

6月2日

叶楚伧等致电国民党中央执行委员会,称:"中央执行委员会汇民国日报五月份补助二千元、上海大学五月份千元请急汇伧。"(台北:中国国民党中央委员会文化传播委员会党史馆汉口档案7496)

6月3日

《申报》刊登《涟水暑期学校之筹办》的消息,称:"上海大学涟水学生曹奎恩、曹鸿恩、朱松等,拟在该县创办暑期补习学校。"

6月4日

甲子艺术会在上海大学召开成立会,发起者为上海大学美术系应届毕业生廖湘波、李安仁、周湘嵘和上海美专的应届毕业学生魏志伟、张达道、邓星镡等和高年级学生20余人。(《艺苑清音·甲子艺术会开成立会》,《申报》1924年6月6日)

6月5日

《民国日报》刊登《上海大学新添学系》的消息,称:"上海大学自去秋以来,锐意改进,今春迁至西摩路后,校务日益发达。近因社会方面需求甚殷,已由该校行政委员会议决,自下年起,添办政治、经济、教育、商业四系。"

上海大学浙江同乡会以快邮代电致绍兴县议会,反对绍兴县议会议员毛鼎培提出的"停办县立女子师范"的提案,认为这个提案"荒谬绝伦""殊堪痛恨"。代电提出浙江乃"文化卓著之区,断不容此等败类,任意摧残",要求县议会立即取消这一议案,以平人心。(《绍兴停办女师之反响·上海大学浙江同乡会电争》,《申报》1924年6月7日)

6月6日

上海大学召开全体教职员会议,讨论美术科学生毕业事项、各系学生考试、新生招考等有关问题。(冯资荣、何培香编著:《邓中夏年谱》,中国文史出版社2014年版)

6月7日

《申报》刊登《创办世界语传习学校》的消息,称上海大学毕业学生张开元,利用暑假在泗阳县创办世界语传习所,不收学费,完全义务。

6月10日

恽代英在上海同文书院中华学生部发表题为"中国民族独立问题"的演说,由高尔松记录。

按:《民国日报》副刊《觉悟》于6月29日、30日分两次发表了演说全文,发表时题记"演说于上海同文书院中华学生部 一三,六,一〇"。

6月上旬

上海大学派出师生深入市内13家丝厂的女工中间,组织与指导丝厂女工罢工斗争。(冯资荣、何培香编著:《邓中夏年谱》,中国文史出版社2014年版)

6月11日

上海大学校长于右任由广东返回上海,邓中夏率上海大学行政委员会全体委员前往于右任寓所探望。(冯资荣、何培香编著:《邓中夏年谱》,中国文史出版社2014年版)

《民国日报》《申报》刊登由校长于右任署名的《上海大学招考男女新生》广告。

6月15日

上海大学学生社团孤星社编辑的杂志《孤星》出版第10期,为"读书运动号"。(《20世纪20年代的上海大学》,上海大学出版社2014年版)

6月17日

《民国日报》刊登《上大学生组织艺术会》的消息,称上海大学美术科毕业生张学诗、李适中、廖寿乾等15人,暑期拟在芜湖组织安徽艺术会,该会以联络同志、交换知识、促进艺术为宗旨。

《申报》刊登《上海夏令讲学会通告》,称上海学生联合会发起"夏令讲习会",以研究学术为宗旨。会址设在西摩路上海大学。讲学日期自7月6日起至8月底止。报名处上海大学刘一清、复旦大学承天荫、南洋大学缪斌、中华职业学校黄仁、同文书院唐公宪、九亩地万竹小学陈印庐、远东商专温崇信、省立二师孙祖基、杭州荐桥街沈玄庐。

6月20日

《民国日报》刊登《上海大学美术科毕业·举行成绩展览两日》的消息,称:"上海大学开办美术科以来,成绩卓著。去年夏毕业两班,内地聘为教师者几于供不应求。自去年秋季起,该校更罗致一般有名教习,益求进步,故本届毕业学生成绩比去年尤佳。"报道还称6月21日、22日将举行上海大学美术科毕业成绩展览会。

下午,上海大学浙江同乡会召开第二次例会,到会30余人。会议由朱义权主持。会议推举朱义权为出席浙江财政会代表。(《上大浙江同乡会开会》,《民国日报》1924年6月22日)

瞿秋白致信鲍罗廷。信中说:"您临行前同叶①谈过,他告诉您,在国民党员内部没有分歧。不过正如您所知道的,这纯属'中国式的客套'。事实上,右派早已开始准备公开反共反俄。有个叫周颂西(上海大学教员)的,是区分部书记。有一次他叫学生用英语作文,出的题是'苏俄是国民党的敌人,因为它和北京政府签订了协议'。在会上(还是这个上海大学的区分部会议),共产党员向他提问,他答复道:广州《民国日报》——关于这个报纸

---

① 指叶楚伧。

您也曾对我们提起过——就是这样写的,该报就在孙中山本人所在地的广州出版,可见孙中山是支持这种看法的。总之,在上海国民党(右派)中,这种看法很普遍。"(《瞿秋白自传》,江苏文艺出版社 1996 年版)

6月21日

晚上 7 时,上海大学平民学校举行毕业典礼和休业式。参加会议的有全体学生 200 多人,教职员 30 余人,及来宾朱少屏、王耀三等,主任朱义权主持会议并报告了办学的经过。来宾冯兰馨女士为学员颁发了文凭;张琴秋为学员发了奖品;来宾王耀三、朱少屏、冯兰馨,教员戴邦定、学生陈绍先等先后发表演说。大会评出了 36 名优秀学生。(《学校消息·上大平民学校》,《民国日报》1924 年 6 月 22 日;《各学校之毕业礼·上海大学平校》,《申报》1924 年 6 月 22 日)

上海大学于 21 日、22 日连续两天举行美术科学生毕业式。代理校长邵力子出席。美术科主任洪野报告了美术科办学的经过。学务长何世桢发表了训词,并为毕业生颁发了毕业证书。此届美术科图音、图工两组共毕业 39 人。据《民国日报》报道,这些毕业生均将于日内赴欧洲及东亚各国留学,或往内地各省发展艺术教育。(《上海大学举行美术科学生毕业式》,《民国日报》1924 年 6 月 23 日;《各学校之毕业礼·上海大学》,《民国日报》1924 年 6 月 21 日)

国民党上海执行部召开上海学生党员大会,各大学学生 4 000 余人出席,恽代英到会发表演说。(中共上海市委党史资料征集委员会编:《中共上海党史大事记(1919.5—1949.5)》,知识出版社 1988 年版)

中国社会主义青年团江、浙、皖区兼上海地方执行委员会正式成立,由张秋人、彭振纲、沈泽民等人负责。第一支部为上海大学。(中共上海市委党史资料征集委员会编:《中共上海党史大事记(1919.5—1949.5)》,知识出版社 1988 年版)

6月24日

邓中夏、陈德徵陪同美孚公司工程师方保障赴宋园,为上海大学社会科学院、图书馆、学生宿舍等新建筑进行实地测量。(冯资荣、何培香编著:《邓中夏年谱》,中国文史出版社 2014 年版)

6月25日

上海大学学生社团孤星社编辑的《孤星》出版第 11 期。(《20 世纪 20 年代的上海大学》,上海大学出版社 2014 年版)

6月28日

中国社会主义青年团上海地委发表第四号报告,总结了关于五、六两个月的活动情况。报告称:关于学生运动,上海学生联合会已恢复,参加者 30 余校,有我们的同志的共有 4 个学校,代表有 6 人,其中东亚同文书院 2 人、上海大学 2 人、中华职业学校 1 人、亚东医药专门学校 1 人。该会正会长为复旦大学学生、副会长为东吴法科学生,都隶属于国民党,思想右倾且反对我们。总会所召集的 8 月 1 日的全国学生代表会议之代表,上海亦已产生,我们同志 1 人,即上海大学学生刘一清,其余两名代表,一为正会长,一为副会长,皆于我们不利。(中央档案馆、上海市档案馆:《上海革命历史文件汇集(青年团上海地委文件)一九二二年七月——一九二七年一月》,1986 年 8 月)

6 月 30 日

上海大学教授安体诚致信张崇文,信中说:"不错,我返杭时本该给你信,但闻你自己已经到上大去探问一切了,因此我既已经代问,又值考忙,所以就未给你信。祈原之!"信中还说:"你的活泼精神,我很佩服,但我对于活泼的人总愿请其加以'深沉'、'坚忍',以使尽美而且尽善!对你也愿如此。"(中共浙江省委党史资料征集研究委员会、浙江省档案馆编:《浙江革命烈士书信选》,浙江人民出版社 1986 年版)

7 月

7 月 1 日

《民国日报》刊登《上海夏令讲学会简章》,介绍了这次讲学会所讲科目以及各科讲师,其中由上海大学教授所讲的有何世桢的"全民政治"、邵力子的"中国宪法史"、瞿秋白的"社会科学概论""新经济政策"、董亦湘的"人生哲学""唯物史观"、施存统的"社会进化史""劳动问题概论"、陈望道的"妇女问题""美学概要"、戴季陶的"三民主义"、叶楚伧的"中国外交史"、安体诚的"经济思想史"、杨贤江的"教育问题""青年问题"、邓中夏的"中国劳工问题"、周建人的"进化论"、韩觉民的"科学方法论"、何世桢的"诉讼常识""比较政治"、何世枚的"民刑法概论"、恽代英的"中国政治经济状况"、沈泽民的"世界近世史"、叶楚伧的"中国小说学"、沈雁冰的"近代文学"、汪精卫的"中国革命史"、田汉的"近代剧"等。讲座共分八个星期讲完。

7 月 2 日

《民国日报》继续刊登《上海夏令讲学会简章》,称上海夏令讲学会会址在西摩路上海大学;报名处定于上海大学刘一清处。

上海大学教务长邓中夏收到社会主义青年团芜湖地委秘书江常师来信,称收到上海大学简章多份。(冯资荣、何培香编著:《邓中夏年谱》,中国文史出版社 2014 年版)

7 月 3 日

陈独秀致函鲍罗廷,介绍上海大学情况,信中说,我们不但为国民党办了一个军校①,改组了《民国日报》,而且还举办了一个比军校更大的单位——上海大学。(郑德荣、王维礼主编:《中国革命纪事》,东北师范大学出版社 1990 年版;沈建中编撰:《施蛰存先生编

---

① 指黄埔军校。

年事录(上)》,上海古籍出版社 2013 年版)

《民国日报》刊登《讲员学程已排定》、《申报》刊登《夏令讲学会学程排定》的消息,称夏令讲学会讲员、学程已排定。

7月6日

上海学生联合会举办的"上海夏令讲习会"在上海大学举行开讲式。参加听讲的学员及列席者达 150 多人。戴季陶、叶楚伧、何世桢先后发表演说。(《上海夏令讲学会昨行开讲式·听讲会员一百五十余人·戴季陶等三人演说》,《民国日报》1924 年 7 月 7 日)

7月7日

下午 1 时,上海大学毕业同学会在上海大学内召开会议,到会共 15 人。会议由程永言主持。会议讨论了章程的修改问题,推举了同学会的临时负责人。(《上大毕业同学会纪》,《民国日报》1924 年 7 月 8 日;《上海大学毕业同学会》,《申报》1924 年 7 月 9 日)

7月10日

团中央局举行会议,重新分配内部职务:团中央秘书林育南、组织部主任邓中夏、宣传部主任林育南、学生部主任恽代英、农工部主任李秋实。(冯资荣、何培香编著:《邓中夏年谱》,中国文史出版社 2014 年版)

7月12日

上海大学学生代表杨之华、朱义权、刘一清三人至宜昌路 115 号大夏大学总部办事处,对来沪的"厦门大学离校学生团"进行慰问,并表示愿尽力援助大夏大学。(《厦大离校学生团总部近讯》,《申报》1924 年 7 月 14 日)

按:1924 年 4 月,厦门大学发生风潮。6 月 1 日,300 余名师生为争取民主办学而离开厦门大学来到上海筹建新校,新校原名"大厦大学",后取"光大华夏"之意定名为大夏大学。

7月14日

《民国日报》刊登《上海大学第一次录取新生》的消息。中国文学系录取的新生中有王友直;社会学系录取的新生中有何秉彝、林钧、巫钲一;中学部初中部二年级录取的新生中有盛世铎;一年级录取的新生中有赵振麟等。

《民国日报》副刊《觉悟》发表瞿秋白的《新经济政策》。这是瞿秋白在上海夏令讲学会上的演讲稿。

按:瞿秋白于 1927 年自编论文集时,将此文改题为《新经济政策之意义》。

7月18日

上海市民外交协会在闸北举行全体大会,决议更名为上海市民对外协会,聘请邓中夏、汪精卫、恽代英、邵力子、于右任为顾问。(冯资荣、何培香编著:《邓中夏年谱》,中国

文史出版社 2014 年版)

7月19日

《北京大学日刊》第 1511 期刊登《上海大学招考简章》,内容包括:招考班次、入学资格、考试科目、报名日期及地点、试验日期及地点、报名手续、入学手续和缴费等。(《上海大学招考简章》,《北京大学日刊》1924 年 7 月 19 日)

7月20日

萧楚女应邀到上海大学作题为"中国底'农民问题'"的演讲。(《夏令讲学会近闻·职员会议之议案·讲学科程之变更》,《民国日报》1924 年 7 月 25 日)

按:萧楚女的演讲稿《中国底"农民问题"》发表在《新建设》第 2 卷第 1 期。

7月21日

上海大学全体学生以快邮代电的方式致函国民党中央执行委员会,要求国民党中央执行委员会在暑假前"加推贤能",派人到上海大学"办理教务"。(台北:中国国民党中央委员会文化传播委员会党史馆汉口档案 3996.1)

按:"上海大学全体学生"的这份函件,国民党中央执行委员会于 7 月 26 日收到。8 月 8 日,熊元、汪精卫代表国民党中央执行委员会复函"上海大学全体学生",称经国民党中央执行委员会第 47 次会议决议,对于上海大学全体学生来函提出的"加推贤能",派人到上海大学"办理教务"之请,"随时物色贤能,再行派往",并"希即转告各同学查照为盼"。(台北:中国国民党中央委员会文化传播委员会党史馆汉口档案 3996.2)到了 8 月 16 日,上海大学学生涂光隽、凌昌策、何治溉、陈毅夫、章松如、应令言等 66 人致函国民党中央执行委员会暨监察委员会,称接到国民党中央执委会 8 月 8 日的来函"读悉不胜惊骇。查本校同学,本校年并无召集会议讨论教务之事,加以现值暑假期间,同学星散,更无由召集全体会议。所有请求贵会加推人员、办理教务之电,显系不肖学生捏造全体同学名义,居心破坏。本校同人等实难缄缄默。特此声明,尚希查究,是为至盼。"(台北:中国国民党中央委员会文化传播委员会党史馆汉口档案 11353)

晚上 7 时,上海夏令讲学会社会问题研究会在上海大学召开成立大会,到会者有 100 余人。第一批研究会会员有 40 多人。会议由唐公宪主持,黄仁担任记录。唐公宪首先介绍了研究会成立的宗旨,接着会议通过了研究会章程。会议选举了李春蕃、唐公宪、黄仁、刘一清、徐恒耀等五人为委员。施存统、恽代英先后应邀在会上作了题为"社会问题之起源及研究方法"和"社会问题之重要及研究态度"的学术报告。来宾代表李成[①]也应邀作了演讲。(《上海夏令讲学会消息·社会问题研究会成立·第二周讲学会之科目》,《民国日报》1924 年 7 月 22 日)

---

① 即李立三。

7月29日

何秉彝致信父母亲,信中说:"上海大学在上海虽是私立,但男相信它是顶好的学校,信服它的社会科是十分完善的。它的制度、它的组织和它的精神,皆是男所崇拜而尊仰的;男以为它是尽善尽美的,它就是我愿意的学校。它能使男信服,使男崇拜,使男愿意,它就是男的好学校——才算男的好学校! 所以男要住它,并不是盲从,并不是受谁的支配、吸引;更不是因男留恋上海而住上海大学的,实在是男个人的意志的裁判和解决与鉴定。"(中共彭州市委党史研究室编著:《那些年的青春与热血——何秉彝、何秉钧书信论文选》,中国文史出版社2015年版)

按:何秉彝在11月27日致父亲的信中说:"而上海大学,与俄国之接近人较多,男之所以必欲住上大者即此也;欲去俄,必先学俄文,但中国除北京俄文专修馆外,只有上海大学有俄文可学,而本校对于俄文又特别注重,每星期七点钟,是由俄人直接教授,确是学俄文之最好的机会,男之所以必住上大者,又一也。"(中共彭州市委党史研究室编著:《那些年的青春与热血——何秉彝、何秉钧书信论文选》,中国文史出版社2015年版)

是月

上海大学校长于右任致函国民党中央执行委员会,称上海大学自"本年①一月起,虽承中央准予每月津贴洋一千元,建设诸端,颇资挹注,究竟杯水车薪,无济于事。上年度竟亏至九千余元之巨。况下年拟添设经济、政治、教育、商业四系。范围既已扩大,开支当更增进乎。第念十年教训,国步攸关,百舍重茧,不容不赴。所有敝校扩充所需,除一面努力筹备外,恳中央自八月份起,每月津贴增为五千元"。随函还附有《上海大学请求增加津贴理由书附预算》。(台北:中国国民党中央委员会文化传播委员会党史馆汉口档案7499.1)

按:于右任这份公函,国民党中央执行委员会于8月17日收到。9月19日,谭平山、邹鲁代表国民党中央执行委员会秘书处复函于右任,称经国民党中央执行委员会第54次会议议决,"现在党部经费尚未充裕不能增加",否决了上海大学要求从8月起"每月津贴增为五千元"的请求。(台北:中国国民党中央委员会文化传播委员会党史馆汉口档案7499.2)

柯柏年②进入上海大学社会学系学习。(柯柏年:《回忆上海大学》,王家贵、蔡锡瑶编著《上海大学(1922—1927)》,上海社会科学院出版社1986年版)

康生③进入上海大学社会学系学习。(胡允恭:《我所知道的上海大学》,胡允恭著:《金陵丛谈》,人民出版社1985年版)

---

① 即1924年。
② 又名李春蕃。
③ 化名赵容。

8月

8月2日

上海非基督教同盟召开第一次执行委员会议,决定了委员分工,由唐公宪任执行主席,徐恒耀负责文字记录等书记工作,李春蕃、高尔柏负责宣传工作,张秋人负责图书资料工作。会议还决定在《民国日报》副刊上出版"非基督教特刊",两周出版一次,由李春蕃、高尔柏负责编辑。(《非基督教同盟消息》,《民国日报》1924年8月15日)

按:1924年8月15日《时报》刊登《非基督教同盟讯》,称非基督教同盟在上海召开成立大会,有100多人出席会议。会议通过了《非基督教同盟简章》,确定宗旨为:"秉爱国之热忱,具科学的精神,以积极的手段,反对基督教及其所办一切事业。"大会推举唐公宪、李春蕃①、高尔柏、张秋人、徐恒耀五人为执行委员。8月12日,上海非基督教同盟又召开第二次执行委员会议,决定凡是投寄文稿,一律"由上海西摩路上海大学李春蕃转"。(《非基督教同盟委员会报告》,《民国日报》副刊《觉悟》1924年8月19日)

国民党右派喻育之、曾贯五两人在国民党上海执行部无理取闹,要求致电广州国民党中央"分共",并殴打跨党党员邵力子。主持执行部工作的叶楚伧对此采取骑墙态度,既未按右倾要求致电国民党中央,也未对喻育之的闹事进行处理。对此,毛泽东、邓中夏、恽代英、施存统、沈泽民、刘伯伦等跨党党员致函孙中山,控告叶楚伧"主持不力,迹近纵容",要求严惩喻育之、曾贯五,严肃党纪。(冯资荣、何培香编著:《邓中夏年谱》,中国文史出版社2014年版;李良明、钟德涛主编:《恽代英年谱》,华中师范大学出版社2006年版)

8月4日

中华全国学生联合会第六次代表大会在上海举行。于右任、邵力子、邓中夏、恽代英、施存统参加会议。邵力子、恽代英和施存统还应邀发表演说。会议讨论了反对帝国主义、学生的自身利益和学生会组织问题。会后决定上海大学学生、共产党员李硕勋为执行委员会主任。(中共上海市委党史资料征集委员会编:《中共上海党史大事记(1919.5—1949.5)》,知识出版社1988年版)

按:根据上海大学学生刘披云回忆,称上海大学学生刘一清"是第六届的学总委员长,也就是全国学生总会的主席"。(刘披云:《回忆上海大学》,王家贵、蔡锡瑶编著:《上海大学(1922—1927)》,上海社会科学院出版社1986年版)。

8月7—9日

《民国日报》副刊《觉悟》分三期连续刊登萧楚女在上海夏令讲学会上所作的题为"外交问题"的演讲记录稿。

按:发表时题记"夏令讲学会演讲稿之一","萧楚女讲,梅电龙记"。

---

① 即柯柏年。

8月11日

上海学联等10多个团体成立反帝大同盟筹备会,办公地点设在上海大学。(上海市青运史研究会、共青团上海市委青运史研究室编:《上海学生运动史》,学林出版社1995年版)

8月18日

《民国日报》刊登由校长于右任署名的《上海大学加考新生广告》。

8月19日

《民国日报》副刊《觉悟》刊登《非基督教大同盟宣言》,反对帝国主义文化侵略,并首次提出收回外国人在华教育权的主张。

8月20日

《申报》刊登《上海大学新聘教授》的消息,称:"顷闻该校政治学系已聘定张奚若为主任,杨杏佛等为教授;经济学系已聘定李守常①为主任,戴季陶、蒋光赤②、彭述之等为教授;商业学系已聘定殷志恒为主任。"

8月21日

《民国日报》刊登《上海大学新聘之教授》、《申报》刊登《上海大学之新聘教授》的消息,称:"上海大学新添学系延聘教授,进行甚力,其已聘定者已见昨报。顷闻该校原有之中国文学系、英国文学系、社会学系,除原有教授不动,又新聘十余人。中国文学系新聘者,有任仲敏(词曲)、严既澄(诗歌)、方光焘(日本文学史、言语学、日文)、滕固(诗歌概论)数人;社会学系新聘者,有彭述之(社会进化史、经济学)、李达(社会思想史、社会运动史)、蒋光赤(世界史、俄文)、张太雷(政治学、政治学史)数人。"

按:台北"国史馆"档案《上海大学概况》中称李达教授的课程为"社会问题"。(档案号:019000001495A)

8月23日

中国社会主义青年团中央局决定恢复"非基督教大同盟"。(中共上海市委党史资料征集委员会编:《中共上海党史大事记(1919.5—1949.5)》,知识出版社1988年版)

上海反帝大同盟举行成立大会,到会有各团体代表40余人,刘一清为主席。施存统作演说,说明当今帝国主义在中国直接或间接援助军阀作乱而造成严重恶果,号召凡不愿受帝国主义压迫者,应该联合起来共同战斗。会上,推选上海大学学生刘一清、上海大学教授施存统等15人为执行委员。办公室设在上海大学。(中共上海市委党史资料征集委员会编:《中共上海党史大事记(1919.5—1949.5)》,知识出版社1988年版)

---

① 即李大钊。
② 即蒋光慈。

8月25日

上海大学毕业同学会举行会议,由程永言主持。会上,史岩、孙君谋提议应函请校长挽留母校学务长何世桢博士回校;张惠如、杨沄提议母校美术科应如何发展,结果公推代表史岩、张惠如、杨沄、孙君谋四人进谒校长磋商。(《上海大学毕业同学会》,《民国日报》《申报》1924年8月26日)

8月31日

上海夏令讲习会召开结束会议,全体职员出席会议。会议决定有关核查收支账目、致函演讲者表示谢意、出版演讲稿等事宜。此次夏令讲习会会所及听讲者宿舍均假上海大学,所费租金共计2 000余元,都由上海大学无偿捐助。(《夏令讲学会已告结束》,《民国日报》1924年9月2日)

在中国共产党的领导下,"沪西工友俱乐部"正式成立。俱乐部宗旨为"联络感情、交换知识、相互扶助、共谋幸福"。上海大学学生刘华等被聘为工人识字班、工人夜校补习班义务教员。(冯资荣、何培香编著:《邓中夏年谱》,中国文史出版社2014年版)

按:"沪西工友俱乐部"是在沪西工人补习学校的基础上成立的。成立日期另说是1924年9月1日。(刘贯之:《关于1924—1925上海工人运动的回忆》,《中国工运史料(第1期)》,工人出版社1960年版)据张铨说"沪西工友俱乐部成立大会是在一个星期天举行的"。(张铨:《关于沪西工友俱乐部》,《党史资料丛刊(第3辑)》,上海人民出版社1985年版)查1924年8月31日为星期天,为此,可以断定"沪西工友俱乐部"成立于8月31日。

是月

任弼时到上海大学任教。

按:据《任弼时传》记载:"一九二四年八月,任弼时回到上海。""任弼时回国不久,党中央分配他到上海大学去任教,这时他才二十岁。在全校四十一名教员中,他是最年轻的一个,他住在成都路福康里的一间亭子间里,与上海大学的新校舍相隔不远。每天早晨,他从弄堂口买一副大饼油条充当早餐,然后夹着讲义徒步走向上大。他教的是社会学系的基础俄语。""从十月中旬开始,任弼时接连出席团中央的常会,工作中心逐渐从上海大学转向团中央。"(中共中央文献研究室编、章学新主编:《任弼时传》,中央文献出版社2004年版)

蔡和森在上海大学社会学系的讲义《社会进化史》由民智书局出版。

按:见民智书局出版的《社会进化史》版权页。

9月

9月1日

南洋大学张永龢致函上海大学叶楚伧,介绍他的同乡、云南省立第一师范学生李国相

到上海大学学习。称李国相现住北京,请叶楚伧"本爱材之义,介绍李国相君,俾录为上海大学政治系特别生"。(台北:中国国民党中央委员会文化传播委员会党史馆环龙路档案01418)

9月2日

《民国日报》《申报》刊登《上海大学学务之改进》的消息,称:"上海大学鉴于学生人数日多,职员责任日重,学务方面犹有增加负责人员之必要,议决从本学期起,将学务处改由学务委员会,负责理事。学务委员即以中国文学系主任陈望道、英国文学系主任何世桢、社会学系主任瞿秋白等,及新设经济、政治等各系科部主任充之。"

9月3日

上海大学英国文学系二年级学生林振镛,由系主任何世桢博士保送考入本埠东吴大学法科本科一年级学习;学生叶为耽赴美入波多茵大学留学。(《上海大学》,《民国日报》1924年9月3日;《上海大学叶为耽赴美》,《申报》1924年9月3日)

9月5日

《民国日报》刊登《上海大学录取新生》的消息。中国文学系录取新生中有冯润章,社会学系录取新生中有王文明、薛卓江,经济学系录取新生中有刘昭黎、李炳祥,中学部初中部二年级录取新生中有李锦容等。

9月17日

杨树浦平民学校举行第一次毕业典礼,150余名来宾和学生到会。沈泽民、杨之华等到会并演说。当日还出版一份纪念特刊——《平民声》。

按:1924年9月19日《民国日报》副刊《平民之友》刊登的《杨树浦平民学校学生毕业》消息中,"前天(九月七日)该校举行第一次毕业礼","九月七日"当为"九月十七日"。

9月11日

《民国日报》刊登《上海大学准于九月二十日开学》的消息。

9月12日

《民国日报》刊登《上大中学部》的消息,称:"现因江浙战事,战内区及沪上公私立各校多受其影响,以致莘莘学子欲学无地。上海大学中学部为顾念此项学生起见,特规定变通办法。凡曾在公私立各中学肄业而愿转学该校者,只须将修业证书或各科成绩证明书呈验,经该校认可,便可免考收录。一般求学若渴之学生闻之极为欣幸。"

按:9月13日《民国日报》刊登的《上海大学中学部通告》、9月14日《申报》刊登的《上大中学部广收新生》,作了相同内容的报道。

9月13日

上海大学西北省区学生李秉乾、冯文彦、武思茂、康屏周、关中哲、范文道、焦启恺、何尚志30余人致函《民国日报》主笔,称《民国日报》9月12日刊登所谓"旅沪豫晋秦陇四省协会通电四则","披览之余,殊觉诧异。当此举国讨贼之际,吾人唯有团结国民,一致作国民革命,根本推翻军阀制度,而彼等则乞怜于反革命之督军师长、旅长、镇守使等,况此辈军阀方忠直系,尚在打倒之列,求贼攻贼,何竟愚蠢？苟非别有用心,何致如斯失体"。又称"所谓四省协会者,以上海大学西北学生之多,且肄业有三年之久,何竟寂然无闻耶？假名发电,违逆群情,显属奸顽,非我族类,贵报主持大义,责望心殷,愿乞篇余,赐之更正,毋任感祷"。(《上海大学西北省区学生李秉乾等来函》,《民国日报》1924年9月13日)

9月22日

《民国日报》刊登《上海大学录取新生》的消息。中国文学系二年级录取新生中有陈尚友①,社会学系二年级录取新生中有欧阳继修②、高尔柏、余泽鸿,一年级录取新生中有黄仁等人。

9月29日

上海大学新学年开学。(《上海大学开课通告》,《民国日报》1924年9月25日)

10月

10月6日

为筹备上海大学建校两周年纪念活动,召开全体学生大会,讨论筹备事项。会议推举刘一清为筹备主席,杨之华、许侠夫为交际委员,郑杰、林克勋为文牍,林鲁、陶同杰为书记,杨若海、张梦旦为庶务,王秋心、王杰三、江华、佟宝璋为游艺委员。(《上大筹备二周纪念》,《民国日报》1924年10月7日)

10月10日

上海各界各团体在北河南路(今河南北路)天后宫举行国民大会纪念辛亥革命13周年。上海大学学生洪野鹤、郭伯和、林钧、王秋心、王环心、刘一清、黄仁、何秉彝、刘稻薪、黄培垣等参加。国民党右派喻育之等把持大会,收买流氓,殴打主张反对帝国主义和军阀的进步学生。黄仁因高呼反帝口号而被国民党右派所指使的暴徒从高台上推下身受重伤。郭伯和、林钧及全国学生联合会总代表郭寿华亦被殴受伤。(《双十节天后宫之惨剧·上大黄仁君已因伤毙命》,《民国日报》1924年10月12日)

晚上,上海大学学生杨之华根据党组织的安排,到宝隆医院看护入院救治的黄仁。半夜,瞿秋白到医院看望黄仁。(杨之华著：《回忆秋白》,人民出版社1984年版)

按：黄仁于11日晨不治身亡。

10月11日

上海大学学生会致电中国国民党中央,向全国各阶层发出《上海大学学生横被帝国主

---

① 即陈伯达。
② 即阳翰笙。

义与军阀走狗摧残的通电》。通电详述了10月10日在庆祝辛亥革命13周年大会上,上海大学学生洪野鹤、何秉彝、王秋心、王环心、刘一清、黄仁、林钧、郭伯和、刘稻薪等的反对帝国主义及军阀的爱国行动遭受国民党右派围攻打击及遭到大队短衣刺花之流氓殴打的经过,特别叙述了黄仁上台与会议主席喻育之理论时被流氓推下7尺高台身受重伤的经过和事实。通电指出:"(一)所谓国民大会,完全受少数帝国主义与军阀之走狗的反革命的捣乱。看他们种种行动——禁止反对帝国主义与军阀之传单,禁阻反对帝国主义与军阀之演说等等——便可了然。(二)他们——帝国主义军阀之走狗——不但买通刺花党之流氓,同时并串通警察。不然,何以我们受伤之同学多被拘拿,而殴伤我们之人未见捉获一个呢?(三)国民大会之中,不仅为少数军阀与帝国主义者之走狗,且有反对帝国主义与军阀,党纲上和宣言上标得很明白的国民党的党员。然而在会场上指挥最出力的,所谓国民党员,反而阻止爱国演说。唉唉!党的主义如彼,竟还有行动若此的党员,我们实不禁痛心万分!我们只有希望中国唯一受国民爱护的革命党——国民党,赶紧肃清他的内部。"(《上海大学学生横被帝国主义与军阀走狗的摧残通电》,《民国日报》1924年10月13日)

10月12日

上海大学学生致电广州、天津、武汉各学生联合会,称:"贵会代表郭寿华、沈尚平、李逸及敝校同学黄仁、林钧、郭伯和、刘稻薪、黄培垣、何秉彝等于国庆日在上海国民大会中为反对军阀、帝国主义者之演说,竟大遭帝国主义及军阀之走狗所忌,强横拦阻其演说,复喝令被其所收买之刺花流氓多人向郭君等痛加殴击。现郭君等均受重伤,且敝校黄仁、林钧尤有性命危险。同人等为此正在集议对付之方法,望贵会速起为一致向帝国主义者与军阀作战之准备。"(《双十节天后宫之惨剧·上大黄仁君已因伤毙命》,《民国日报》1924年10月12日)

10月13日

国民党上海执行委员会举行第十六次执行委员会议,讨论关于国民党右派在双十节天后宫国民大会中制造的黄仁事件。大会主席于右任报告黄仁流血事件的经过等。会议讨论了国民党第四区分部、上海大学学生联合会和上海大学四川同乡会等单位和瞿秋白提出的关于处理黄仁事件的具体条件和要求。瞿秋白提出了两项提案,即国民党上海执行部应就流血事件发表宣言案和国民党执行部关于黄仁事件宣言的方法案。瞿秋白要求,在宣言中,上海执行部要认定凶殴反帝国主义反军阀的演说者和赞成者的行为,是"帝国主义及军阀奸细卖国卖民之反革命行动",凶手及其指使者,不论是否党员,"本执行部敢以国民党名义正式宣告其为国民之公敌,凡我国民甚速起而讨之",宣言要强调,本党党员应当"根据本党全国第一次大会及总理最近之反帝国主义宣言,努力宣传本党政纲及主义",等等。关于宣传方法案,有三点意见:一是国民党各级党部立即召集党员会议,宣传上海执行部关于黄仁事件宣言的内容及其意义;二是本党党报应根据上海执行部关于黄仁事件的宣言，尽量登载有关的"消息和言论"；三是国民党各级党部应根据宣言，向群众进行宣传鼓动，开展"反对一切军阀及帝国主义之大运动"。（周永祥：《瞿秋白年谱新编》学林出版社1992年版）

《民国日报》刊登叶楚伧《悼黄仁同志》一文。文章称："我们底勇烈的同志黄仁先生，他原是中华职业学校的学生，现在是上大的社会科学系学生；他曾在中国国民党任过极能尽职的职员；他在中国国民党青年中已有莫大的成绩；现在竟在天妃宫里成了一个为主义而牺牲者，成了一个青年的模范。"

上海大学学生会召开成立大会，会议推选杨之华、王秋心、刘一清、王环心、郭伯和、刘剑华、李春蕃为执行委员，林钧、欧阳继修①、窦勋伯为候补委员。会议通过了上海大学学生会大纲，确立学生会"以谋学生本身利益并图学校之发展，参与救国运动"为宗旨。（《上海大学学生会之成立》，《民国日报》1924年10月15日）

中国国民党上海市第一、二、五、九区党部执行委员会和中国国民党上海市第六区党部执行委员丁君羊等三人致电孙中山及国民党中央执行委员会、国民党上海汉口北京执行部、国民党浙江湖南江苏山东直隶省党部执行委员会、国民党各省临时省党部执行委员会、国民党海外各支部执行委员会，并请全国各报馆转全国同胞，通电称："本区党部等向来只知革命与非革命之辨，不知所谓共产与非共产之分。凡遵守本党大会宣言、反对军阀、反对帝国主义、拥护劳苦群众之利益者，均认为是同志。反是，则均认为是敌人。宗旨既定，任革命前途如何困难周折，誓非追随总理达到此目的不止。前次本党败类冯自由、喻育之、何世桢等数十人曾在沪捣乱滋扰，既殴伤不愿附和彼等之第五区党部秘书黎磊同志等，继又围扰上海执行部，殴伤国人崇拜之邵仲辉②同志。凡此俱已电呈本党上级机关，谅蒙鉴及。不料彼等近更怙恶不悛，演成双十节国民大会之惨剧。"通电又称："现受重伤之黄仁同志已于十一日夜二时死于宝隆医院，林钧同志命亦岌岌可危。喻育之、何世桢、童理章、徐畏三等似此摧残同类，明助仇逆，其用心之毒，手段之辣，非叛逆而何？吾党应否须反对军阀与反对帝国主义，孙总理及中央执行委员会已不啻三令五申。今以反对军阀反对帝国主义之同志，反被殴伤毙命，吾党同志岂能袖手旁观。是本区党部等用本良心上之主张，一则要求本党立即惩办祸首喻育之、何世桢、童理章、徐畏三等，不得再稍予以优容；二则明令分途悼恤被殴伤毙之同志，以慰英灵而安生者；三则特将此中真相报告以明是非。"（台北：中国国民党中央委员会文化传播委员会党史馆汉口档案12205.2）

按：以上通电国民党中央执行委员会于10月21日收到。据"文件处理单"注明，此通电于10月23日由"孙总理③发下"，"事由摘要"为"请惩办喻育之等并悼恤被殴伤毙同志"；"批复要点"为"提出五十七次会议讨论（1）"。（台北：中国国民党中央委员会文化传

---

① 即阳翰笙。
② 即邵力子。
③ 指孙中山。

播委员会党史馆汉口档案12205.2)

10月14日

《民国日报》刊登《中国国民党上海执行部对于上海双十节国民大会流血事件之宣言》,称:"上海双十节国民大会中,竟发现阻止反对军阀及帝国主义之演说,及凶殴此等演说者及赞成者之事;中国国民党中央执行委员会上海执行部认此等行为为帝国主义及军阀奸细卖国卖民之反革命行动。本党党员之参加此大会者,本与一切集会中相同,皆应根据本党全国第一次大会及总理最近之反帝国主义宣言,努力宣传本党政纲及主义;此次吾党党员有因反对帝国主义及军阀而致死者,本执行部敢以此勉励一切同志。当时负有会场秩序责任及未能拥护宣传主义者之国民党员,本党固认为不忠于党;至于阻止宣传主义及参加或指使凶殴之人,则不论为党员与否,本执行部敢以国民党名义,正式宣告其为国民之公敌,凡我国民,其速而讨之!"

10月16日

上海大学四川同学会为同乡黄仁君惨死事发表通电,称:"同人等痛惜之余,本爱国爱乡热忱,愤起而为黄君诉冤,誓达下列目的而后已:(一)查明正凶后直接向法庭起诉;(二)揭穿此次军阀走狗包办之国民大会黑幕;(三)为黄君筹划一切善后事宜。"(《黄仁惨死之哀声》,《民国日报》1924年10月16日)

下午3时,上海召开各公团联席会议。到会者有上海大学四川同乡会等18个团体共40余人。会议作出以上海各公团联席会议名义发表通电,宣布民贼摧残志士之真相;发起追悼会;发表启事,以驳正报上所登颠倒是非的报道;请上海大学四川同乡会追究打死黄仁之民贼;募捐抚恤黄仁家族;致函国民党中央执行委员会;派代表慰问被民贼打伤的林钧诸志士;举出七委员,组织一国民大会惨剧善后事务委员会等决定。会议在发出的通电中称:"我全国受帝国主义与军阀两重压迫之国民,应即奋起,继黄仁先生之遗志,一致努力反对帝国主义与军阀,以期扫除一切反革命派之根据,达到国家独立民族解放之最后目的。"(《各公团对国民大会惨剧之义愤》,《民国日报》1924年10月17日)

10月17日

上海大学学生会为黄仁惨死事发出第二次通电,称:"黄君之死,实为反对帝国主义而死,为反对军阀而死,为党义而死,为谋我全人民之利益而死。我们对于黄仁义士此等伟大之牺牲精神和坚强作战之意志,当表示何等敬慕之意,对于压迫残害我们种种暴戾恣睢之行动的帝国主义者与军阀,又当奋发何等同仇敌忾之情。黄君籍四川,家贫,依之为生者有寡母弱妻幼妹小女。今远离故乡,惨遭奇祸,家属将何以自全其生,同人等现正筹谋黄君一切善后,一方集全力与帝国主义者与军阀走狗决一死战。我亲爱之同胞,尤须知黄君之死,非黄君个人之死,乃先全国人民而死者之一人。民与贼不两立,望我同胞从速联合起来,向帝国主义与军阀下猛烈之总攻击。"(《黄仁惨死之抗议声》,《民国日报》1924年

10月17日)

上海大学四川同乡会会同各团体在上海大学召开第二次会议,决定于本月26日(星期日)为同乡黄仁君开追悼大会。(《黄仁追悼会预志》,《民国日报》1924年10月20日)

四川新胜(今属重庆潼南区)署名"喋血余痕"的作者写成题为《闻黄仁死耗告同志们》诗作,该诗发表于1924年11月3日《民国日报》副刊《觉悟》。

按:"黄仁事件"发生后,中国共产党人随即作出反应。陈独秀在《向导》周报1924年第87期上发表《这是右派的行动吗,还是反革命?》一文。文章说:"一个党的左右派分化,不但是应有的现象,而且或者是进步的现象。不过近来国民党中所谓右派的反动行动,说他是右派实在还是大恭维了,实在只是反革命的帝国主义及军阀之走狗;因为如果是国民党的右派,不过是左派和平些,大体上仍是要抱定国民党主义,更不能违背国民党的三民主义,更万万不能做帝国主义及军阀的走狗。依照国民党大会的宣言,对于一切帝国主义及军阀的走狗,不使享有民权,何况认为党员!"文章说:"现在这班所谓右派的反革命的行为是怎样? 在此次上海国民大会暴行上,更是充分的暴露出来了。"文章最后说:"前此上海执行部坐视右派数十暴徒殴打邵力子而不予以惩罚,纪律废弛,识者早已忧之。我们固然不应该因几个党中下流分子的行动,归罪全党;我们现在只十分注意党中负责任的最高党部,对于此次杀伤十几个青年学生的巨案如何处置,并同时注意各级党部的公正党员,对于党中几个反动分子取如何态度;然后才可以判断党的价值。"施存统在《向导》周报1924年第87期上以"存统笔记"的方式发表《林钧被打之报告》,林钧被打以后住进医院,施存统到医院去探望他,以采访的形式在10月12日写下的这篇文章,报道了"黄仁事件"的经过。文章最后说:"以上完全是林钧君负责对我讲的话,我已得到他的同意把他这番话在报纸上宣布。同胞们! 我们看了林君这一番话,应该作什么感想? 这一次的所谓'上海国民大会',到底是一个什么东西? 我们应该认识童理章等背后帝国主义及军阀之势力! 应该认识这是中国法西斯蒂运动之发端。"邓中夏在《中国青年》1924年第50期发表《黄仁同志之死》一文,揭露"双十节"惨案真相,谴责国民党右派"一方勾结军阀,一方依附帝国主义,厉行种种违反宣言政纲的行动"。恽代英1924年10月18日在《民国日报》上发表《为黄仁惨案之重要声明》,有力回击国民党右派歪曲事实、诋毁中国共产党,破坏国共合作的行为。

10月19日

四川富顺旅沪学会发出通电,称黄仁"作革命先锋,为中华民族独立运动而牺牲,死固无憾,而老母寡妻,幼妹孤女,谁为安养抚育,故不得不泣血陈词,求援于各界人士,并非将黄君之冤昭雪不止"。(《黄仁追悼会预志》,《民国日报》1924年10月20日)

10月20日

中国国民党中央执行委员会代表邵元冲、汪精卫、邹鲁致函国民党上海执行部,请上

海执行部将上海大学洪野鹤、何秉彝、王秋心、王环心、刘一清、黄仁、林钧、刘稻薪、郭伯和及学生总会代表郭寿华等于双十节在北河南路天后宫国民大会会场,被童理璋、何世桢、喻育之等指使流氓殴打重伤等情查明见复,以凭办理为荷。(台北:中国国民党文化传播委员会党史馆汉口档案11888.2)

10月21日

上海大学、上海大学学生会、上海大学教职员援助被难学生会、上海大学四川同学会及全国学总、上海反帝大同盟、上海非基督教同盟、沪西工友俱乐部、杨树浦工人进德会、国民党第一、第二、第五、第九区党部等35个团体,在上海大学召开会议,成立追悼黄仁烈士筹备会。(《追悼黄烈士大会通告》,《民国日报》1924年10月22日)

瞿秋白致信鲍罗廷,汇报10月10日国民党右派分子童理璋和喻育之受卢永祥指使制造"黄仁事件"的发生经过。瞿秋白说,"黄仁事件"发生后,"上海大学国民党区分部召开会议作出决议:一、请上海执行部童理璋和喻育之开除出党;二、责令上海大学讲师何世桢——上海右派首领之一,在打手打人时他未采取任何行动帮助左派——作出书面说明,解释他为什么不援救被打人;三、抚恤死者家属"。又说,叶楚伧"已向广州国民党中央打电报要求辞职。这样我们便掌握了《民国日报》,让邵①工作到现在"。信上又说:"上海大学那个姓何的讲师②纠集了他的几个学生反对我,反对一切左派,在我的名字上冠以'上海共产党首领'的称号。校长于右任这次很同情我们,在执行部他也坚决主张开除童、喻二人,所以在大学里,尽管何世桢及其同伙几个英文教员罢教,于右任宣布:如果何和那几个教员(教英语的)继续罢教,他就另请别人来教。这次共产党和共青团各支部工作得很努力,现在仍在作工作。"在信中,瞿秋白要求"《民国日报》新的编委会名单必须尽快呈送孙中山,否则我方在该报的威信将丧失,叶某③一回来,该报就会完全成为右派报纸"。在这封信的最后,瞿秋白又以"又及"的方式向鲍罗廷提出:"于右任请您以私人方式借给他一万或八千元,作为上海大学经费,因为中央没有按照预算给他资金,他只好个人负债。如没有这些钱,则大学在右派的打击下必将解体。他保证在明年内归还(这是他个人的意见)。"(《瞿秋白自传》,江苏文艺出版社1996年版)

10月23日

上海大学、上海大学学生会、上海大学教职员援助被难学生会、上海大学四川同乡会、中国国民党上海市第一区党部、第二区党部、第五区党部、第九区党部、第四区党部第四区分部、反帝国主义大同盟、非基督教同盟、上海店员联合会、上海市民协会、淞沪机械职工同志会、金银工人互助会、机械工人俱乐部、劳工青年会、青年救国团、沪西工人俱乐部、杨

---

① 即邵力子。
② 指何世桢。
③ 指叶楚伧。

树浦工人进德会、杨树浦平校校友会、青年学社、申江学社、浙江旅沪工会、全国学生总会等团体在上海大学召开追悼黄仁筹备会,决定 10 月 26 日下午 1 时在上海大学第二院召开黄仁追悼大会。(《追悼黄烈士大会通告》,《民国日报》1924 年 10 月 24 日)

上海大学学生会致电中国国民党中央执行委员会,称:"吾们须知黄仁之死,实为反帝国主义而死,为反对军阀而死,为正义而死,为谋我全人民之利益而死!吾们对于黄仁义士此等伟大之牺牲精神和坚强作战之意志,当表示何等敬慕之意?对于压迫残害吾们种种暴戾恣睢之行动的帝国主义者与军阀,又当愤发何等同仇敌忾之情?"又称:"吾们尤须知黄君之死,非黄君个人之死,乃全国人民之死!全国各阶级被压迫之人之死!帝国主义者与军阀之残暴杀害,非仅止于黄仁一人,其目的乃在全国之人,全国各阶级被压迫之人!民与贼不两立,望我同胞从速联合起来,向帝国主义与军阀下猛烈之总攻击!"(台北:中国国民党中央委员会文化传播委员会党史馆汉口档案 12205.1)

10 月 24 日

《民国日报》刊登《追悼黄烈士大会通告》,称定于本月 26 日在上海大学第二院召开追悼黄烈士大会。

10 月 26 日

下午 1 时,黄仁烈士追悼大会在上海大学举行。上海大学、中国国民党上海市第一区党部、第二区党部、第五区党部、第九区党部、第四区党部第四区分部等 30 余团体出席。陈望道任大会主席。上海大学四川同乡会致诔文;黄仁烈士同乡何秉彝介绍黄仁简历和英勇事迹;瞿秋白、恽代英、沈玄庐、刘含初等人及黄仁烈士同乡同学暨各公团代表发表了演说;黄仁烈士的家属代表在会上致谢辞。(《黄仁烈士追悼会纪事》,《民国日报》1924 年 10 月 28 日)

《民国日报》副刊《觉悟》刊发由上海大学师生编辑出版的"黄仁纪念号"特刊。

10 月 28 日

《民国日报》刊登由上海大学学生郭伯和撰写的《黄仁烈士传》。

晚上,上海大学学生、诗人孟超写成长诗《悼黄仁同志》。

按:孟超的诗作《悼黄仁同志》于 11 月 12 日在《民国日报》发表。

10 月 29 日

廖仲恺、邹鲁代表中国国民党中央执行委员会致函上海大学校长于右任和国民党上海执行部,称安徽遭军阀当局通缉的逃亡学生国民党党员皮言智、谢嗣夔、王同荣等曾致电孙中山,请求免费入上海大学肄业。函称经中央执行委员会第 58 次会议决议,转国民党上海执行部及上海大学,请查照办理。(台北:中国国民党中央委员会文化传播委员会党史馆汉口档案 14974)

10月31日

中国国民党中央执行委员会致函吴稚晖、戴传贤①,要求将上海大学学生被殴毙命事查明见复。(台北:中国国民党中央委员会文化传播委员会党史馆汉口档案12205.3)

廖仲恺、汪精卫代表国民党中央执行委员会致电上海执行部,要求将上海大学学生被殴毙事查明见复。(台北:中国国民党中央委员会文化传播委员会党史馆汉口档案16702)

是月

上海大学学生杨之华、王一知、吴霆等23名学生,以"上大国民党员"的身份致函国民党上海执行部,对国民党上海大学区分部工作提出意见。

按:这份函件,原件藏于台北国民党中央委员会文化传播委员会党史馆(环龙路档案09947),没有标明年月,现根据函件内容推断为1924年10月左右。本件有几个值得注意的方面:一是署名为"上大国民党员",也就是说署名的23位学生,都是国民党党员;二是其中的杨之华、王一知、刘一清、许乃昌、王弼、许侠夫、陈垂斌、吴霆、吴震等都是中国共产党党员;三是他们致函国民党上海执行部对国民党上海大学区分部提出批评,是着眼于区分部负责人的工作态度和工作作风,要求他们改变懒散敷衍的不负责任的工作状态,体现出他们想全力搞好国民党上海大学区分部工作的初衷。这是符合当时上海大学国共合作的实际情况的。

恽代英应邀到无锡省立第三师范学校作时事演讲,号召青年奋起救国,打倒帝国主义和封建军阀。(中共江苏省党史工作委员会、江苏省档案馆编:《中共江苏党史大事记(1919—1949)》,中共党史资料出版社1990年版)

11月

11月2日

《申报》刊登《上海大学丛书之一·蔡和森先生著〈社会进化史〉·大本一厚册定价一元》的消息,称:"蔡先生为上海大学社会学系教授,于社会科学研究有素。本书为其精心之作。书凡三篇:一、家族之起源与进化;二、财产之起源与进化;三、国家之起源与进化。共十余万言,论述甚详。"

11月7日

晚上7时,上海大学平民学校召开纪念苏联十月革命大会。到者有五六百人。主任林钧报告开会宗旨,继由王华芬、李春蕃、刘一清演说,并请蒋光慈讲俄国革命后之情状。(《上大平校祝十月革命》,《民国日报》1924年11月9日)

---

① 即戴季陶。

瞿秋白与杨之华在上海慕尔鸣路(今茂名北路)结婚。(杨之华:《回忆秋白》,人民出版社1984年版)

按:1924年11月18日,《民国日报》刊登了三则"启事":一是"杨之华、沈剑龙①启事:自一九二四年十一月十八日起,我们正式脱离恋爱的关系";二是"瞿秋白、杨之华启事:自一九二四年十一月十八日起,我们正式结合恋爱的关系";三"是沈剑龙、瞿秋白启事:自一九二四年十一月十八日起,我们正式结合朋友的关系。"

董亦湘在《民国日报》发表诗作《寂寞的旅途》。

按:董亦湘1924年7月至1925年7月任上海大学教授。

11月9日

《民国日报》刊登《上大平校祝十月革命》的消息,称:上海大学附设之平民学校,本学期照章改组委员会,"由全体教职员公推杨之华、刘一清、王秋心、李秉祥、薛卓江、朱义权、林钧、王杰三为委员,由委员推定林钧为平校主任,王杰三为教务主任,李秉祥为总务主任,王秋心为会计,刘一清、朱义权为书记,薛卓江、杨之华为庶务。后以王杰三因事返乡,改推王华芬为教务主任。开学以来,学生已达四百六十余人,大都为十四岁以上之工人,分高中初三级、每级分甲乙二组教授"。

11月11日

《民国日报》刊登《上海各公团公鉴》,称孙中山于本月13日起程来沪,拟北上参与和平会议,上海19个单位和团体发起组织欢迎筹备处。上海大学学生会为发起单位之一。

11月15日

下午2时,上海大学代表参加了由上海各公团组成的欢迎孙中山莅沪的第四次会议。(《欢迎孙中山筹备种种》,《申报》1924年11月16日)

11月16日

晚上7时,上海大学浙江同乡会召开会议,改选王华芬、杨之华、施存统、朱义权、贺威圣为执行委员,公推沈雁冰、朱义权、张维祺为出版委员,徐竹虚、全世堪为演讲委员,崔小立、干翔青为学术研究委员。(《上海大学》,《民国日报》1924年11月17日)

11月17日

为争取国家和平统一,孙中山由广州北上北京,途中抵上海。上海大学校长于右任及宋子文、居正等一行乘小火轮到吴淞迎接;上海大学的学生与各团体、学校代表共2 000余人,到外滩码头迎接表示欢迎。上海大学学生在赴莫利爱路(今香山路)孙中山寓所途中,所持校旗被法巡捕强行夺去。后经交涉,法巡捕房将校旗送回。(《孙中山抵沪纪·欢迎者甚众赴津期仍未定》,《申报》1924年11月18日;《上海大学校旗送回》,《民国日报》

---

① 杨之华前夫。

11月23日)

按：上海工部局《警务日报》于11月19日刊文称："法捕房报告约有400个中国共产党员，其中200个是上海大学学生在17日去码头欢迎孙中山。"（韩罗以、吴贵芳编译：《上海工部局警务日报（Police Daily Report）资料摘录》，中共"一大"会址纪念馆、上海革命历史博物馆筹备处编：《上海革命史资料与研究（第6辑）》，上海古籍出版社2006年版）

11月18日

中华民国学生联合会、上海大学学生会、上海大学平民学校、上海大学中国孤星社、上海大学浙江同乡会等56个公团在《民国日报》上发表题为《欢迎孙中山先生》的文章，称孙中山先生这次北上，必定要提出这样的政纲——真正代表全国国民利益的政见，和他们只称爱和平的军阀力争。如其达不到目的，我们平民必然一致赞助孙中山先生彻底革命。

上海大学学生社团"中国孤星社"在上海大学召开会议，参加会议的社员有30多人，安剑平主持会议，委员张庆孚、糜文浩、马凌山、蒋抱一、施锡其、王耘庄、吴希璘、孔庆波、严朴、薛成章、严保滋等出席会议。（《中国孤星社常会记事》，《民国日报》1924年11月20日）

《民国日报》刊登《上海大学》的消息，介绍上海大学学生团体：宣传文化的有"书报流通社"，研究学术的有"社会科学研究会""三民主义研究会""湖波文艺研究会""春风文学会""孤星社"等，增进平民知识的有"平民夜校"。特别介绍了从事语言练习的"演说练习会"，开会讨论简章、选举职员、每星期举行一次会议和练习之方式等情况。

11月20日

上午10时，何世桢、陈德徵、许绍棣、汪钺、吴芬等50余名国民党青年党员等到莫利爱路孙中山住处举行欢迎孙中山仪式，何世桢等4人在欢迎会上发言。孙中山接见了何世桢一行，并发表了讲话。（《青年党员欢迎孙总理》，《民国日报》1924年11月21日）

《民国日报》刊登《中国孤星社常会记事》的消息，称中国孤星社，系研究学术改造社会之青年团体，公推吴稚晖、于右任为名誉社长，请沪上各大学教授为名誉社员，成立已一年，社员达百余人。

《申报》刊登《篮球消息》，称上海大学参加由青年会发起的全沪华人篮球锦标赛。

上海大学谢硕、刘一仍、王弼、孙君谋、王步文、濮德治、吴霆等7名学生，联合圣约翰大学、大同大学、法政大学、东华大学、安徽旅沪东方大学同乡会等学生，在《申报》上发表通电，反对军阀倪道烺谋取担任安徽省长的企图。称"皖人救皖，宜速置倪①、马②于典刑，防止恶势力之反动，使八皖再不至于陷于民八③民贼宰割之局"。

---

① 指倪道烺。
② 指安徽另一军阀马联甲。
③ 指民国八年，即1920年。

11月22日

上海大学学生社团"中国孤星社"向孙中山呈意见书,对时局提出惩办曹锟及贿选议员、迁都、实行兵工政策等三项主张。(《孤星社对时局之主张》,《民国日报》1924年11月23日)

上海大学教授蒋光慈、沈泽民和学生王环心、王秋心等,在《民国日报》副刊《觉悟》刊登《春雷文学社小启事》,称:"我们几个人——光赤①、秋心、泽民、环心……组织了这个文学社,宗旨是想尽一点一方量,挽一挽现代中国文学界的'靡靡之音'的潮流,预备每星期日在觉悟上出文学专号,请读者注意。"

按:11月3日,蒋光慈在给女友宋若瑜的信中说:"我很有意志办一个文学刊物,振作中国的文学界。"(吴腾凰著:《蒋光慈传》,安徽人民出版社1982年版)11月16日,《文学专号》在《民国日报》副刊《觉悟》上正式创刊,创刊号发表了蒋光慈署名为"蒋光赤"的《我们是些无产者》一诗,并标明这首诗"代文学专号宣言!"。《文学专号》只出版了两期就没有再继续出下去。

11月23日

上海大学学生会、上海大学平民学校、上海大学中国孤星社、上海大学浙江同乡会、上海大学春雷文学社等62个团体,发出通电,对于中国国民党最近发表的对时局之宣言表示赞同,"认此主张确为救济中国之良药,希全国各公团一致赞助,中国幸甚"。(《各公团赞成中山先生之政见》,《民国日报》1924年11月24日;《六十二团体拥护孙中山主张电》,《申报》1924年11月24日)

11月26日

上海大学浙江同乡会发出通电,反对军阀孙传芳。通电称:"军阀存在一天,我们绝对得不到自由与幸福,生命财产绝对得不到保障。军阀的利益完全与人民的相反,有军阀无人民,有人民无军阀。浙人若不甘长受军阀的压迫,便应快快团结起来,以人民自己的力量来推翻军阀,不许任何军阀在浙江存在。我们要靠人民自己的力量,只有人民自己的力量是真实的力量,才能替人民谋利益。"(《浙籍学生反对孙传芳》,《民国日报》1924年11月27日)

11月28日

下午,上海大学代理校长邵力子召集教职员和全体学生会议,赞成孙中山关于召集九团体之预备会议产生国民会议代表的建议,议决发表宣言,并推邵力子、彭述之、施存统、张太雷、韩觉民、刘华、林钧等七人为代表,与国内各大学联络,促成预备会议的召开。(《上海大学主张国民会议宣言·注重预备会议》,《民国日报》1924年12月3日)

---

① 即蒋光慈。

《民国日报》刊登《上海大学学生拥护中山先生主张》宣言,表示对于孙中山提出的主张绝对赞成。

11月29日

上海大学河南同学会召开会议,改选了委员,庞琛、王伯阳当选为正副委员长。会议还讨论了援助济南、开封被解教学生的办法。(《上大河南同学会近闻》,《民国日报》1924年11月30日)

中国社会主义青年团中央派上海大学学生刘一清到安徽芜湖指导工作。(中共江苏省党史工作委员会、江苏省档案馆编:《中共江苏党史大事记(1919—1949)》,中共党史资料出版社1990年版)

是月

上海大学学生组织演说练习会,每星期开会一次,采用演说、辩论、讨论三种练习方式。方卓君任总干事王环心、袁耘雪、陈铁盦、陈德坼为干事。(《上海大学》,《民国日报》1924年11月18日)

上海大学教授董亦湘以上海国民会议促成会代表的身份到无锡指导国民会议运动。其间,将孙冶方、徐尊芳、唐光明由中国社会主义青年团团员转为中国共产党候补党员,并在城中公园召开了中共无锡组织的成立会,推举孙冶方为党组织负责人。(中共江苏省党史工作委员会、江苏省档案馆编:《中共江苏党史大事记(1919—1949)》,中共党史资料出版社1990年版)

上海大学学生、共产党员罗石冰回到家乡江西吉安,建立中共延福支部。(中共江西省委党史资料征集委员会编:《中国共产党江西历史大事记》,新华出版社1999年版)

12月

12月1日

上海大学浙江同乡会、上海大学学生会、上海大学平民学校、旅沪广东自治会等27个团体发出通告,称建立国民会议促成会筹备处。通告称:"战争虽停,国事未决,召集国民会议以谋中国统一与建设,为目下多数人之主张,亦我中华民国唯一生路。惟国民会议应如何组织,我国民自然有所表达,本公团等因组国民会议促成会,拟集合各种人民团体,群策群力,以督促临时执政政府求国民会议之得实现,沪上人民团体凡赞同此旨者,请即加入,无任欢迎。"(《上海各公团钩鉴》,《民国日报》1924年12月1日)

12月2日

上海公共租界工部局《警务日报》刊登消息,称:"在过去几个月中,中国布尔什维克的活动是显著地恢复了,这些过激分子的大本营是西摩路132上海大学,上海大学还出版了一份反外的报纸《向导》,而且还有一个出售社会主义书籍如《中国青年》《前锋》的库栈。

上海大学的教授可认为共产党员,而且在影响学生也具有这种政治信仰。教授中有民国日报编辑邵仲辉(力子),陈独秀密友、社会科学教授瞿秋白,1921 年从日本回国的施存统,其他教授及为《向导》写文章的蒋光赤①、张太雷、刘含初,施、蒋、张、刘 4 人都住在慕尔鸣路彬奥里 307 号。《向导》除上大、上海书店外,河南路 91 号的 Qntellgeneepness 也有出售。"(韩罗以、吴贵芳编译:《上海工部局警务日报(Police Daily Report)资料摘录》,中共"一大"会址纪念馆、上海革命历史博物馆筹备处编:《上海革命史资料与研究(第 6 辑)》,上海古籍出版社 2006 年版)

上海大学以全体教职员及学生的名义发表宣言。宣言称:"本校已于十一月二十八日下午一时开教职员及学生全体会议,通过赞成中山先生之意见,并发表宣言号召国人一致拥护,以促成国民会议并解决中国问题,庶国民经济能发展,人民自由得保障,不胜待命之至。"(《上海大学主张国民会议宣言·注重预备会议》,《民国日报》1924 年 12 月 3 日)

12 月 4 日

《民国日报》刊登《于右任赴顺德·于氏之谈话》的消息,称上海大学校长于右任此次赴北京,"除为上海大学筹款外,兼为慰问陕军"。

12 月 7 日

下午 2 时,上海国民会议促成会筹备处召集第二次代表大会,上海大学等 92 个公团共 127 人参加了会议。会议决定增加筹备委员 8 人。邵力子、林钧、郭伯和等 8 人当选。(《上海国民会议促成会筹备会纪》,《申报》1924 年 12 月 8 日)

12 月 8 日

下午 3 时,上海女界国民会议促成会在上海大学召开筹备会,上海妇女运动委员会、上海大学女生团、上海大学平民学校、南洋职工同志会女会员、杨树浦平民女校、大夏大学女生团等 21 个团体代表参加了会议。会议提出四项决议案。(《女界筹备参与国民会议》,《申报》1924 年 12 月 9 日)

按:12 月 21 日上海女界国民会议促成会正式成立,钟复光、刘清扬、向警予、杨之华、李一纯等 18 人为委员,向警予为书记。(上海是青运史研究会、共青团上海市青运史研究室编:《上海学生运动史》,学林出版社 1995 年版)

12 月 9 日

上海大学学生会召开大会,改选执行委员会,选出陶同杰、林钧、刘华、朱义权、何秉彝、陈志英、黄竞成等七人为委员。(《上海大学学生会》,《民国日报》1924 年 12 月 24 日)

公共租界工部局警务处到上海大学搜查,没收了大量书籍报刊,其中有《向导》《新青年》《中国青年》《前锋》《社会进化史》等。还搜查了瞿秋白和杨之华夫妇在慕尔鸣路(今茂

---

① 即蒋光慈。

名北路)的寓所。瞿秋白事先已转移。(黄美真、石源华、张云编:《上海大学史料》,复旦大学出版社1984年版;杨之华:《回忆秋白》,人民出版社1984年版)

按:上海工部局《警务日报》12月10日刊文称:"C. I. D.和静安寺捕房于12月9日下午搜查了上海大学,地址是西摩路132号,接连这个建筑物是522号至526号,539号以及慕尔鸣路307号,在上大搜出约5种300册的反外书籍(C. Q. D.以前曾卖过),此外很少可佐证上大就是《向导》及其他社会主义刊物的编辑或发行所。"该文又称:"上大约三百学生都将教育成为共产党的宣传者,很多学生都挂了苏联领袖及孙中山肖像,这些学生不像以前对世界语感到兴趣,他们正在学习俄语文。"(韩罗以、吴贵芳编译:《上海工部局警务日报(Police Daily Report)资料摘录》,中共"一大"会址纪念馆、上海革命历史博物馆筹备处编:《上海革命史资料与研究(第6辑)》,上海古籍出版社2006年版)

12月14日

上海大学社会学系主任施存统教授,应邀到松江初级中学举办的第三次演讲会上发表题为"国民会议"的演讲。演讲介绍了孙中山的言行、三民主义、五权宪法和孙中山的理论和思想为什么使人信从。(《松江·初级中学星期演讲会纪》,《申报》12月19日)

12月15日

上海国民会议促成会正式成立,邵力子、俞秀松、林钧、刘清扬、向警予等20人任委员。(上海是青运史研究会、共青团上海市青运史研究室编:《上海学生运动史》,学林出版社1995年版)

12月17日

下午,上海大学四川同学会在该校第二院召开会议,到25人,刘华主持会议。会议决定将同学会的组织形式改为委员制,设委员9人。会议选举李成林、窦勤伯、尹敦哲、章香墀、吴铮、郑则龙、杨国辅、李硕勋、陈和禄9人为委员。(《学校消息汇纪·上大川同学开会》,《民国日报》1924年12月19日)

12月19日

上海大学代理校长邵力子被控案开审,经法庭辩论后,中西官宣布邵案被控第一节"于十二月八日出售《向导》报,内含仇洋词句,犯刑律第一百二十七条"不成立,予以注销。(《上大代理校长被控案开审记·第一节仇洋已注销,余展期三礼拜再讯》,《民国日报》1924年12月20日;《邵力子被控案开审记·第一节仇洋注销,余展期三礼拜再讯》,《申报》1924年12月20日)

按:12月29日天津《大公报》刊登《上海大学被控案》的消息,称:"上海大学于本月九日被公共租界总巡捕房搜查,取去书报甚多。十九日,其代理校长邵力子(校长于右任现在京)又被控传讯。此虽一校一人之事,实与我国学术独立、言论自由皆甚有关系。"报道还称此"控诉之奇特",并引用邵力子庭辩之语称:"故邵君语人,本案为我国法权史上一有趣味之纪念,益以见警权不可操于外人,与领判权之必当撤废也。"

上海大学学生何秉彝写成《帝国主义蹂躏上海大学的追记》一文。文章以悲愤之情,追记了上海大学于12月9日遭到公共租界工部局警务处搜查、没收大量书籍报刊的经过。

按:该文发表于《向导》周报1924年第96期。

12月20日

《民国日报》《申报》刊登由校长于右任署名的《上海大学招考插班生》广告。

12月21日

上海女界国民会议促成会正式成立。在成立大会上,向警予申明该会宗旨是:对外设法废除种种不平等条约,对内设法肃清军阀制度并伸张女权,以符合自由平等主义。会议推选向警予、张琴秋、刘清扬、刘王立明、唐家伟、李剑秋、杨雄、钟复光、杨洁如、吴先清、范志超、张惠如、李一纯、林惠贞、汪开竺、应令言、贺敬挥等17人为委员。(《女界国民会议促成会成立纪》,《民国日报》1924年12月22日)

12月22日

上海大学行政委员会开会,讨论学生招生、图书馆扩充及中学部等事项。(《上海大学之扩充》,《民国日报》1924年12月24日;《上海大学消息》,《申报》1924年12月24日)

上海大学福建同学会加入上海国民会议促成会。其致函上海国民会议促成会称加入该会,"以尽国民职责"。(《上海国民会议促成会消息·各团体加入之踊跃》,《民国日报》1924年12月23日)

12月23日

上海大学代理校长邵力子发表布告,自下学期起,聘定周越然为上海大学英国文学系主任。(《上海大学之扩充》,《民国日报》1924年12月24日;《上海大学消息》,《申报》1924年12月24日)

12月24日

《民国日报》刊登《上海大学学生会》的消息,称上海大学学生会日前召开全体大会,讨论关于学务、校务、会务等学生方面的重要问题。会议议决促进学校行政委员会为早日建成新校舍而从速组织募捐委员会。

《民国日报》刊登《上海大学四川同学会通电》,表示全力拥护孙中山提出的召开国民会议,共谋解决时局方策的主张。

《申报》刊登《上海学生界发起学生代表大会·南洋大学、上海大学等发起请全上海学生讨论国民会议》的消息,称由上海大学、法政大学、南洋大学、南方大学、大夏大学、同文书院、中华职业学生会等"七个著名学校之学生会联名发起",请全上海学生讨论孙中山提

出的召开国民会议主张。

《申报》刊登《非基督教同盟明日开演讲会·下午二时在复旦中学》的消息,称上海大学教授施存统、董亦湘将在反对基督教演讲大会上发表演讲。

上海大学中国文学系三年级召开年级会成立会议,第一届职员为蒋抱一、李迪民、汪铖、周学文四人。(《上大壬戌级会成立》,《民国日报》1924年12月27日,《申报》1924年12月28日)

12月25日

上海大学社会学系学生王文明写下《〈新琼崖评论〉一周年感言》。文章说:"《新琼崖评论》的年华方及一周①,正如'旭日初升',一定能够继续不断地奋斗,成为一个'革命健儿',永为琼崖革命之向导。"(原载《新琼崖评论》第25期,见冯衍甫、谢才雄著:《王文明传》,海南出版社2010年版)

按:王文明在文章的末尾署有"一九二四年,一二,二五,于上海大学"一行字。

下午,非基督教同盟在复旦中学召开反对基督教演讲大会,上海大学教授董亦湘、施存统和北京大学教授张松年、国民会议促成会委员刘清扬女士在大会上发表了演讲。(《非基督教同盟明日开演讲会·下午二时在复旦中学》,《申报》1924年12月24日)

浙江宁波在县学明伦堂召开非基督教促成会成立大会,上海大学派出学生代表干翔青等4人专程来到宁波参加大会。会后,举行游行活动,当街发表非基督教的演说并分发传单。(《非基督教促成会之成立》,《申报》1924年12月27日)

由上海大学等7所学校发起召集的上海各校代表大会,在全国学联会址举行。出席会议的有法大、上海大学、两江、女师、中华职业、同文书院、启宝、亚东、春申、浦心、大夏大夏、南方大学、南洋中学等20余校的代表,全国学联代表沈尚平也出席大会。大会公推法大代表冷隽为大会临时主席,上海大学代表林钧为书记。大会公决否认上届学联,改组成立新一届上海学联。上海大学等9所学校当选为新的执行委员,上海大学学生刘一清当选为新一届学联主席。(上海市青运史研究会、共青团上海市青运史研究室编:《上海学生运动史》,学林出版社1995年版)

12月26日

下午1时,上海大学中学部学生会在该校第二院高中课堂开第二次常年大会,到40余人,讨论该会进行计划,并结束本学期会内事宜。会议还讨论了促进该校向教育部门立案,拨领各国庚子赔款及图书馆之扩大、标本仪器之添置等。(《上大学生之常年会》,《民国日报》1924年12月29日)

---

① 即一周年,当时的通行用法。

12月27日

《民国日报》刊登上海大学山东同乡会要求加入上海国民会议促成会公函。函称上海大学山东同乡会此举可"催促山东各地早起拥护中山先生之主张,俾国民会议早日实现"。(《上海国民会议促成会之发展》,《民国日报》1924年12月27日)

按:12月29日《民国日报》刊登《上海大学山东同乡会宣言》,提出以下最低限度的三个主张:"一、推翻善后会议,竭力拥护中山先生主张的九种人民团体组织国民会议预备会。二、我们要即刻的促成国民会议预备会议。三、国民会议预备会成立后,一切政权,应移交国民会议预备会。在正式政府未成立之先,即为中国最高行政机关。"号召"同胞们,起来吧,为我们自身的利益随着孙中山先生奋斗吧"。

《申报》刊登《上海国民会议促成会之昨讯》的消息,称上海国民会议促成会"为使一般国民明白真正国民会议起见,已请定杨之华、张琴秋、孙庸武等十余人,于本月分赴各区平民学校演讲,解释国民会议之意义及促成会之重要"。

12月28日

上海大学、亚东医科大学、艺术师范大学、大夏大学等组织了60余个演讲队,分赴南市、闸北、曹家渡等地举行露天演讲。演讲队各有一面大旗,上书"上海国民会议促成会演讲队",两面小旗,分别写着:"拥护真正的国民会议""反对善后会议"等字样。当天的听众达30万人左右。(上海市青运史研究会、共青团上海市青运史研究室编:《上海学生运动史》,学林出版社1995年版)

按:12月30日,上海大学、同文书院、中国青年社和女戒国民会议促成会等又组织了73个演讲队,分赴徐家汇、梵王渡、杨树浦、小沙渡、闸北、吴淞镇等处演讲,当天听讲人数达7万余人。(上海市青运史研究会、共青团上海市青运史研究室编:《上海学生运动史》,学林出版社1995年版)

下午2时,上海国民会议促成会召开第三次委员会。到会者有唐公宪、陈广海、冷隽、林钧、李成①、沈尚平、俞秀松、郭伯和、朱企民、孙庸武、何德显、郭景仁、邵力子、刘刀心②等14人。邵力子主持会议。总务委员郭景仁报告了演讲队的准备情况,共有上海大学等40多个团体参加,组成60多个演讲队。会议讨论了召开全体大会的问题,决定请孙科、张继、袁履登、叶楚伧、恽代英等发表演讲。会议还决定编辑小册子,以详细解释国民会议之真意和我们所要求之国民会议。限十日内先出一种,第一种请邵力子编辑。(《上海国民会议促成会消息》,《申报》1924年12月29日)

12月30日

上海大学校长于右任自北京致电上海大学新聘英国文学系主任周越然教授,对周越

---

① 即李立三。
② 即刘稻薪。

然履职英国文学系主任表示欢迎与感谢。称对于周越然接受聘请任上海大学英国文学系系主任,"此间同人闻讯欢跃,谨电欢感"。(《上海大学英国文学系得人》,《民国日报》1924年12月31日)

12月31日

《民国日报》刊登《上海大学英国文学系得人》的消息,称:"该大学聘定周越然为英国文学系主任,已志前报。查周君系吴兴人,受复旦大学特赠名誉文学士学位,曾历任苏州英文专修馆、江苏高等学校、吴淞中国公学、吴淞商船学校教员、安徽高等学校教务主任、南京国立高等师范英文科主任等教职,并编撰有英文书籍三十余种,皆极风行一时,最得青年学子之敬仰。故该校自聘定周君后,学生异常欢忭,联袂往谒,表示欢迎。该校校长于右任,昨亦由北京致电周君,意谓承主持英文学系,此间同人闻讯欢跃,谨电欢感等语。闻该校现已开始招收各级插班生,周君已为主持英文学系一切,并拟将其家藏西文书籍为该校设置英文学系图书部门。"

是月

社会主义青年团上海地委农工部关于1924年11月、12月的工作活动情况报告称青年工人运动谈话会共开过四次,其中第一次,到11人,先报告召开苏俄革命7周年纪念会的团体共有五个,分别是上海大学平民学校、浙江旅沪工会、上海店员联合会、杨树浦平民学校、青年印刷工人互助社。第二次,到13人,先报告召开少年国际5周年纪念会的团体共有四个,分别是上海大学平民学校、杨树浦平民学校、中华职业学校平民学校、青年印刷工人互助社;听众共有三百余人。会议专门讨论了上海大学平民学校的问题并作出如下决议:一是学生会应改组,每班举一人,组织委员会;二是要学生会执行下列事项:演新剧、表情唱歌、演说练习会、游戏体操;三是要上海大学干事会多派同志对平民学校青年工人多作训练工作;四是每星期添设常识至少一点钟。(中央档案馆、上海市档案馆:《上海革命历史文件汇集(青年团上海地委文件)一九二二年七月——一九二七年一月》,1986年8月)

是年

年底,上海大学学生、共产党员胡允恭、吴云、吴震等受上海大学党组织派遣,在安徽寿凤①地区建立中共淮上中学补习社支部,有党员9人,由胡允恭任书记,直属中共中央领导。(中共安徽省委党史工作委员会编:《中共安徽党史大事记(1919—1949)》,安徽人民出版社1992年版)

安体诚任上海大学教授,教授现代经济学;傅东华任上海大学中国文学系教授,教授诗歌原理;周建人任上海大学社会学系教授,教授生物哲学;张琴秋、贺威圣、王步文、邹均②进

---

① 寿县、凤台。

② 又名邹遵。

入上海大学社会学系学习;戴邦定①进入上海大学中国文学系学习;武止戈进入上海大学英国文学系学习。(《上海大学一览》,1924年4月编印)

董亦湘任上海大学教授,教授社会发展史;崔小立进入上海大学社会学系学习;孟超进入上海大学中国文学系学习。(《20世纪20年代的上海大学》,上海大学出版社2014年版)

钟复光进入上海大学社会学系学习。(钟复光:《李硕勋同志与全国学生联合总会》,张松林主编《不朽的丰碑——纪念李硕勋烈士诞辰一百周年文集》,南海出版公司2002年版)

许继慎以旁听生的身份进入上海大学社会学系学习。(马德俊著:《许继慎传》,安徽人民出版社1998年版)

曾延生进入上海大学社会学系学习。(中共江西省委党史研究室编:《江西英烈》第1辑,1984年版)

周大根进入上海大学社会学系学习。(上海市浦东新区新四军历史研究会编:《浦东革命前辈风云录》,2011年版)

张崇德进入上海大学英国文学系学习。(中共临海市委、临海市人民政府:《临海揽要》,西泠印社出版社2014年版)

国民党中央总务部部长、代表国民党上海执行部到上海大学指导党务工作的彭素民,致函国民党上海执行部,称:"素民闻该校②本有甲、乙两派,昨晚到者皆甲派中人,而乙派则不过一二人在场,发反对言论有谓'请仍由原上大分部筹备人组成者③',此言颇可注意。因该两派前因举分部长,曾发生极大风潮。前日举代表,又开发生争执。今湖北会馆据第一区执行委员三人,一为上大者(即施存统),余二人乃为商务书馆者。而上大之施君又属甲派,故乙派甚不满意。"(台北:中国国民党中央委员会文化传播委员会党史馆环龙路档案09931)

---

① 又名戴介民。
② 指上海大学。
③ 指周颂西等。

1925 年

1月

1月1日

《民国日报》刊登施存统介绍瞿秋白所著《社会科学概论》的文章,称:这一本书,分量虽少,只有3万多字,可是内容非常充实,可说是中国社会科学界中空前的著作,在过去的中国社会科学书籍中,没有一本书还比它更有意义。文章还抄录了瞿秋白《社会科学概论》的目录以使读者更加了解全书的内容。(《介绍秋白著〈社会科学概论〉(存统)》,《民国日报》1925年1月1日)

《民国日报》副刊《觉悟》刊登施存统的《新年的第一件工作努力促成国民会议》一文。文章称:"去年这一些的运动,我们今年都要继续下去的,一直达到我们最后的目的为止,可是在我们的目前,尤其要注意国民会议运动,一致努力促成国民会议的实现,这是我们政治奋斗必由的道路,亦是此刻千载一时的良机。国民会议如果开得成功,能够很顺利地解决对外对内的许多重大的政治经济问题,那当然是再好没有;即使开不成功,不能解决各种困难的问题,民众亦可以得到两种效果:一是将自己锻炼成一支强大的劲旅,获得未来胜利的保障,一是彻底暴露帝国主义与军阀的罪恶,总之绝无妥协迁就之余地。所以只要我们努力宣传国民会议,努力做促成国民会议的运动,无论国民会议开得成功与否,都是于国民解放有利益的,都是接近国民解放的第一步。"

1月5日

《民国日报》刊登《上大山东同乡会与山东各团体函》,称孙中山"召集国民会议,都是为我们一般平民谋幸福的,我们拥护我们领袖完成此会,正所以为我们自身谋利益,并不是为别人去出汗的。所以敝会同人深望吾东省同胞抱一个彻底的觉悟,在这千钧一发的当儿,对于国民会议刻不容缓的进行准备,实践我们底行使主权,恢复我们底自由快乐。主权一到我手,我当尽我们底天职,破釜沉舟不遗余力去干,誓死不认军阀包办国民会议、垄断善后会议。比及大功告成的那一天,方知我们真实生活的自由,都是今日由我们全副精力得来的。愿我全省同胞,群起直追"。

1月9日

上海大学代理校长邵力子被控出售《向导》周报案正式撤销。(《上大代理校长控案完全注销》,《民国日报》1925年1月10日;《邵力子被控案撤销》,《申报》1925年1月10日)

上海大学四川同学会向全国发出通电,就日轮德阳丸在重庆贩卖伪币,凶殴我国公役二人,重伤四人,落水身死一案,表示完全赞成重庆外交后援会第二次宣言中提出的六项主张,并昭告全国:如重庆关监督兼交涉员江潘、军警团联合督查处处长唐式遵等之官僚与军阀,只知媚外,而置我中华民国之国威、国权、国体于不顾,必根本铲除净尽而后快。(《上大川同学会通电》,《民国日报》1925年1月10日)

按:重庆外交后援会之六项主张,一是德阳丸案中犯罪日人,应即按照中日领事裁判条约由两国官宪会同审判治罪;二是德阳丸案中犯罪华人,应即要求日领依法引渡交中国官厅办理;三是受伤落水之谍查兵六人应由日清公司给与相当之损害赔偿;四是取消德阳丸船主在长江一带航业界之服务资格;五是日本领事向中国国家道歉;六是日本领事保证该国商轮此后不得再有此等贩币殴人之行为。(《上大川同学会通电》,《民国日报》1925年1月10日)

1月11日

《民国日报》《申报》刊登上海大学代理校长邵力子启事:"鄙人此次被控,已奉会审公廨讯明取消,其理由为原控引用新刑律第一百廿七条错误,及报纸条例已于五年七月奉大总统令废止,此足征公庭尊重言论自由,鄙人极为钦佩。惟关于出售《向导》周报之事实的真相,当庭未及陈述,报载又甚简略,恐各界误会,不得不再说明梗概。鄙人从未发售《向导》周报,上海大学尤非《向导》发行机关。此次捕房据人报告,饬探在校内书报流通处购得九十二期《向导》一份,遂据以控诉。惟书报流通处系学生自动的组织,借以便利同学间之购阅。凡近时出版之新文艺新思潮书报,大致略备,半向各大书店批购,半由各出版人托为寄售。《向导》亦系由广州寄来每期三十份,托为代售而已。真相如此。鄙人实与《向导》周报完全无关,未敢掠美(某报谓鄙人组织《向导》报,尤误),特此据实声明。"

上海大学建校募捐团致国民党中央执行委员会工人部函,称"同人等意欲拜读贵部所出各种刊物,为此恳请将每种刊物赐给八份为盼"。(台北:中国国民党中央委员会文化传播委员会党史馆五部档案15281)

1月11—22日

中国共产党第四次全国代表大会在上海举行。出席代表20人,代表党员994人。大会选举陈独秀、李大钊、蔡和森、张国焘、项英、瞿秋白、彭述之、谭平山、李维汉等九人为中央执行委员会委员。中央执行委员会选举陈独秀、彭述之、张国焘、蔡和森、瞿秋白组成中央局中央局,陈独秀任中央总书记。(中共中央党史研究室著:《中国共产党的九十年》,

中共党史出版社、党建读物出版社 2016 年版）

1 月 12 日

《民国日报》刊登《上大录取第一届新生揭晓》的消息，公布新生录取名单。

1 月 16 日

鉴于招考插班生报名者众多，上海大学寒假留校同学设立的招待投考同学会在校第一院开成立会。招待投考同学会分成三组，为投考学生了解学校情况等作顾问。录取的新生在假期内只需缴宿费三元，即可入校寄宿，与旧学生享受同等待遇。（《上海大学消息》，《民国日报》1925 年 1 月 17 日）

1 月 26 日

瞿秋白在上海致信鲍罗廷。在信中称："我被选进了中央委员会①，根据中央的决定，我要长期在上海工作。要给你派去另一个翻译。中央要求您为我解脱您这里的工作。在上海好像已经不追捕我了，我将暂时完全转入地下，为我们党的机关做工作。"（中共中央党史研究室第一研究部译：《联共（布）、共产国际与中国国民革命运动（1920—1925）》，北京图书馆出版社 1997 年版）

按：瞿秋白是在 1924 年 10 月以后遭租界当局通缉而转入地下活动的。

1 月 26—30 日

中国社会主义青年团在上海召开第三次代表大会。这次大会动员全体团员贯彻中国共产党第四次全国代表大会的决议，积极发展青年学生运动，并决定把社会主义青年团改称为共产主义青年团。30 日，大会选出张太雷、任弼时、恽代英、贺昌、张秋人、刘尔崧、涂正楚、刘伯庄、夏曦等九人为中央执行委员会委员，由张太雷、任弼时、恽代英、贺昌、张秋人五人组成中央局。张太雷任总书记。会议还决定张太雷兼妇女部主任，任弼时任组织部主任，恽代英任宣传部主任兼学生部主任，并任《中国青年》编辑，贺昌任工农部主任兼《平民之友》编辑，未到任之前由张伯简代，张秋人任非基督教部主任，兼上海地方团书记，并任《非基督教运动》编辑。（李良明、钟德清主编：《恽代英年谱》，华中师范大学出版社 2008 年版）

按：《任弼时传》："从此，任弼时辞去了上海大学的工作，专门从事共青团中央的领导工作。"（中共中央文献研究室编：《任弼时传》，中央文献出版社 2004 年版）

是月

上海大学中国文学系教授沈雁冰所著的《中国神话的研究》发表。（《小说月报》第 16 卷第 1 号，1925 年 1 月）

按：沈雁冰在上海大学中国文学系主教课程为欧洲文学史和小说，同时还为英国文

---

① 指瞿秋白在中共四大上当选中央执委会委员。

学系教授"希腊神话"课程。《中国神话的研究》撰写于1924年12月11日,正是沈雁冰在上海大学英国文学系讲授"希腊神话"之际。这篇论文是中国神话研究的滥觞之作,沈雁冰也是中国神话研究的开创者之一。

由上海大学陕西同乡会主办的半月刊《新群》创办出版。(黄美珍、石源华、张云编:《上海大学史料》,复旦大学出版社1984年版)

按:《新群》现在仅存第七期,于1925年4月6日出版,为"纪念孙中山先生专号"。(黄美珍、石源华、张云编:《上海大学史料》,复旦大学出版社1984年版)

上海大学教授、诗人蒋光慈的诗集《新梦》由上海书店印行。《新梦》的扉页上印有蒋光慈的题词:"这本小小的诗集贡献于东方的革命青年。"里面有高语罕在德国为诗集写的序。(吴腾凰著:《蒋光慈传》,安徽人民出版社1982年版)

2月

2月1日

《民国日报》刊登《上海大学丛书之一〈社会进化史〉》的消息,称:"是书为蔡和森先生所著,蔡先生为上海大学社会学系教授,于社会科学研究有素,本书为其精心之作。书凡三编,一家族之起源与进化,二财产之起源与进化,三国家之起源与进化。其十余万言,论述甚详,全一册,定价一元。上海民智书局发行。"

按:《学生杂志》1925年第12卷第1号也对蔡和森的《社会进化史》作了相同内容的介绍。

上海日本内外棉八厂发生日本领班殴打中国女童工事件,同厂粗纱车间男工集体与厂方论理,遭到厂长三宅清一郎无理呵斥,并告示开除男工50名。工人因此自发起来罢工。消息传出,邓中夏立即召集刘华、孙良惠等人在安远路三德里"沪西工友俱乐部"开会研究对策,决定借此机会实行同盟总罢工。(冯资荣、何培香编著:《邓中夏年谱》,中国文史出版社2014年版)

2月2日

邓中夏在沪西工友俱乐部主持召开党的紧急会议,与会者有李立三、刘华、孙良惠、项英等。会上决定成立罢工指挥机构"罢工委员会",邓中夏被推举为"罢工委员会"委员长。(冯资荣、何培香编著:《邓中夏年谱》,中国文史出版社2014年版)

2月3日

韩觉民应代理校长邵力子之聘,就任上海大学总务主任。(《上海大学新聘教职员》,《申报》1925年2月5日)

按:此前上海大学校务长刘含初辞职。经上海大学行政委员会第17次会议决定,将校务长改为总务主任。

2月5日

《民国日报》刊登《上海大学之新计划》的消息,称:"英国文学系新聘复旦大学文学士周越然为主任,并增聘香港大学文学士朱复为教员。闻该系本学期新计划约有四端:(一)教科方面,拟采用欧美大学现所注重之世界文学而英国观的,从流以探英文学之渊源,并旁稽博考,选读世界各种文学名著,使学者对于文学既能贯通,复了解文学为文化之小传,而得文雅教育之价值。(二)设备方面,拟于开学后,即筹备陈设该系的图书室,添购英文著名文学作品、杂志报章,备学者之参研,以助进其学业。(三)教学方面,除堂课外:一拟举行师生课外学业谈话,俾教者、学者均有询问讨论解决之机会,而深切其观摩之益;二拟组织英国文学研究会,请积学之士演讲,并使学者得以发抒心得练习演讲。(四)扩充方面,英语语音学一科甚为重要,故社会方面之需要甚殷,拟于开学后成立,该学程由主任或专家担任演讲,以供社会一般之学习。"

下午2时,上海女界国民会议促成会在上海大学召开代表大会,50余人参加了会议。大会由刘清扬主持。会议决定派代表赴京组织全国国民会议促成会联合会,推定刘清扬、向警予、钟复光为代表,由于向警予因事不能离沪,决以李剑秋递补。(《女界国民会议促成会纪》,《申报》1925年2月7日)

2月6日

《民国日报》刊登《上大中学部之革新》的消息,称:"上大中学部自开办以来,向与大学部各系同属于行政委员会,现为精神专一便于进行起见,已由行政会议议决,委托该部训育主任兼教员刘薰宇组织机关,独立办理。"

上海大学代理校长邵力子被总巡捕房第二次控诉有碍租界治安一案复审。邵力子辩称:上海大学开办两年,系个人私立,校长为于右任正在北京,我为代理校长,凡聘任教授筹画经费等皆由我负责。(《邵力子控案辩论终结》,《民国日报》1925年2月7日;《邵力子被控案候下堂谕》,《申报》1925年2月7日)

2月8日

上海大学师生参加上海市纪念列宁逝世一周年大会,韩觉民主持会议。恽代英、张春木①、施存统出席会议并发表演讲。(《列宁逝世一周年纪念会纪》,《民国日报》1925年2月9日)

《民国日报》刊登《孙先生病状之昨讯·上海大学全体电京慰问》,《申报》刊登《上海大学慰问中山·致于右任电》的消息,称:上海大学因孙中山先生此次抱病北上,自进协和医院割治,迄未全愈,甚为注意,前日决议致电慰问。又因校长于右任现在北京,即请其就近代达。慰问电称:"创造中华民国之孙中山先生久病未痊,凡属中华人民莫不忧念。本

---

① 即张太雷。

校负养成建国人才之重任,尤渴望此革命领袖战退病魔,早复健康,完成其领导人民建国之目的。敬请公①就近晋谒,代达同人企祷之忱。"

下午2时,上海大学四川同学会邀请上海各校四川同学会代表在上海大学开会,参加会议的有22所学校,40余名代表。上海大学学生余泽鸿被推选为会议临时主席。会议决定同意加入北京四川同学会提出的要求举行借贷川汉铁路储款利息的组织。(《四川旅沪各校学生代表会议纪》,《申报》1925年2月10日)

2月9日

《民国日报》刊登由校长于右任署名的《上海大学续招男女插班生》广告。

2月11日

《民国日报》刊登《上大录取新生消息》。

2月12日

下午2时,上海国民会议促成会与上海女界国民会议促成会,借西门勤业女子师范开联席欢送大会,欢送两会赴全国总会代表。向警予任大会主席。会议决定为小沙渡内外棉纱厂工人受日人虐待事件而引起的工人罢工风潮募捐。上海大学学生刘一清出席会议,并捐款一元。(《上海两促成会之欢送大会》,《民国日报》1925年2月13日)

《申报》刊登《上海大学录取新生》的消息。

2月13日

上海大学行政委员会举行第十八次会议。会议报告了上学期结算;审查本学期预算;规定开课日期;办理伙食办法;整理图书馆,组织图书委员会,推定周越然、陈望道、施存统三位主任为委员;议定学校徽章形式,决定职员、学生、校役以三种颜色为分别。会议又推举陈望道为校学务处学务主任。(《上海大学消息种种》,《民国日报》1925年2月14日;《上海大学开行政会议纪》,《申报》1925年2月14日)

《民国日报》刊登由代理校长邵仲辉②署名的《上海大学第二次录取新生揭晓》的消息,社会学系录取新生中有二年级黄绍耿、一年级杨达等人。

2月14日

《民国日报》《申报》分别刊登《邵力子被控案已判决》的消息,称:工部局刑事检查处在公共公廨指控邵力子在租界内有碍治安、请求将在上海大学及慕尔鸣路③抄获之书籍充公并将邵逐出租界一案,"判将抄获各书一并销毁,被告交一千元保,担任嗣后上海大学不得有共产计划及宣传共产学说"。

---

① 指于右任。
② 即邵力子。
③ 今茂名北路。

2月15日

刘华等人组织成立"上海大学日本纱厂罢工后援会"。(冯资荣、何培香编著:《邓中夏年谱》,中国文史出版社2014年版)

2月18日

任弼时致函罗亦农、王一飞①,信中称:"现在上大颇为当局所注意,一月以前巡捕局曾派警至上大检查一次,并言校长——(现代理者为力子②)有过激之疑等情,力子被审判决以一千元现金之担保,不准以后在上海宣传过激。秋白③现不管上大事,一切由存统④主持(CP⑤指定的),学校经费亦尚无着,将来能否长久维持亦尚在问题中。"(党的文献杂志社编:《红书简》,山西人民出版社2001年版)

2月28日

《民国日报》刊登《上海大学第三届录取新生揭晓》的消息。社会学系录取的新生中有韩步先、张书德;中学部高中部录取的新生中有周文在、周传鼎,初中部赵振寰等人。

下午2时,上海各团体为援助内外棉纱厂等工人罢工事,借西门勤业女子师范开联席会议,上海大学陕西同学会等40余团体共90余人参加了会议,上海大学学生刘一清任大会主席。会议宗旨为团结一致为工人后援。会议作出了组织罢工工人后援会,为工人募捐等四项决定。(《各团体联席大会开会纪》,《民国日报》1925年2月16日)

3月

3月1日

上海大学女子部、上海大学附设平民学校等10余个团体在上海大学开会,讨论推动女界投入国民会议运动问题。向警予主持会议。会议要求修正段祺瑞政府所公布的国民会议条例,并提出争取中国妇女的平等地位等要求。(《上海女界联席会纪》,《申报》1925年3月2日)

3月2日

《申报》刊登《上大附中之进行》的消息,称上海大学附属中学已聘定刘熏宇为主任,侯绍裘为副主任。其他教员亦均已请齐,如曹聚仁、季忠琢、汪馥泉、沈仲九、丰子恺、韩觉民、张作人、高尔柏、黄正厂、沈观澜、黄鸣祥等。

---

① 罗亦农,又名罗觉,中国共产党早期领导人。当时在莫斯科东方劳动大学任中国语言组书记、中国班唯物史观教授;王一飞,当时任中国社会主义青年团旅莫斯科地方委员会委员长。
② 即邵力子。
③ 即瞿秋白。
④ 即施存统。
⑤ 指中国共产党。

3月6日

《民国日报》刊登《上海大学特准补考》的消息,称:"上海大学历史虽不甚久,但自于右任校长来校以后,办事得法,教授得人,声名洋溢,早为一班士子所敬仰。"

3月7日

《民国日报》刊登《上大附中续行补考》的消息,称:"上海大学附属中学本学期自刘薰宇、侯绍裘等来校主持后,校务整顿颇力,此次投考新生极形拥挤。"

3月8日

下午3时,上海女界在上海大学召开联席会议,会议主旨为反对国民代表会议草案,要求加入国民会议。上海妇女运动委员会代表向警予、张惠如、上海大学女生团代表王秀清、上海大学平民教育学校女职员代表黄淑声、上海女界国民促进会代表、上海大学学生王一知、张琴秋等团体代表30余人参加了会议。(《上海妇女界今日开会》,《申报》1925年3月8日;《上海女界联席会议记·筹备上海女国民大会》,《申报》1925年3月9日)

贵州留沪学生会在上海大学召开会议,讨论会务并改选职员。(《贵州留沪学生会定期开会》,《申报》1925年3月5日)

3月11日

下午3时,上海大学教授恽代英应景平女学邀请,到该校作妇女进化问题的演讲。报道称恽代英演讲"议论风生,鞭辟入里,听众咸极满意"。(《景平女校请恽君讲学》,《申报》1925年3月12日)

3月12日

《民国日报》刊登《上海女国民大会筹备会启事》:"国民会议条例草案第十四条及第四十八条规定,妇女不得有选举及被选举权,显系蔑视民意,蹂躏人权,若吾辈一息尚存宁能堪此?"启事提出举行上海女国民大会筹备会议。上海大学女生团、上海大学平民学校女教员全体为筹备会成员。

孙中山在北京病逝。13日,国民党上海执行部在《民国日报》上发布孙中山逝世的讣告。

3月13日

《民国日报》副刊《觉悟》刊登施存统撰写的《悼孙中山先生》一文。文章称:"中山先生是中国历史上第一个伟大的人物,是中国历史上第一个代表民众利益而奋斗的伟大的领袖;全部中国历史中,只有他是领导中国被压迫民众向真正解放的道路前进的,只有他是始终为被压迫民众的利益而革命的,所以只有他值得我们民众的崇拜敬仰。"

为哀悼孙中山逝世,上海大学等上海各大学均发出通告休课一天。(《孙中山逝世之哀悼·各界之哀悼》,《申报》1925年3月14日)

3月14日

恽代英在上海大学作题为"孙中山先生逝世与中国"的演讲。上海大学学生高尔柏记录。

按：3月19日《民国日报》副刊《觉悟》刊登了恽代英这篇演讲。后来《中国青年》第71期也发表了这篇演讲。(《恽代英文集》，人民出版社1984年版)

3月15日

《申报》刊登《孙中山逝世之哀悼(二)·治丧人员之分配》的消息，上海执行部人员治丧职务分配如下："(招待员)张廷灏、郑观、韩觉民、沈泽民、施存统、李成、邵力子、周颂西、何世桢、张惠如、邓中夏、萧飞烈；(文牍员)叶纫芳、恽代英、向昆、叶楚伧、徐子培；(庶务员)孙镜、周丽生、陈德徵、曾繁庶；(会计员)林焕廷、周雍炀；(招待员值班钟点)张廷灏、郑观、张惠如、韩觉民，十点至十二点；何世桢、邓中夏、萧飞烈、李成，十二点至二点；邵力子、周颂西、沈泽民、施存统，二点至四点。"

上海大学等团体前往孙中山灵前吊唁。(《孙中山逝世之哀悼(三)·昨日往吊之团体》，《申报》1925年3月16日)

商务印书馆发行所从今日起开办平民教育成绩展览会，上海大学平民学校报送了相关材料。(《平教成绩展览会行将开幕》，《申报》1925年3月14日)

3月16日

恽代英在上海大学学术研究会作题为"孙中山先生死后"的演讲。

按：4月4日《民国日报》副刊《觉悟》刊登了恽代英这篇演讲。(李良明、钟德涛主编：《恽代英年谱》，华中师范大学出版社2006年版)

《民国日报》副刊《觉悟》刊登上海大学学生、诗人孟超写于13日的诗作《悼国民革命导师孙中山先生》和上海大学学生何秉彝写于14日的文章《孙先生不死！》。

上海大学平民学校、上海大学演说练习会、上海大学浙江同乡会、上海大学陕西同乡会、上海大学春雷文艺社、上海大学琼崖新青年社、上海大学四川同学会等14个团体，表示加入"追悼孙中山先生大会筹备会"。(《孙中山逝世之哀悼(三)·加入追悼大会之踊跃》，《申报》1925年3月16日)

按：后陆续加入者还有上海大学学生会、上大浙江同乡会、上海大学、上海大学社会科学研究会、上大山东同乡会、上海大学中国孤星社等。(《孙中山逝世之哀悼(七)·昨日加入追悼会之团体》，《申报》1925年3月21日)

上海大学、上海大学山东同乡会、上海大学湖畔诗社等学校和团体前往孙中山灵前吊唁。(《孙中山逝世之哀悼(四)·昨日往吊之团体》，《申报》1925年3月17日)

3月17日

晚上7时，上海大学学生会在校第二院召开全体大会。会议改选了学生会执委会，郭伯和、林钧、何成湘、王艺中、李炳祥、黄竟成、何秉彝、张维祺、朱义权9人当选新一届执行委员,陶同杰、贺威圣、黄昌炜三人当选为候补委员。会议讨论并通过了由陶同杰提出的改上海大学为中山大学的提议,赞成即向校行政委员会提出请求。(《各界哀悼孙先生·上大学生会》,《民国日报》1925年3月18日)

3月18日

上海大学学生提议改校名为国立中山大学并发表意见书,其中称:"溯吾上海大学建设以来,首先标以宣传民治主义、养成建国人材为宗旨,远追既往,近鉴来今,在国内大学中,以吾校与中山先生关系最深,故昨日本校全体同学大会议决,拟向本校教务行政会议建议改上海大学为中山大学,崇德报功,用意至深。但同人等对于此次议案,认为尚有补充意见之必要。考中山先生身为国父,功在国家。在政府方面,不应仅以仪葬之隆崇,作饰终之酬报,尤应设法将先生学术思想永远保存,甚至更从而光大发扬,务使余芬永在,万古常新,方符隆崇之至意。故同人意见,应呈请北京执政府明令改本校为国立中山大学,既彰国家酬报之隆,更显追怀先烈之深。至进行方法,应即组织上大筹备进行国立中山大学委员会,急速进行外,并责成本校学生会即日电北京于校长及本校前讲师汪精卫先生,以及刻下因公滞京之本校同学刘一清、钟复光二君,就近向执政府要求,借达目的。"(《孙中山逝世之哀悼(五)·上大拟请改国立中山大学之提议》,《申报》1925年3月18日)

上海大学致北京国民党中央执行委员会唁电,称:"惊闻中山先生逝世,全校痛悼失此导师,尚望贵党秉承遗志,领导民众继续奋斗,以求民族解放之实现。"(《各界之唁电》,《申报》1925年3月18日)

上海大学四川同学会致北京国民党中央执行委员会唁电,称:"国民革命,尚未成功。领袖遽尔丧失,云山北望,涕泪沾襟。尚望贵党秉孙公之遗志,以竟三民主义之全功。幸甚。"(《各界之唁电》,《申报》1925年3月18日)

《申报》刊登《旅沪皖学生为姜案之两电》的消息,电文指出,安徽军阀倪道烺确系安徽"六·二"惨案杀人主凶,并早经江西高审地检两厅讯实在案。现在不但逍遥法外,还通过各种手段多方运动,将案子移到北京,企图打消通缉,东山再起。倪道烺诡计被揭穿后,司法部却"断章取义,节外生枝",还要罗陷揭发者。电文批评司法部称:"司法者视杀人正犯如儿戏,摈国法若敝屣,缘情罔法,若此之甚,将何以振法纪而惩来者?"电文要求章士钊将倪道烺"立即票拘归案,以平公愤而维国法"。

按:"姜案"是指1921年,倪道烺擅自挪用教育经费,为他的叔父倪嗣冲在蚌埠营造生祠(即倪公祠),遭到学生集会抗议。6月2日,安徽省会安庆的学生举行游行示威,向正在安庆开会的倪道烺等当权者声讨。倪恼羞成怒,唆使军阀马联甲派兵镇压,当场打死学生姜高琦。史称"姜案"。姜案发生后,社会舆论大哗,强烈要求惩凶。倪道烺不得已乃避居天津。

3月19日

晚上7时,上海大学学生会召开全体会议,议决向广东政府请求改上海大学为国立中山大学,为中山先生永远纪念,又在各系添设三民主义讲座,及增设政治、经济、教育三系。又定3月25日开追悼大会并于当天出特刊,印发中山先生遗像,请名人与各系主任及中学部主任演讲,通知国民党执行部派人参加,演放中山先生讲演之录音和到沪时所摄影片。并致电正在北京的校长于右任,称:"本校学生为永远纪念中山先生起见,一致请求向广东政府将本校改为国立中山大学,特设三民主义讲座,并添设与三民有关之政治、经济、教育三系。除向行政委员会建议外,特电请即予许可,尤望能于本校三月二十五日追悼会前示复。"(《上大改名称之进行》,《民国日报》1925年3月21日;《孙中山逝世之哀悼(六)·筹备国立中山大学消息》,《申报》1925年3月19日)

《民国日报》刊登国民党上海市第四区第四分部全体党员致国民党中央执行委员会电,称:总理逝世,痛悼万分,一致议决请求将上海大学改为中山大学,并特设三民主义讲座,由中央派专员讲授,以示永远纪念及继续遗志之意,万望准予通过,商于校长决定施行。(《纪念孙先生之意见·中山大学已在进行》,《民国日报》1925年3月21日)

3月20日

上海大学平民夜校新学期开学,参加学生踊跃。(《上大平民夜校继续开办》,《民国日报》1925年3月24日)

下午2时,上海各公团追悼孙中山大会筹备会在西门勤业女子师范召开第一次筹备会议,上海大学等120余团体、代表150余人参加了会议。公推韩觉民担任大会主席。在会上,上海大学学生会等5个团体当场认捐经费洋80余元。(《孙中山逝世之哀悼(八)·各团体筹备追悼之会议》,《申报》1925年3月21日)

3月21日

上海大学中文系戊辰①级召开第二次会议,讨论改进会务并改选了职员。会议决定出文艺刊物一种,由孟超、陆恒生、鲁振华等编辑;学校召开孙中山追悼会时,以级会名义致送一匾。(《上大中文系戊辰级会大会》,《民国日报》1925年3月23日)

3月22日

上午9时,上海各公团追悼孙中山大会筹备委员会召开会议,到者陈倩如、王挹清、韩觉民、郑则龙、贺威圣、邵华等26人,公推韩觉民为主席。会议决定由邵力子、韩觉民、朱义权、董星五、陈广海等五人负责追悼大会总务事宜,并互推韩觉民为主任。(《孙中山逝世之哀悼(十)·各团体追悼大会之筹备会》,《申报》1925年3月23日)

下午,上海女国民大会举行,40多个团体共200多人参加了大会。向警予主持了会

---

① 即1928年。

议。陈望道、章锡琛等到会并发表演讲。(《女国民大会纪》,《时报》1925年3月23日;《女国民大会开会纪》,《新闻报》1925年3月23日)

3月23日

下午2时,国民党上海市第四区党部各区分部代表召开会议,由朱义权担任会议主席。会议决定本区党部于本月29日,在上海大学举行孙中山追悼会。会议推定朱义权、林钧、张晓柳、施乃铸、王人路、郭伯和、李炳祥、黄昌炜等八人为筹备委员。(《孙中山逝世之哀悼(十一)·国民党区分部之追悼》,《申报》1925年3月24日)

3月24日

上海大学代理校长致函淞沪警察厅常采园厅长,称:"顷见《时事新报》载贵厅长训令,案据督察长呈称据报上海共产党云云。内称西摩路上海大学校长邵力子(字仲辉)总秘书为一组,阅之不胜诧异。报纸所载时或未确,鄙人未敢确信贵厅果有此训令。唯既与鄙人有关,尤涉及上海大学,不得不据实声明,仰求察照。上海大学校长为于右任先生,鄙人仅于去年十一月下旬受托代理,因于先生尚未回沪,迄今未能卸职。然在此代理期间,绝不知校内有所谓共产党之组织。二月初,奉公共会审公廨堂谕,禁止共产计划及宣传共产,即经录谕布告全校,迄今犹张贴壁间。至鄙人自身更敢誓言无担任共产党总秘书之事,窃思清季及洪宪时代,侦探每任意指人为革党乱党,其动机即非倾陷异己,亦系轻信传闻,而结果皆足以促进社会之不安。今世尊重自由,在君主立宪之英国,共产党亦能公开组织且为选举活动,凡人非触犯刑章,皆不至遽被捕禁。我国政体共和,约法尤规定人民有集会自由之权,鄙人果为共产党员,本亦不必讳言,惟实不愿受莫须有之诬指。伏冀厅长本尊重法治、扶植民权之精神,勿轻信侦探之报告,郑重处理,则感德者非独鄙人已也。谨此上陈,伏希公鉴。"(《邵力子致淞沪警厅长书》,《申报》1925年3月25日)

3月25日

《民国日报》刊登《上大演说练习会》的消息,称上海大学演说练习会已完成换届改选,由陈铁厂、王振猷担任正、副会长,并拟函请邵力子、恽代英、杨贤江、张太雷等为指导员。

3月26日

《申报》刊登《三报馆被控案续讯纪》的消息,其中有公共租界工部局刑事总稽查处在会审公廨控告《民国日报》主笔邵力子的审讯记录。记录中多处涉及上海大学。

3月28日

上午9时,上海大学广东同学会召开筹备大会,推举张梧村、许侠夫、叶雄民等5人为筹备委员。(《上大广东同学会之筹备》,《民国日报》1925年3月30日)

下午2时,上海大学召开追悼孙中山大会,参加者达1 000余人。会议由中国文学系主任陈望道主持,代理校长邵力子宣读孙中山遗嘱。上海大学教授恽代英、叶楚伧、邵力子、施存统、蒋光慈、任平正和学生丁显等相继发表演说。(《上海大学追悼大会》,《民国日

报》1925年3月29日)

3月30日

上海大学总务处发表布告,称聘定医学博士张致果为上海大学校医。(《上海大学聘定校医》,《民国日报》1925年3月31日)

上海大学湖北同乡会成立。上海大学总务长韩觉民被推为主任。会议决定以上海大学湖北同乡会的名义,筹备发起成立"旅沪改造湖北同志会"。(《上大湖北同乡会成立》,《民国日报》1925年4月1日)

晚上7时,上海大学平民学校召开追悼孙中山大会。到会学生、教职员和来宾300余人。大会由总务主任朱义权主持。大学部教授蒋光慈在演说中浅释了三民主义的意义,勉励学生努力团结,继承孙中山未竟的事业。来宾贺敬挥①、教员杨达和学生徐德明先后发表演说。(《各界哀悼孙先生·上大平民学校之追悼》,《民国日报》1925年4月1日)

4月

4月2日

上海大学学生会致函胡汉民②,称:"本届敝会第一次全体大会,曾议决向革命政府请求,将敝校改名为国立中山大学,用志孙公③之盛名伟业于弗谖,并添设政治、经济、教育三系,以孙公学说为研究之对象。此外更设三民主义讲座,请中央执行委员会派员主讲,为全校必修科目,在全体同学以为非如此不足以纪念孙公。故一致主张,誓达目的。曾一度电商北京于校长④,当蒙复电赞同,并谓已电致中央执行委员会征求同意云云。敝会以先生曾任本校讲席,且对于此永远纪念孙公之诚意,必能格外赞助。兹特肃函上达,敬乞大力主持一切,俾此议得成事实,则此后敝校同学顾名思义,定能益加奋勉,以期毋负孙公四十年来奔走呼号之苦心。而敝校且成为国内唯一宣扬孙公精神与主义之学府矣。尚恳先生于短时期内赐以满意之答复。"(台北:中国国民党中央委员会文化传播委员会党史馆汉口档案14970)

注:胡汉民收到此函后,廖仲恺代表国民党中央执行委员会复函上海大学学生会,称:"案准胡展堂⑤同志转来贵会请将上海大学改名为国立中山大学,并增设政治、经济、教育三系,以垂孙中山先生永久之纪念等由函一件,当即提出本会第七十五次会议,决议改名为中山大学,俟有切实改革计划然后实行等因准函前由,相应录案。函复贵会,查照为荷。"(台北:中国国民党中央委员会文化传播委员会党史馆汉口档案14970)

---

① 贺敬挥(1905—1987),女,四川开江人。中国共产党早期党员,毕业于上海南方大学。
② 胡汉民时代行大元帅之职。
③ 指孙中山。
④ 指于右任。
⑤ 即胡汉民。

4月3日

《民国日报》刊登《上大行政委员会消息》,称:"上海大学行政委员会,为该校最高机关。该会组织,以校长(邵力子)、总务主任(韩觉民)、学务及中国文学系主任(陈望道)、英国文学系主任(周越然)、社会学系主任(施存统)为当然委员外,再由教职员中选出四人,以校长为委员会及开会之主席,闻此次所选出之新委员为沈雁冰、刘大白、朱复、恽代英等四人。并闻不日将开会讨论一切进行办法。"

晚上,上海大学浙江同学会召开全体大会,到会40余人。会议由贺威圣主持。会议改选朱义权、贺威圣、干翔青、李咏、全世堪、施存统、沈观澜等七人为执行委员。(《大浙江同乡会开会纪》,《民国日报》1925年4月5日)

4月5日

《民国日报》刊登《上海大学无锡同学会为无锡追悼孙中山得林苦桢复函》,称:无锡知事林苦桢致函上海大学无锡同学会,已为无锡召开追悼孙中山大会恭制挽联,拨治丧经费。

《申报》刊登《三报馆被控案续审纪》,称:公共租界工部局刑事稽查处,在会审公堂控告《民国日报》主笔邵力子、《商报》主笔陈布雷、《中华新报》主笔张竞吾登载扰乱文词,并不将主笔、发行者、印刷人之名姓住址登载报上一案,昨晨又开庭续审。其中控邵力子一案涉及上海大学。

4月7日

上海大学广东同学会在校召开成立大会,到会40余人,张梧村、黄昌炜、李炳祥、许侠夫、叶雄民当选委员。(《上大广东同学会成立》,《民国日报》1925年4月9日)

4月8日

《民国日报》刊登《上海大学湖北同乡会》的消息,称上海大学湖北同乡会开第二次大会,韩阳初主持会议。

4月10日

上海大学安徽同学会召开成立大会,到会39人。会议选举张一寒、陶梁、江华、刘剑冰、王弼、王绍虞、王立权、丁显、王振猷等九人为执行委员。(《上大皖同学会成立》,《民国日报》1925年4月11日)

《民国日报》副刊《觉悟》刊登上海大学学生何秉彝悼念孙中山的文章《我们怎样追悼中山先生》。

4月11日

孙中山夫人宋庆龄一行由南京抵沪,中国国民党上海市第一区第一分部及第四区分部、国民党总部、全国国民同志会、上海大学、商界联合会等前往迎候。(《孙中山夫人与孙

哲生昨晚抵沪》,《申报》1925年4月12日)

4月12日

上海举行追悼孙中山大会,参加人数达10万人左右。上海大学、持志大学、南洋大学、复旦大学、同济大学、圣约翰大学等400余团体参加了大会。(《昨日全埠市民之追悼孙中山大会·到者达十万人左右》,《申报》1925年4月13日)

4月13日

下午1时,国民党在新舞台召开追悼孙中山大会,国民党各区党部区分部党员6 000余人参加。宋庆龄、孙科参加了追悼会。上海大学和暨南大学学生在追悼会上主唱哀歌。叶楚伧担任会议主席。追悼会由孙铁人主持,恽代英读孙中山遗嘱,叶楚伧宣读誓文。何香凝、恽代英、叶楚伧先后发表了演说。(《国民党员追悼孙中山记·在新舞台举行到六千余人》,《申报》1925年4月14日)

4月15日

上海大学英国文学系一部分学生组织的上大英文研究会,在校图书馆召开第一次大会。系主任周越然教授发表演说,并对研究会会员的演说作简单的点评。(《上海大学英文研究会大会》,《民国日报》1925年4月17日)

4月18日

下午2时,上海大学社会科学研究会请杨杏佛在上海大学作题为"从社会方面观察中国政治之前途"的演讲,上海大学学生高尔柏作记录。(《杨杏佛今日演讲》,《民国日报》1925年4月18日)

按:《民国日报》副刊《觉悟》5月15日、16日分两天刊登了这篇演讲稿。

4月19日

山东旅沪学生在上海大学召开山东学生同乡会筹备会,定于4月26日下午召开全体代表大会。(《山东学生筹备同乡会》,《申报》1925年4月22日)

4月21日

上海大学社会科学研究会举行演讲会,请该会指导员恽代英作题为"中国民生问题"的系列演讲。(《上大社会科学研究会之演讲》,《民国日报》1925年4月21日)

按:恽代英的"中国民生问题"演讲计划用1周时间讲完,演讲时间为每天晚上7时到9时,由会员作记录并拟整理出版。

4月22日

国民党中央执行委员会青年部部长邹鲁致函国民党上海执行部,称顷由总理交下安徽学生联合会代表王步文等函一件。该生等以反对国贼、惩戒议员致被当局驱逐,流离上海,不能回该省原校就学,又无力转学他校,请求转致上海大学,破格免费收录。为此请贵执行部调查实况,酌量办理。(台北:中国国民党中央委员会文化传播委员会党史馆五部

档案15896）

按：王步文于1924年进入上海大学。1924年4月编印的《上海大学一览》在"学生一览表"中载王步文为社会学系学生。另，安徽学生皮言智、谢嗣镬、王同荣1924年10月29日上孙中山书，称因反对曹锟贿选，遭安徽军阀通缉，废学逃往，"春间王步文、刘文友、濮德治恳准以免费入上海大学肄业"。而皮言智于夏间来沪，"只得仍援王步文等先例，恳请总理垂念生等续学问题，准饬上海大学予以免费，并许以正式生插入社会学系二年级肄业"。据此可知，邹鲁致函国民党上海执行部，称"顷由总理交下安徽学生联合会代表王步文等函一件"，时间应为1924年。现为1925年，一个原因是在查阅抄录档案时将日期误录，另一个原因可能是原档案在整理时就将日期误记。

恽代英到安徽芜湖参加各界追悼孙中山逝世大会并发表演说。（中共江苏省党史工作委员会、江苏省档案馆编：《中共江苏党史大事记(1919—1949)》，中共党史资料出版社1990年版）

4月24日

《民国日报》副刊《觉悟》刊登上海大学教师恽代英、杨贤江、董亦湘、施存统、侯绍裘、张秋人、高尔松、高尔柏、唐纯茵、沈观澜、朱义权、黄正厂、何味辛、李炳祥、沈泽民、张琴秋、沈雁冰、王志渊、李锦蓉、李炳仪等《发起孙中山主义研究会征求同志》的启事，称："孙中山先生，是中国国民革命的领袖，为国民革命，奔走了四十年，以四十年之经验所造成的种种计划主张，当然可作我们进行中国国民革命以达世界和平的路径。因此，我们愿集合同情于中国和平与世界和平者共同协力掘发此四十年结晶的经验所示的坦途，俾我们可以一直前进。我们现定的办法，只是分为'孙文学说'（行易知难）、'发展实业计划'、'三民主义'、'组织'四部分，每人研究，至多可认两部。其他的一切关于研究的方法，尚待得有若干同志后，再行集议。我们的通信处暂定上海英租界西摩路上海大学附属中学黄正厂。"

4月27日

由上海大学中国文学系师生编辑的《文学》创刊。

按：4月18日，《民国日报》刊登《上大刊行文学周刊》的消息，称："上海大学近由各级委员会议定刊行文学周刊一种，借本报副张发行，以发表创作研究文学各种问题，并介绍外国文学为宗旨。日前由该刊编辑股委员会议决每星期一出版一次，第一期准在四月二十七号出版。"《文学》开始为半月刊，自第3期起改为周刊。从创刊到停刊，共出6期。

晚上，上海大学学生会执行委员举行常务会议，讨论关于将上海大学改名为国立中山大学事宜。会议决定再函请国民党中央执行委员会从速派员会同本校校务行政委员会及本会协议一切，以期改校事早日实现。会议还决定在汪精卫来沪后开慰劳大会，并请其对上海大学改名中山大学之事发表意见。（《上大学生会委员》，《民国日报》1925年4月

28日）

四川旅沪各团体在上海大学第二院召开建立"淞沪四川各团体反对川战大同盟"筹备会议。上海大学四川同学会等20多个团体参加了会议。会议决定于5月2日召开成立大会。（《淞沪川团体组织反对川战大同盟》，《申报》1925年4月28日）

4月28日

安徽南陵旅沪同乡会假座上海大学召开本学期第一次常会，到会者有数十人。（《安徽南陵旅沪同乡会开会》，《申报》1925年4月30日）

是月

李春涛①应上海大学社会学系教授瞿秋白和施存统邀请，到上海大学作题为"殖民政策"的演讲。（中共潮州市委宣传部、潮州市社会科学界联合会编：《潮州红色文化名人》，羊城晚报出版社2019年版）

按：《民国日报》副刊《觉悟》先后于4月20日、23日、28日、30日，5月5日、6日、8日、9日、12日、14日、19日、26日、27日分13次刊登了这篇演讲稿，发表时题记"李春涛（上海大学）"。

5月

5月1日

第二次全国劳动大会在广州召开。大会成立了中华全国总工会，选举林伟民、刘少奇、苏兆征、邓中夏、王荷波、刘华等25人为中华全国总工会执行委员。第一届执行委员会议，选举林伟民为委员长，刘少奇、刘文松为副委员长；邓中夏为秘书长兼宣传部部长，李启汉为组织部部长，孙云鹏为经济部部长。总部设广州，上海设办事处。中国劳动组合书记部撤销。（中共上海市委党史资料征集委员会编：《中共上海党史大事记（1919.5—1949.5）》，知识出版社1988年版）

中华全国总工会党团委员会成立，邓中夏担任党团委员会书记。（冯资荣、何培香编著：《邓中夏年谱》，中国文史出版社2014年版）

5月2日

郭沫若在上海大学作题为"文艺之社会的使命"的演讲。

按：《民国日报》副刊《文学》第三期（5月18日）刊登了这篇演讲稿。发表时题记："郭沫若讲，李伯昌、孟超合记"，文末署日期为"五月二日"。

晚上7时，上海大学平民学校举行纪念五一劳动节大会，学生和家属共500多人参加

---

① 李春涛（1897—1927），广东潮州人。国民党左派。东京早稻田大学经济科毕业。1927年4月27日被国民党反动派杀害。

了大会。朱义权主持会议，恽代英、侯绍裘、杨洵、向警予、林钧、丁显等先后发表演说。（《上大平民校消息》，《申报》1925年5月3日）

晚上7时，上海大学女同学会在校内召开成立大会。丁镜娟担任大会主席，报告了女同学会筹备的经过。教师恽代英、韩觉民和来宾向警予等参加了大会并发表演说。大会选出黄淑声、李咏、何沁石、丁镜娟、孔德沚、刘剑冰、吕全贞、张劲我、王秀清、李镜蓉、陆望之、丁郁为委员。（《大女同学会成立纪》，《民国日报》1925年5月3日）

5月4日

下午4时，国民党上海大学第四区第二十二分部成立大会在上海大学中学部召开。到会有20多人。会议由上海大学中学部的国民党员沈观澜[①]主持，国民党区党部代表朱义权发表演说。沈观澜、高尔柏、秦治安当选为执行委员，朱宝栋、汪惟勋当选为候补执行委员。汪惟勋、何子培、沈观澜先后发表演说。（《国民党又成立两分部》，《民国日报》1925年5月5日）

按：台北中国国民党中央委员会文化传播委员会党史馆藏有"国民党上海第四区党部石克士致胡汉民函"，称："昨日所谓上海大学原定为第二区分部一节，似可改为第四区分部为宜矣。"（环龙路档案09991）原件只署"二十五日"，年月不详。台北中国国民党中央委员会文化传播委员会党史馆又藏有"上海大学党员[②]名单"一件，具体人员为：沈观澜、高尔柏、秦治安、庞琛、刘从文、何子培、童玉堂、陈虞书、汪惟勋、来燕堂、周传鼎、包焕赓、覃泽汉、赵振寰、赵振麟、朱宝栋、张际镛。（环龙路档案10797）原件没有署明日期。

5月5日

上海大学召开纪念马克思诞辰107周年大会，恽代英发表演讲。（李良明、钟德涛主编：《恽代英年谱》，华中师范大学出版社2006年版）

5月7日

上海大学四川同学会，在校内第二院召开第四次执行委员会。会议决定文书何成湘辞职，由叶学纯递补；交际余泽鸿离沪，由胡国隆递补。推举程源希、杨达为代表出席淞沪川籍各团体反对川战大同盟会议；推举叶学纯为代表参加对日外交市民大会所发起的五九国耻纪念会。（《上大川同学开会》，《民国日报》1925年5月10日）

5月8日

中共上海地方执行委员会召开会议。会议讨论了上海大学支部提出的提案，即上海大学"得金佛郎案之款五十万元问题"，认为"学校事业固能用国家之款，但我们是用自己之款，领款并不是不反对金佛郎案，用不着去感谢法领之态度"。会议作出了"领受此款"的决议。会议还研究了"整顿上大问题"，议决："教员请假与中央调入二种理由，现在无完

[①] 即沈志远。下同。
[②] 指国民党。

善之办法,留待下半年再议。保留原案。"(中央档案馆、上海市档案馆:《上海革命历史文件汇集(上海区委会议记录)一九二三年七月——一九二六年三月》,1989年10月)

按:金佛郎案又称"金法郎案",是北洋政府时期重要金融事件之一。因为第一次世界大战法国物价膨胀,使得佛朗贬值,其实际价值仅为其纸面含金量的1/3。为了确保自己的利益不受损失,1922年,法国提出将庚子赔款之未付部分退还中国,用于偿还中法实业银行基金,发展中法教育事业,代偿中国政府应缴中法实业银行未清股本,及清结中国政府欠中法实业银行各款,但所有这些用款,均以金佛郎计算。所谓"金佛郎",是指实行金本位的纸币。当时中国银币1元值8佛郎有余,而如果以其含金量牌价换算,则只值2佛郎70生丁左右。如果按照法方要求,以金佛郎付款,中国将要损失6500万元之多。名义上是法国向中国退还庚子赔款,实际是为了法国的利益,将佛郎贬值的损失转嫁于中国,中国不仅未得好处,反要向法国付出一大笔钱。

5月9日

晚上7时,上海大学平民学校在校内举行国耻纪念会,师生和来宾300多人参加了会议。教务主任韩步先主持了会议。来宾和教职员代表发表了演讲。(《各方纪念国耻之续讯·上大平校》,《申报》1925年5月11日)

5月10日

下午,上海大学在校第二院举行追悼胡景翼大会,到会者300余人。代理校长邵力子主持了大会,并介绍了开会的宗旨,学生丁显介绍了胡景翼传略。邵力子发表了演讲。在演讲中邵力子说:"本校已定加入上海各团体筹备之追悼胡公大会。今日又先单独举行,一因胡公对于本校深表同情。二因胡公足为青年学生模范,今日诸君皆思打倒强权,摒除障碍,胡公幼年即有志于此,确定革命方针,且以读书与革命二者融合为一,成就今日之伟业,他在幼年时,愤强权侵略,即画鹰日而射击之,此种精神很值得我们青年效法。三因上海方面对胡公尚多误解,吾人固反对军阀,但同时亦需要有主义之革命军人,胡公实为军人之有主义而又能实行主义者。"(《上大追悼胡景翼》,《民国日报》1925年5月12日)

按:胡景翼(1892—1925),字笠僧,又作励生,陕西富平人。著名爱国将领,杰出的民主主义战士。1917年护法战争期间加入于右任在陕西组织的靖国军,任第四路司令。1924年10月与冯玉祥、孙岳联合发动北京政变,迫使曹锟下台,电邀孙中山北上共商国是。后与冯玉祥、孙岳联合组织国民军,任副司令兼第二军军长。11月,任河南军务督办。在任时,对中国共产党的活动多有回护。曾邀请李大钊到河南,共商革命大计,为国共在河南的合作奠定了基础。1925年4月因旧病复发不治在开封逝世,年仅34岁。

《民国日报》刊登《上海大学今日追悼胡笠僧·革命健者 协助良朋》的消息,称:"追悼胡公有两种意义:一是公的方面,胡公虽是军人,他与普通军阀不同,他是信仰主义奉行主义的革命军人。他去年把曹、吴推倒,即请孙先生到北京,今年到河南第一步既使教育基金独立,又提倡工人组织工会,简直是实行革命主义。他今死了,就是革命队里失去一员健将,在这方面是追悼革命健者。二是私的方面,该校校长于右任先生任靖国军总司令时,笠僧为其部下。笠僧在时,对于该校常为友谊帮助,他今逝世,就是该校失去了一个协助的朋友,所以在这方面,是追悼协助的良朋。"

5月11日

《民国日报》刊登《华德博士在上大演讲·今日起共四天》的消息,称:"华德博士,为美国著名之社会学者,此次来华,在北京、广东各大学均曾讲演,沪上各校亦多请往演讲。惟博士颇愿作一比较有系统的讲演,适上海大学亦以此为请,遂定今日起在该校接连演讲四天,对于社会科学及社会问题为有系统之讨论。"

按:5月15日《民国日报》刊登的《华德博士在上大演讲纪》称:"博士演讲时,听者甚众,室内坐满外,门外尚立百余人。十一日、十二两日演讲时,大雨不止,门外立听者衣履尽湿亦不顾。"

5月15日

上海内外棉七厂的日本资本家枪杀带领工人冲进工厂要求复工的工人、共产党员顾正红。(中共中央党史研究室著:《中国共产党的九十年(新民主主义革命时期)》,中共党史出版社、党建读物出版社2016年版)

5月16日

晚上7时,上海大学平民学校召开学生会成立大会。参加大会的学生和教员有300多名。会议选举了学生会委员和候补委员。教员林钧、朱义权、丁显和学生黄凤祥、王金德在会上发表了演讲。(《上大平校成立学生会》,《民国日报》1925年5月18日)

5月17日

下午3时,上海学生联合会在西门大吉路会所开第一届执行委员会,上海大学代表参加了会议,并当选为常务委员。(《上海学生会第一届执行委员会纪》,《申报》1925年5月18日)

5月18日

国民党第四区第二十四分部在上海大学平民学校召开成立大会,到会的国民党员有50多人。上海大学平民学校因加入国民党人数众多,经呈请国民党上海执行部批准,建立国民党第四区第二十四分部,是国民党在上海大学平民学校新设立的组织。由区党部代表、上海大学平民学校教员朱立权担任会议主席。(《国民党区分部消息》,《民国日报》1925年5月21日)

5月19日

中共上海地委和共青团上海地委召开宣传联席会议。中共上海地委书记庄文恭报告了日本资本家枪杀顾正红等工人的问题。会议决定公祭顾正红,召集学生开代表会议,由

梅电龙任总指挥。(中央档案馆、上海市档案馆:《上海革命历史文件汇集(上海区委会议记录)一九二三年七月——一九二六年三月》,1989年10月)

5月20日

上海大学所办刊物《南语》出版。

按:《南语》创刊于何时不详。从现仅存在上海图书馆一册的内容来看,应为上海大学广东琼崖(今海南省)籍的学生主办。该册期数不明,标注出版日期为1925年5月20日。

5月23日

下午2时,上海学生联合会召开第三次代表会。上海大学、同文书院等九校代表出席。由于出席会议人员不足法定人数,因此会议决定只讨论而不表决。将重要议案送请各校代表函复,以凭取决。上海大学学生刘一清担任会议主席,上海大学另一名学生郭伯和出席会议并作了发言。(《上海学生会之代表会议》,《申报》1925年5月24日)

下午4时,上海大学女同学会召开临时紧急会议,丁镜娟、丁郁、黄胤等八人到会。会议决定:通电慰问北京受伤学生,及联络全国一致声讨北京政府司法总长章士钊;派代表赴上海小沙渡慰问工友及参加同胞雪耻会;24日全体会员赴浜北致祭被杀工友顾正红并送挽联。(《上大女同学委员会》,《民国日报》1925年5月24日)

5月24日

上海大学师生参加上海内外棉厂工会在潭子湾召开的顾正红烈士追悼大会。到会人员达1万多人。恽代英发表演讲。(李良明、钟德涛主编:《恽代英年谱》,华中师范大学出版社2008年版)

上海大学平民学校的队伍途经租界,带队的朱义权、赵震寰、韩步先、江锦维四人及文治大学的两名学生被租界当局逮捕,并决定30日在会审公堂进行审讯。(《学生被捕案候日领堂期审讯》,《申报》1925年5月26日)

5月27日

上海大学学生社团孤星社致函汪精卫,称孤星社以研究学术、宣传主义为宗旨,发行旬刊《孤星》。现在已出九期,每期销数在三千册以上,每月刷费及邮递费等在六十元左右。因经费困难,故函请汪精卫转饬国民党本部,每月津贴三十元,用于《孤星》出版。(台北:中国国民党中央委员会文化传播委员会党史馆环龙路档案11630.1)

下午3时半,恽代英在同德医学专科学校召集上海大学、大夏大学、文治大学等校的32名学生代表开会,会议通过印发和宣言,揭露帝国主义的暴行;募捐救济工人;营救被捕的上海大学学生等三项决议。(李良明、钟德涛主编:《恽代英年谱》,华中师范大学出版社2006年版)

5月28日

中共上海地方执行委员会召开会议,蔡和森、恽代英、李立三、郭景仁、梅电龙、黄正厂等出席。黄正厂在发言中说:上海大学被捕学生后援会召开全体会议,组织了60人,由侯绍裘任总指挥,随时可出发演讲。(中央档案馆、上海市档案馆:《上海革命历史文件汇集(上海区委会议记录)一九二三年七月——一九二六年三月》,1989年10月)

下午,国民党上海执行部恽代英、李立三等召集宣传委员会议,要求学生和工人团结一致举行反帝示威。于次日由学生代表偕同工人代表至各校报告日人虐杀工人之经过,决定30日停课,上街演讲。(中共上海市委党史资料征集委员会编:《中共上海党史大事记(1919.5—1949.5)》,知识出版社1988年版)

晚上,中共中央召开紧急会议,陈独秀、瞿秋白、彭述之、蔡和森、恽代英、李立三等参加了会议。会议讨论通过了《扩大反帝运动和组织五卅大示威》的决议。(中共上海市委党史资料征集委员会编:《中共上海党史大事记(1919.5—1949.5)》,知识出版社1988年版)

按:根据上海大学学生黄旭初的回忆,他作为上海大学的代表参加了这次会议,并作了发言,介绍了有关情况。(黄旭初:《我在上海大学的一段经历》,《20世纪20年代的上海大学》,上海大学出版社2014年版)

5月29日

晚上,上海学联各校代表在南市召开会议。到会的有100多所大中专学校的200多位代表。会上对30日的示威和演讲活动作了具体安排,并对各校学生演讲活动所分担的马路地段作了规定,其中从云南路口到马霍路,由上海大学、上海大学附中、大夏大学担任。(李良明、钟德涛主编:《恽代英年谱》,华中师范大学出版社2006年版)

5月30日

上海大学四名学生韩步先、赵振寰、朱义权、江锦维被租界当局逮捕案,在第二刑庭审理。结果判江锦维具结开释,韩步先、赵振寰、朱义权三人各交100元保,候并案讯办。(《两大学学生被拘案续志》,《申报》1925年5月31日)

上海各界学生在公共租界各要道进行反帝宣传,约3 000名学生汇集到南京路示威演讲,揭露日本人枪杀中国工人顾正红、学生被租界当局逮捕的真相。上海大学师生是这次运动的中坚力量,共组织了38个演讲队在南京路演讲。下午4时左右,南京路老闸捕房的巡捕,悍然向聚集在南京路上的人群开枪射击。上海大学学生、共产党员、共青团上海地方委员会组织主任何秉彝,共青团员、同济大学学生尹景伊,南洋附中学生陈虞钦,华洋电话接线生唐良生,东亚旅馆厨工陈兆长,洋务职工朱和尚,味香居教门馆伙友谈金福,新世界职工邬金华,大中华电器公司工程部主任石松盛,陈发昌包车行车匠陈兴发,裁缝王纪福,谋得利琴行漆工姚顺庆,洋货商人徐落逢等13人牺牲,伤者无数,造成"五卅"惨

案。(中共上海市委党史资料征集委员会编:《中共上海党史大事记(1919.5—1949.5)》,知识出版社1988年版)

　　按:上海大学学生、共产党员何秉彝因抢救无效于5月31日下午在上海仁济医院去世。

　　下午3时许,学生、工人、中小商人数千人涌向上海总商会集会、演说。群众要求罢市,并推向警予、沈泽民、郭尘侠等向总商会要求赞助罢市。上海总商会迫于群众压力,同意下令总罢市。(中共上海市委党史资料征集委员会编:《中共上海党史大事记(1919.5—1949.5)》,知识出版社1988年版)

　　晚上,中共中央召开紧急会议。到会的有陈独秀、蔡和森、李立三、恽代英、王一飞、罗亦农、张国焘。李立三汇报了工人情况,恽代英汇报了国民党上海执行部的情况等。会议决定组织行动委员会,建立各阶级的联合战线,发动全市实行罢市、罢工、罢课,坚决反抗帝国主义的大屠杀。并议决第二天组织工人、学生至上海总商会呼吁罢市。(中共上海市委党史资料征集委员会编:《中共上海党史大事记(1919.5—1949.5)》,知识出版社1988年版)

　　晚上,在各总工会联席会议上,宣告上海总工会公开办公。李立三任委员长,上海大学附中学生、共产党员刘华任副委员长兼第四办事处①主任,刘少奇任总务科长②。(胡华主编:《中共党史人物传(第7卷)》,陕西人民出版社1983年版)

　　按:邓中夏在《中国职工运动简史》中写道:"于是光芒万丈的明星——上海总工会便于当晚出现了。"

　　《申报》刊登《昨日学生演讲之大风潮·死七人伤十余人》的消息,称上海学生会召开临时会议。上海大学学生刘一清、陶同杰等20余人参加了会议。会议作出决定,要求当局立刻释放被捕学生及工人,缉拿凶手抵命,负责医治受伤学生。

5月31日

　　《民国日报》刊登《昨日南京路之大惨剧》的消息,称上海大学、法政大学、东亚医大、同济、南洋、同文等学校代表十余人,齐赴霞飞路交涉公署请愿,向租界当局提出八项要求:立即释放被捕学生;凶手须偿命;医养受伤学生;租界当局向中国政府及各学生道歉;抚恤及赔偿;对于国民爱国运动不得制止;向纱厂交涉,允许工人要求;各报自由登载新闻等。

是月

　　上海大学代理校长邵力子因受租界当局迫害,离开上海大学,赴广州黄埔军校任职。(全国政协文史和学习委员会编:《回忆邵力子》,中国文史出版社2016年版)

---

① 即沪西区。
② 相当于秘书长。

受陈独秀派遣,上海大学学生、共产党员薛卓汉、徐梦秋自上海到安徽安庆,创立共青团安庆特别支部,由徐梦秋任支部书记。(中共江苏省党史工作委员会、江苏省档案馆编:《中共江苏党史大事记(1919—1949)》,中共党史资料出版社 1990 年版)

6月

6月1日

上海大学今日起罢课。据报道,学校组有临时委员会分股办事,"校内秩序甚佳"。(《五卅运动·各界合作之会议情形·上海大学》,《民国日报》1925 年 6 月 4 日;《公共租界罢市之第三日·上海大学昨日之消息》,《申报》1925 年 6 月 4 日)

6月2日

下午 2 时,上海大学、复旦大学等 35 所学校在西门省教育会参加各校教职员联合会,讨论外人惨杀学生事。到各校代表 100 余人,上海大学韩觉民报告了会议召集经过情形。会议推举了临时执行委员会 10 人主持一切,上海大学韩觉民当选委员。(《教职员联合会开会》,《申报》1925 年 6 月 3 日)

下午 2 时,文治大学与上海大学教职员在江苏省教育会开联席会议。(《文治上大两校今日开教职员会议》,《申报》1925 年 6 月 2 日)

《申报》刊登《学生何秉彝之哀讯》,介绍了五卅运动中死难的上海大学学生何秉彝的简历,称何秉彝君个人于学无所不窥。此次加入运动,实秉其好学爱国、拥护人道之热情。报道又称,上海大学、旅沪四川彭县同乡会、上海大学四川同学会、上海大学学生会、社会科学读书会等团体共同发起成立何秉彝烈士治丧委员会。

《申报》刊登《何秉彝死后消息》,称:何秉彝"尸首尚停验尸公所。现已有上大四川同乡会、旅沪四川彭县同乡会、上大学生会、社会科学读书会、上海大学五团体,假上海大学第二院开联席会议,筹商身后问题,因合组一何秉彝烈士治丧委员会"。

6月3日

《民国日报》《申报》刊登上海大学学生会致全国各学校各团体暨各界人士电,称本校于 6 月 1 日起实行罢课,誓达惩凶雪耻之目的。还望全国各界一致响应,实所至盼。

上海大学四川同学会发出为烈士何秉彝惨遭英人枪杀泣告全国同胞书,称:"帝国主义之铁骑已践吾土而入吾室矣,沉沉酣梦,何时可醒?其速协力同心,为自身生存而奋斗,为国家存亡而牺牲!同人等痛何君之惨死,情急义愤,至希我爱国同胞,继起努力。"(中共"一大"会址纪念馆藏件,见《20 世纪 20 年代的上海大学》,上海大学出版社 2014 年版)

下午 3 时,江苏省教育厅等部门代表周挺初来到上海大学对师生表示慰问。(《五卅运动·各界合作之会议情形·上海大学》,《民国日报》1925 年 6 月 4 日)

上海大学全体学生参加上海70余校与各团体约10 000余人在闸北沪军营的旷场召开的"六三"纪念大会。上海大学学生刘一清主持了大会。刘一清在报告中说,今日为"六三"纪念,吾人追念过去,而且前南京路又发生惨剧,各界已不得已而罢业。坚持到底,终可得到胜利。尚祈严守秩序,并勿再至租界集队,以免无谓牺牲。(《昨日纪念六三之大会》,《申报》1925年6月4日)

为开展"五卅"运动的宣传,上海学术团体对外联合会主办的《公理日报》创刊,郑振铎、叶圣陶、胡愈之、沈雁冰等参加编辑。报头由叶圣陶题写。该报得到商务印书馆党小组的关心和支持。(中共上海市委党史资料征集委员会编:《中共上海党史大事记(1919.5—1949.5)》,知识出版社1988年版)

《申报》刊登《关于伤亡者之消息·同仁辅元堂收殓学生》的消息,称上海大学学生何秉彝遗体"准由各同学及同乡备棺收殓"。

6月4日

上海公共租界保卫团司令官戈登上校(W. F. L.)致函工部局警务处,称:"今晨须将西摩路132号上海大学安顿海军陆战队。应于上午10时前所有学生离开该校,要足以安置100名水兵的住宿,请给予安排。本月2日晚该校学生袭击了商团团员,故对他们进行搜查武器。"(上海市总工会、上海工人运动史料委员会编:《五四运动六十周年纪念集》,1985年印)

按:戈登任租界保卫团司令,1925年6月2日,上海公共租界工部局总办鲁和给各处通令,称:"1925年6月1日布告已宣布紧急状态,自即日起任命万国商团司令W. F. L.戈登上校为租界保卫团司令,直至解除紧急状态。"(上海市总工会、上海工人运动史料委员会编:《五四运动六十周年纪念集》,1985年印)

上午9时半,英租界工部局派遣巡捕、万国商团、海军陆战队共100多人占领上海大学,殴打并驱逐学生,并将上海大学查封。(《上海大学昨日被散解·学生被驱出校,由美水兵驻守》,《民国日报》1925年6月5日;《公共租界罢市之第四日·捕房搜捕案两起·上海大学被捕房解散》,《申报》1925年6月5日)

按:从上海公共租界工部局档案可见,在戈登于6月4日致工部局警务处函件有署名"马丁"的"旁批",称:"上述任务已于9时半按时执行。西摩路西边的大楼和住宿区的学生都已离开,并搬走了他们的行李等物。大楼的两处现由美国水兵站岗。没有搜到武器,但抄到大量布尔什维克的革命宣传品。"(上海市总工会、上海工人运动史料委员会编:《五四运动六十周年纪念集》,1985年印)

上海工商学联合会成立,上海大学学生林钧、郭伯和被选为工商学联总务委员,阳翰笙任文书。(中共上海市委党史资料征集委员会编:《中共上海党史大事记(1919.5—1949.5)》,知识出版社1988年版)

中国共产党为及时指导群众反帝运动,创办第一份日报《热血日报》,由瞿秋白任主编。(中共上海市委党史资料征集委员会编:《中共上海党史大事记(1919.5—1949.5)》,知识出版社1988年版)

按:上海大学教授沈泽民、郑超麟、何味辛参加了《热血日报》的编辑工作,张伯简参加了报纸的发行工作。(郑超麟著:《郑超麟回忆录》,东方出版社1996年版)

针对租界当局出版的《诚言》报对五卅运动竭尽诬蔑歪曲之能事,上海学联出版了《血潮日刊》,来与《诚言》报作针锋相对的斗争,报道学生参加五卅运动的情况。(上海市青运史研究会、共青团上海市青运史研究室编:《上海学生运动史》,学林出版社1995年版)

按照中国共产党的决定,韩觉民、沈雁冰、侯绍裘、沈联璧、杨贤江、周越然、叶圣陶、丁晓先、董亦湘、刘薰宇等30余人发起成立上海教职工救国同志会,从事根本救国运动。提出参与各种救国运动,加入上海工商联合会,辅助学生组织,联络全国教职员一致行动,与官厅交涉"五卅"善后事宜等。(中共上海市委党史资料征集委员会编:《中共上海党史大事记(1919.5—1949.5)》,知识出版社1988年版)

按:沈雁冰在回忆中说:"这个会主要是上海大学、景贤女中、爱国女校、立达中学等学校的教职员组成,其成员许多是共产党员,也有无党派但而当时赞成反帝的知名人士如叶圣陶、周越然等,立达中学的教职员则多是进步的知识分子。"(茅盾著:《我走过的道路》,人民文学出版社1981年版)

6月5日

上海大学学生会向全国发出通电,称:"似此凶暴无理之行为,横施于吾国领土之内,实为吾民族之奇耻大辱。除向交涉员报告,请其提出严重抗议并要求赔偿损失外,谨希全国同胞,一致奋起。"(《捕房武装解放学校·上海大学由海军把守》,《民国日报》1925年6月6日)

《民国日报》刊登《上海大学通告》,称上海大学现暂借华界西门方浜桥勤业女子师范为临时办事处,并定于五号在办事处开教职员会,讨论一切处理方法。

《民国日报》《申报》刊登《上海大学学生会启事》:由于上海大学被捕房武力解散,校学生会暂移至西门沪军营亚东医科大学继续办公。

《热血日报》刊登《各国海军占领上海大学》的消息,称:上海大学首先被封,各学校亦将同样搜查;学生完全被驱逐出校,一切文件散失无存;上大为外国海军陆战队所驻。报道还称:"此等野蛮行为,全同寇盗,闻尚将波及其他学校。据深知内幕者言,盖为彼辈预定之计划,以为如此,便能扑灭风潮,实在愚不可及。"

上海大学在老西门临时办公处召开教职员会议,学生会也派代表两名出席。会议由陈望道主持。会议决定由陈望道、施存统起草宣言,向社会报告上海大学被租界当局查封经过;向当局发出交涉函;租借房屋,安顿学生;向租界当局交涉,要求赔偿损失并道歉。

会议还决定今日下午1时,在小西门少年宣讲团开教职员、学生全校大会。(《本埠学界昨日情况·上海大学被封后之会议》,《申报》1925年6月6日)

下午3时,上海各校教职员联合会在江苏省教育会开会。韩觉民报告了上海大学被租界当局查封的经过情况。会议以学校为单位选举了执行委员,上海大学等15所学校当选。(《教职员联合会昨日开会》,《申报》1925年6月6日)

上海各界妇女联合会在西门勤业女子师范学校召开成立大会。到会的有妇女运动委员会、女界国民会议促进会、上海大学女同学会、大同大学、大夏大学等团体及学校代表80余人。宋庆龄、沈仪彬也出席了大会。大会推举了钟复光为主席。该会主任委员向警予作报告,提出对外人惨杀同胞宣言,有要求撤退外国武装、释放被捕同胞、惩凶道歉、赔偿损失、收回租界、保障公民自由等12条内容。(中共上海市委党史资料征集委员会编:《中共上海党史大事记(1919.5—1949.5)》,知识出版社1988年版)

6月6日

下午2时,上海大学校长于右任在西门少年宣讲团召集上海大学教职员及全体学生开紧急大会,讨论学校被封后及对此次惨案之计划。到会人数达160多名。在会上,于右任校长发表讲话说:我在河南闻上海发生惨杀学生工人之大事变,故星夜赶回,将努力参加此次反抗运动。不特救济本校学生,且将援助市民之斗争。上海大学此次首先被封,正因上大反抗强暴之外人统治最勇猛。同学中切不可因学校被封而趋消极,盖吾校学生实最早提出反对帝国主义及取消不平等条约之口号,遂受过激之诬。殊不知此乃国民党代表全国国民之正当要求,凡中国国民均当赞成,否则并中国人之资格,亦丧失矣。吾人当以此义广为宣传,使一般民众咸能努力参加运动,达到解放中国人之目的。接着,总务长韩觉民报告学校被封经过,学生会代表贺威圣也在会上发言。会议决定组建上海大学临时委员会,由教职员方面推出三人,学生方面推出四人为委员。经过选举,施存统、韩觉民、侯绍裘、秦治安、韩步先、朱义权、贺威圣等7人当选为委员。会议还决定发表宣言,呈交涉署请速交涉;决定学生留沪不散,另租校舍重整旗鼓。(《上大校长于右任到沪》,《热血日报》1925年6月7日)

按:1925年6月7日的《民国日报》《申报》以《上海大学集议善后》为题作了相同内容的报道。

《民国日报》刊登《于右任论"五卅"案》的消息,上海大学校长于右任对上海五卅惨案发表意见,称:"租界捕房对于请愿之学生,竟开枪轰击,死伤十余人。时非戒严,案非军事,来者为徒手学生,目的为请愿释囚。以其动机论,学生扶助工人,亦为人类互助应有之事,无罪可言;以其手段论,则游行请愿,固不能加害于捕房,试问租界捕房,准何理由,据何权限,有何必要,而能开枪杀人乎?上海此案,蹂躏人道,为世界稀有之暴举,是以我国民必须诉诸世界舆论,求彻底之申雪,想凡主持正义之各国人,亦必能同情于我也。"

《民国日报》《申报》刊登《上海十团体为上海大学解散通电》，称上海市民公学等十团体为援助上海大学解散事，向全国发出通电："上海南京路惨杀同胞，连日屡见。噩耗传来，全埠震惊。捕房此次事变，归咎于学生之游行演讲。姑就其说而论，则连日学生已不复至租界演讲，何以市民之流血者，仍迭有所闻？杨树浦之事，其尤甚也。今上海大学之学生，安居校内，未尝在外，且以武力解散闻矣！诸公若不急谋对付，严重交涉，则亡国之祸，即在目前！临电悲泣，心血如焚。"

上海大学校长于右任致函新任江苏特派交涉员许沅：称："此次五月三十日之风潮，敝校学生，只与沪上各校同出于爱国心切，和平讲演，以期唤醒国民。始终严守秩序，绝无越轨行为。不意捕房妄施摧残，酿成公愤。此事尚在交涉之中，乃捕房犹不悔祸，顽强到底，复迁怒本校，任意搜检，逮捕职员，殴辱学生，并强占校舍。身体居住之自由，横加侵犯，置公理法律于不顾，实属无理已极。用请执事迅向领团交涉，转饬捕房，立将驻兵撤退，赔偿一切损失，并向敝校道歉，以张公理而维主权，是所至祷。再敝校损失究有若干，候英兵退出后，始能详查续陈，合并声明。专此即请外交部江苏交涉使许台鉴。"（《租界学校被干涉讯·于右任函报解散上大情形》，《申报》1925年6月7日）

6月7日

上海大学全体教职员学生发出宣言，称："五月三十日南京路捕房借端枪杀学生十余人的事件，为上海有租界以来未有的惨剧，即使以后各日事实上不再有每日惨杀多人的行为，也够使我们对于英租界的毒辣手段十分地寒心了。不料连日的惨杀，他们还以为未足，必要进而调动兵队。兵队到了，他们借端搜查，便又占领了国人创办的学校。"宣言详述了上海大学被租界当局占领的经过。宣言最后称："本大学现已到了转换忍受态度为奋斗态度的时候了，对于中外特行郑重申明：凡本大学以前所受的搜查判决，全系特势压伏反乎实情。本大学所主张的打倒帝国主义，完全基于自由思想结果、民族图存的必需，并非受任何特殊主义的影响。本大学永远认强权不就是公理，凡为学术思想起见，无论如何的淫威来压迫自由，如何的黑暗侵袭独立，断然师生合作一起，努力与抗，决不退让。特此宣告。"（《武装解散学校讯·上大全体宣言》，《民国日报》1925年6月8日）

《申报》刊登《昨日学界方面之形势·上海大学》的消息，称上海大学被封后，一部分学生即迁住校长于右任家中，席地而居。于右任夫人黄绡艾女士筹洋200元，维持该生等目前生计，并致电于右任，促其回沪，共商善后。

上午9时，上海大学学生会临时委员会在西门农坛小学校召开第一次会议。35人参加了会议，朱义权主持。会议内容如下：一是由贺威圣报告艺术师范学校出借宿舍之事。二是讨论学生会的经济问题。三是由学校通函各同学家庭报告此次事变经过和学校继续开办情形。四是学校方面已发出宣言，学生方面亦当发一宣言。五是由交涉署向公廨交涉撤销控案，未撤销前仍去候审。六是援助被捕同学问题。七是调查部调查死伤被捕同

学状况和本校被解散后同学四散状况及损失财物确数。八是出版《上大五卅特刊》。(《上大学生紧要会议》,《热血日报》1925年6月9日)

上海工商学校联合会提出同帝国主义交涉的17项条件,推选上海总工会李立三、全国学联林钧以及上海学联梅电龙等四人为交涉条件的审查员。(中共上海市委党史资料征集委员会编:《中共上海党史大事记(1919.5—1949.5)》,知识出版社1988年版)

全国学生总会派出各校学生分八路出发,向全国各省宣传上海五卅惨案真相,并向全国各界同胞募捐,来援助工人学生及抚恤死伤者之用。上海大学附中学生朱义权被安排在沪杭甬路线;上海大学学生钟复光被安排在"长江流域"。(《学界昨日情况·学生总会各省宣传员昨日出发》,《申报》1925年6月8日)

按:临出发之前,向警予找钟复光谈话,要她在一路上除宣传五卅惨案真相的同时,还要把上海妇女界情况向外地作宣传。钟复光一行先后到了南京、芜湖、安庆、九江、武汉、长沙、宜昌、沙市、重庆等大中城市演讲。她每到一个地方,就组织当地的学生会和妇女界召开大会。她在大会上进行演讲,由于演讲过多,过于激动,以至痰中带血。一直到8月初,历经两个月的时间,才完成任务回到学校。(钟复光:《我在五卅斗争中的宣传活动》,上海市总工会、上海工人运动史料委员会编《五卅运动六十周年纪念集》,1985年印;钟复光:《回忆上海大学》,王家贵、蔡锡瑶编著《上海大学(1922—1927)》,上海社会科学院出版社1986年版)到全国各地宣传五卅运动的上海大学学生,除了钟复光、朱义权以外,还有山东诸城籍学生李宇超、孟超、康生、于达,他们一起赴济南宣传上海反帝斗争形势,继之回到诸城,组织成立五卅惨案后援会,直到1926年才回到上海大学。(中共诸城市委党史研究室编:《中共诸城党史人物传(第1卷)》,齐鲁书社2002年版;李晓光:《怀念父亲李宇超》,《炎黄春秋》2007年第9期)

6月8日

《民国日报》刊登《上海大学通告》、《申报》刊登《上海大学已租定临时校舍》的消息,称:上海大学现已租定西门方斜路东安里18号、29号等房屋为临时校舍,所有教职员办事处及学生办事处统已迁入18号,其余房屋即居住男女寄宿生。西门艺术师范学校亦允腾出一部分房屋,暂假该校居住学生。

《民国日报》刊登《上海大学学生会启事》:"本会现已迁入西门方斜路东安里十八号办事,所有以前暂假之沪军营亚东医校临时办事处即日取消,各同学暨各界如有投寄函件或接洽事务,请直来本处可也。"

6月9日

《民国日报》刊登《于右任论五卅事件·非空言办法能了》的消息,上海大学校长于右任对记者说:"予在河南时即闻上海五卅事件,一到上海,即闻上海大学被封。上海大学前曾屡被租界当局搜查,皆无所得,租界当局之所以独与上海大学为难者,大致不外嫉妒中国国民运动之发展,及正当学术团体之兴盛。此次上海五卅事起,全国一致反抗帝国主义者之侵略暴行,租界当局即以过激为借口,诬陷全国民众并诬陷上海大学。据学生报告,当外兵闯入搜查,在学生寝室搜查衣服、包裹时,手颤不已,盖疑中有炸弹也。偶见书中马克思相片之插图即恨如刺骨,及搜查无所得,则误认讲义、教科书为煽动文字而满载而去。然日本报纸登出情形则谓查出证据,是盖因工部局西人不知华文,日人略能阅读为人翻译,见有陈独秀、施存统等名字,即指为共产党证据。据前日报载,尚有英国共产党在英国开大会之消息,即令真属共产党,在英国尚能公开,而在中国则用此名义到处污蔑,英租界当局其何以自解?于氏最后又对记者谈及此次风潮之解决方法。于氏述其意见,谓国人对于此次风潮,最低度而亦最重要之要求,在获得工人、学生及各团体有在租界发言、行动及宣传之各种自由,若此始足表示中国人尚有几分主人之权,决非道歉、惩凶等空言办法所能了结。"

按:6月23日出版的《上大五卅特刊》第二期在"校闻"一栏中刊登"于校长关于本校之谈话",称日前某报记者往谒于右任氏于其私邸,时宾客满座,于氏正高谈此次沪上"五卅"事变与上大被封事。称:"余当上海大学一周年纪念介绍汪精卫氏演讲时,曾谓上大不比其他学校,希望上大同学,每人都能成为一强有力之炸弹,将来社会上定能发生极大之影响。此次沪变发生,余适在汴,接上大学生会之急电,乃顾谓友人曰:'上大之炸弹果爆发矣!'遂决定回沪一行。盖知帝国主义之爪牙,素嫉上大,必难佳免其蹂躏也。果也,上大竟以被解散闻矣!彼辈之手段,实至可咖!盖彼以为上大一经武力封闭,必当涣散。实则余敢断言,上大愈经阻力,精神愈焕,生命愈永。余此后当力图上大扩大与发展,盖余深信上大在中国实负有极重大之使命也'。"《上大五卅特刊》所载于右任在私邸接受记者采访所谈与《民国日报》6月9日所刊登记者造访于右任寓所所谈是不是同一天、同一批记者,不详。

租界当局会审公廨开始对被捕学生进行审问。原告律师梅兰诉称:"鼓动此次引起扰乱之学生或学童皆来自过激主义之大学——即西摩路之上海大学。余将向法庭提出证据使法庭知此案表面上为排外与排日,而实际上则纯为过激主义。余于此点将向法庭完全证明。余将就吾人对此大学所知之历史向法庭提出。余将向法庭提出吾人前数日中,当上海大学在此扰乱期间被占领时在该大学所搜得之文件。文件之中法庭将见一寄自德国之信札,盖一完全过激主义之信札也。无知之学童如一旦任其放肆,利用之为过激主义之工具,其为用之佳,固无出其右者。余想法庭对余此言必将同意,此等学生皆无知而自大。彼等自以为大人物,彼奸滑之过激派在此不幸之国家中激起扰乱所用之工具,诚无再较此为佳者。"(《东方杂志·五卅事件临时增刊》1925年第5期)

6月10日

《申报》刊登《公廨审讯之情形·捕房人员之陈述》的消息,称:"老闸捕房西捕头爱活生上堂,禀明出事时之情形。""当时所聚人众约有二千,并非皆属学生,一大部分实系流

氓。瞿景白一名,系于未开枪前六分钟在贵州路逮捕,因其在途专以鼓动风潮为事,实为此中首领。"

按:6月11日《申报》刊登《公廨续审惨案·今日尚须续审》的消息。

6月11日

《民国日报》刊登《上大呈交涉使文》的消息,上海大学校长于右任为租界当局捕解散上海大学事,特致函北洋政府外交部江苏交涉员许沅,请其严重交涉。函称:"查敝校缔造经营,所费不赀,今无故被英兵等恣意蹂躏,侵入驻扎,有形之损失固属不少,而优美之校誉,亦被破坏殆尽。试问该英兵等究奉何人命令,而发命令者究根据何项法律?如此蛮横,中外罕见。除损失确数,俟该英兵等退去,始可调查再行续请要求赔偿损失应暂保留外,所有敝校横被该英兵等强占情形,理合先行迫切报告,请求执事速向该加害之当事严重交涉,立饬将该兵等撤退,赔偿敝校一切损失,并向敝校登报道歉,以申公理而维主权,是为至盼。"下午2时,上海工商联合会在公共体育场举行市民大会,林钧任大会主席,李立三、李鸣钟任大会副主席。参加大会的有各工团、各商界联合会、各学校500余团体,近10万人。会议通过反帝宣言和决议。会后举行反帝示威游行。上海大学学生200余人,于下午1时许到会,"游行时,沿途散发传达宣言,其激昂勇奋之精神,较前尤为焕发"。(中共上海市委党史资料征集委员会编:《中共上海党史大事记(1919.5—1949.5)》,知识出版社1988年版;《被封后之上大学生》,《民国日报》《申报》1925年6月12日)

6月12日

《申报》刊登《被封后之上大学生》的消息,称:上海大学建筑校舍事,其经费已有把握,一个月后即可在闸北宋园实行动工。

《申报》刊登《南京路惨案之昨讯·被告一律具结开释》的消息,庭审判词称:"兹本公堂讯得被告人等,大多数系属青年学子。因日人工厂内工人被杀,在租界内结队演讲、散发传单,本公堂认为无欲暴动之意,且其拘入捕房时间均在发生开枪事件以前。尚有少数被告,讯系马路驻看闲人。被告等着一律具结开释,保洋发还。本埠发生此不幸重案,本公堂甚为惋惜。汝等青年学子具有爱国思想,宜为国珍重,力持镇静,听候解决,是所厚望。"

侯绍裘致信柳亚子。信中说:"上大校舍被据,现已租定宿舍及临时办公处矣①。学生死一人,何秉彝君,为我党②得力同志,甚可惜也。""邵先生极欢迎,上大附中及景贤③均正缺国文教师,无论如何,必有一处借重,堪以预告也。"(原件藏中共"一大"会址纪念馆)

上海大学学生会发布通告:"吾校不幸,横遭解散,数日以来报到同学虽已不少,然尚

---

① 指上海大学校舍被美英等国海军陆战队武力占据封闭,上海大学在老西门租定临时校舍。
② 指国民党。何秉彝是中共党员,同时以个人身份加入国民党。
③ 指景贤中学。

有不知下落者多人。现在本会调查股已着手精密调查,深恐耳目未周,传闻不一,容特登报通告:本吾同学务请速来本会报到,并填写调查表。其有已经回家或因事他往者,亦望赶紧来函通知,毋任盼幸。本会地址:上海西门方斜路东安里十八号。"(《上海大学各系班同学钧鉴》,《民国日报》1925年6月12日)

6月13日

《民国日报》刊登《上海大学学生会紧要通告》:"今因校舍问题须全体同学共同讨论,特定于本星期日(十四日)上午九时开全体大会,凡我同学届时务各莅会为盼。会场在西门方浜桥勤业女子师范。"

6月14日

上午8时,上海大学全体学生在勤业女子师范召开大会,会议通过四项决定:即日由教员与学生双方举出九人,组织募捐委员会;全体学生负责募捐,每人至少20元;每省学生举定队长,督促进行;建议新建校舍先建筑50亩两层中式房,并建筑能容千余人之大礼堂。(《上海大学学生会开会·筹款建筑新校舍》,《民国日报》1925年6月15日)

6月15日

《民国日报》刊登《上海大学学生开会·筹款建筑新校舍》的消息,称上海大学学生于暑期决不离沪,"以便与各界力争沪案最后之胜利"。又称上海大学校长于右任"已允于一月内捐出两万元,并赴各地募集巨款汇沪",上海大学新校舍可于三个月内告竣。

《申报》刊登《上海大学消息》,称:日前有具名"自平子"者,亲赴上海大学学生会捐洋一百元,询其真实姓名,坚不肯答而去。

《上大五卅特刊》第一期出版。校长于右任题写刊名。在本期特刊上,刊登了《何秉彝烈士略传》《本校伤亡及被捕同学一览》等文章。根据统计,上海大学学生在五卅惨案中丧亡和被捕学生达36人(轻伤者不包含在内)。(《上海大学消息》,《申报》1925年6月15日)

按:《上大五卅特刊》系上海大学学生会在五卅运动爆发后创办的特刊。1925年6月15日创刊,共出8期。该刊之宗旨:(一)要以同学研究与活动之所为,说明五卅运动正确之意义,并纠正部分国人之谬误观念;(二)要以五卅运动中同学之努力与贡献报告给社会;(三)要以同学此次参加五卅运动之史实留为母校永久的纪念并以勉励将来。为8开小报,每期4版,内容有论著、时评、演讲大纲、杂感、消息、文艺小品等。(黄美珍、石源华、张云编:《上海大学史料》,复旦大学出版社1984年版)6月17日《民国日报》副刊《觉悟》刊文介绍《上大五卅特刊》,称:上海大学同学所编《上大五卅特刊》,是"根据社会科学的原理,解释'五卅'运动之真正的意义,说明'五卅'运动客观上之必然的原因与结果;同时也是将他们平素所学对于社会的一点贡献。离开民族运动的观点,而要求这次运动的解答,将永远不知道究竟。这刊件也就根据了这点而立论的,避去了外交的和法律的空

谈,因为这不是弱小民族所可享受的权利"。

6月16日

《民国日报》刊登《上大学生会唁汉案电》:"近来帝国主义各国(中略)对于自国或各弱小民族,到处采用强烈之压迫手段,'五卅'惨案,是其对于吾华实行是项最严厉压迫手段之开端,尤日贵埠学生工人,又被残杀无算,同人惊痛之余,益见吾民今后舍拼死奋斗外,实无其他自存之道。特电唁慰,并望努力。"

按:1925年6月11日,汉口市民为声援上海五卅运动举行游行示威,在公共租界遭英国水兵枪击,造成数10人被打死、30余人重伤的汉口惨案。

6月17日

《申报》刊登上海学生会法律委员会的《五卅死亡调查表》,其中有上海大学学生何秉彝的相关情况。

成都学生联合会召集紧急会议,宣布何秉彝在沪遭惨杀之情形。(《成都各界援助沪案之续讯·学生联合会》,《申报》1925年7月8日)

6月18日

上海大学校长于右任呈文国民党中央执行委员会,称五卅惨案后,英人犹不悔祸,复以武力将敝校员生迫散,霸占校舍,此盖弱小民族处此强权世界中应有之事,实非遭际之偶然,亦非侥幸之可以获免。窃念革命之人才,固有赖于革命之教育,而革命之教育,尤非托足于强权者势力范围下可望其成功,故决定在宋园自建校舍,以巩固革命教育之根基,而后徐图发展。但建筑校舍需款甚巨,现据工程师计划,小规模之校舍约需十二万元。务恳贵会竭力设法帮助,俾校舍早观厥成,免使数千学子流离失所,则不独革命之教育得以维持,即吾党革命之前途亦当受不少之帮助矣。贵会究能筹措若干?请即示知,以利进行,是所至盼。(台北:中国国民党中央委员会文化传播委员会党史馆汉口档案7507.1)

6月19日

《民国日报》刊登由校长于右任署名的《上海大学招考男女生》广告。

《申报》刊登《上海大学将自建校舍》的消息,称:"上海大学自被英兵占领后,即设临时办事处于西门方斜路东安里。现该校除已决定自建校舍于闸北宋园,逐日积极进行。"

6月20日

下午2时,上海学生联合会在公共体育场召开大会,上海大学等单位、团体共3 000多人参加了会议。大会由上海大学学生刘一清主持。大会对汉口学生市民惨遭英国人枪杀血案表示声援。会后举行了游行示威活动,沿途散发传单。(《惨案交涉移京后之上海·昨日南市学界工界之游行》,《申报》1925年6月21日)

6月21日

何秉彝父母收到上海大学、上海大学四川同乡会、四川彭县同乡会、上海大学学生会联合发出的信。信中说:"令郎念慈①兹君于五月卅号(又四月初九日)在沪南京路与上海学生一千余人分途讲演,致与英巡捕房用武弹穿背入肺受伤,舁入仁济医院后,以伤重不治,于卅一号午后两钟逝世。同人等与令郎或谊属乡梓,或情在窗砚,惊悉噩耗,实深悲悼,爰组治丧委员会为之办理身后一切事务。令侄绍文君亦在沪帮同料理,且此次事变,死者十数人,令郎奋勇爱国,致遭不幸,固属可悲。而海上必将有空前之追悼,足慰英魂。特此致函贵府,乞勿以死者为念,过于悲痛,庶死者可含笑于九泉也。谨此唁达。"(原件藏中共"一大"会址纪念馆)

按:原信信笺上注明此信为"民国十四年五月初一接",可推断家属收到此信的日期为1925年6月21日。

6月22日

下午3时,上海大学中学部学生会在南市方斜路临时校舍举行会议,研究讨论本学期结束及下学期工作安排问题。(《上海大学》,《民国日报》1925年6月23日;《上海大学近讯》,《热血日报》1925年6月23日)

6月23日

上海大学学生会临时委员会召开全体委员会会议,专门讨论了暑假会务问题,当场推定朱义权、韩步先、吴稽天、陶维、彭习梅、郭肇唐、方山、吕余贞、方卓、江仕祥、姚天羽、张崇德、马凌山、蔡鸿烈等14人,为暑期中负责专员。会议又决定加入上海各团体所发起的外交监督会。(《罢课中之各学校·上海大学》,《民国日报》1925年6月24日)

《上大五卅特刊》第二期出版。(《上海大学》,《民国日报》1925年6月23日;《上海大学近讯》,《热血日报》1925年6月23日)

6月26日

于右任致函张静江并转国民党中央执行委员会,称:"敝校建筑校舍补助费,曾由敝校代表韩觉民先生亲领小洋一万元,其余之数尚未领下。"信函提出上海大学自建校舍"开工在即,需款甚殷,其尚未领下之补助款,请贵会迅催财部拨交侯绍裘先生具领汇沪,以应急需"。(台北:中国国民党中央委员会文化传播委员会党史馆汉口档案7951)

《民国日报》《热血日报》刊登上海大学学生会因"沙基惨案"致广州革命政府电,称:噩耗传来,全埠震动,希速与帝国主义者作最后之抗争。慨自沪案发生,全国民众,敌忾同深,势不可侮,亟宜导其团结实力,作解除积年压迫之企图。我革命政府,素以打倒帝国主义为职志,义旗首举,行见举国民军,环起响应。即全世界被压迫之民族,亦必乘机崛起,

---

① 指何秉彝。

以为声援,吾中国垂毙之国命,其将从此昭苏乎?迫切陈词,敬希立断。

按:为声援上海五卅运动,香港、广州沙面工人于1925年6月21日纷纷离职返回广州。23日,香港罢工工人和广州市的工人、农民、学生、青年军人及其他群众10万余人,在广州召开上海惨案追悼大会,会后举行游行示威。密集的游行队伍路过沙基时,突然遭到沙面租界英国军警的排枪射击,停泊在白鹅潭的英、法军舰也开炮轰击,造成示威群众惨重伤亡。据不完全统计,在这次事件中有50余人被打死,170余人受重伤,轻伤不计其数。沙基惨案发生后,广州革命政府立即照会英、法等国提出抗议,并宣布同英国经济绝交,同时封锁出海口。

中华全国学生联合会第七次代表大会在上海召开,上海代表高尔柏、蔡鸿干、张永和出席会议。中国共产党代表恽代英担任大会党团书记,并在会上作《"五卅"运动后政治形势》报告。大会通过宣言和三个决议案,发出10份电文,确定反对帝国主义及其走狗军阀和废除一切不平等条约为中国学生的历史使命。会议选举上海等9个地区的代表为执行委员会委员。(中共上海市委党史资料征集委员会编:《中共上海党史大事记(1919.5—1949.5)》,知识出版社1988年版)

按:据上海大学学生张崇文回忆,全国第七次学生代表大会"最后选举全国学生联合会执行委员会委员。常务委员也被选出来了,其中有:四川的李硕勋,任总务委员(这个职务不是一般行政事务的,实际上是该会会长)"。(张崇文:《李硕勋同志和全国第七次学生代表大会》,中共广东省委党史研究委员会编《李硕勋》,广东高等教育出版社1986年版)据上海大学学生刘披云回忆,李硕勋是全国第七届学总委员长。(刘披云:《回忆上海大学》,王家贵、蔡锡瑶编著《上海大学(1922—1927)》,上海社会科学院出版社1986年版)据上海大学学生、李硕勋妻子赵君陶回忆:1925年5月,李硕勋"参加'五卅'反帝爱国运动。同年6月,他在上海参与主持召开第七届全国学生代表大会,当选为全国学生联合会会长"。(赵君陶:《忆硕勋》,中共广东省委党史研究委员会《李硕勋》编写组编《李硕勋》,广东高等教育出版社1986年版)

6月29日

《民国日报》刊登《上海大学近讯》,称:上海大学自被英军解散后,一部分同学不得已先自回里,从事内地宣传。现在该校学生会临时委员会以上海学生联合会前日有各校回家学生,应由各该校去函召回之,决议已发专函召回家同学一律来沪。

6月30日

上海召开有20万人参加的追悼"五卅"死难烈士大会,上海大学全体师生参加了这次大会。上海大学学生林钧担任这次大会的总指挥。(中共上海市委党史资料征集委员会编:《中共上海党史大事记(1919.5—1949.5)》,知识出版社1988年版;《五卅死难烈士追悼大会·到会者二十万人》,《申报》1925年7月1日)

7月

7月1日

下午2时,上海大学在艺术师范大学召开全体教职员大会,决定将6、7两个月薪减扣,以维持学校,由自己认定一成至十成均可,并有多人自认减扣十成。(《上大教职员自动减薪》,《民国日报》1925年7月2日)

7月4日

《民国日报》刊登《上海大学》的消息,称:上海大学自西摩路校舍被外兵占领以后,即经组织校舍建筑委员会与募捐委员会,冀于最短时期募款十二万元,赶建校舍于上海市外之宋园。兹由募捐委员会议决,由该校同学分任募捐,并依各省同学人数之多寡,举队长一人以上,负督促之责,每人募款以二十元为最低限度,募得百元以上给予特别纪念品。现募捐册已印就,该校同学在上海者,从今日起自往该校办事处领取捐册开始募捐。

7月5日

《民国日报》《申报》分别刊登上海大学建筑校舍募捐委员会声明,称:"本会现定于七月五日开始募集校舍建筑经费,经募捐款者一律持有本会制定之四联捐册,捐款均由上海银行代收。特此声明。"

7月9日

《晨报副刊》刊登由杨邨人推荐的题为《女健者:上海大学S君的信》的文章。文章真实生动地记载了5月31日下午,上海大学四名女学生在南京路散发传单、劝各商店罢市、遭到外国巡捕无理逮捕被关押旋被释放的经过。文后刊登了杨邨人写于6月12日晚上的读后感,称:我们万分敬佩这次沪案中的上海男女同学们。你看呀,他们的精神何等的勇敢,他们的态度何等的严重!他们只知道抵抗强权,他们只知道一个牺牲,他们不知道什么是性命。他们为正义而死,他们为爱国而死,他们的肉体虽然死,他们的精神永留在人间!同学们呀!"当仁不让,见义勇为",我们起起起,起来援助呵!要知道:亡国奴如丧家狗,国亡之后,读书也无用处呵!

按:《女健者:上海大学S君的信》由上海大学女学生"S君"写于6月7日晚。

7月10日

上海大学行政委员会召开会议,通过《上海大学章程》第二次修正案。(上海市档案馆馆藏,档号:D10-1-38)

《民国日报》刊登由校长于右任署名的题为《上海大学招生》广告。

廖仲恺、邹鲁代表国民党中央执行委员会秘书处函复上海大学校长于右任,并告上海大学建筑校舍募捐委员会韩觉民,称:前接大函,以校舍被英帝国主义者霸占,决另建校舍,请函复能助若干等由。贵校惨遭英帝国主义者摧残,决建校舍,收容数千学子,巩固革

命教育,良用欣慰。惟本会经费异常拮据,暂难帮助。(台北:中国国民党中央委员会文化传播委员会党史馆汉口档案 7507.2)

7月12日

《民国日报》刊登《上海大学通告》:"本校捐册早已印就,现已开始募捐。凡在上海之各学生务须从速到本校临时办事处领取为要。"

下午,由上海大学学生会、上海大学彭县同乡会联合组成的何秉彝治丧委员会召开第三次会议,讨论安置何秉彝遗体事项。(《何烈士治丧消息》,《民国日报》1925年7月13日;《五卅死难者消息·何秉彝烈士治丧委员会消息》,《申报》1925年7月13日)

7月15日

国民党上海执行部宣传部致函国民党中央执行委员会,称:本部同志,因欲养成能负本党宣传责任之小学教师,以便其散布到乡村中从事宣传,故决议恳请中央酌量津贴,在上海大学附设师范部。每月需洋三百元,另开办费五百元,请均由中央核准拨给。(台北:中国国民党中央委员会文化传播委员会党史馆汉口档案 7508.2)

上海大学于15日、16日两天假艺术大学举行第一次新生考试,共取录新生60人。(《上大第一次录取新生已揭晓》,《新闻报》1925年7月19日)

7月17日

《民国日报》刊登《上海大学通告》:"本校因在宋园建筑校舍,开工在即,特于昨日迁至闸北中兴路德润坊。嗣后如有事接洽者,请来该处为要。至本校学生会仍在原处。"

《申报》刊登《英外相对于沪案质问之吞吐辞》的消息,称:7月15日,英国外相张伯伦在下院回答工党议员提问"戈登大佐谕令上海捕房占领上海大学,敢问军官在其自己权力上是否有资格可未得民政长官之命令,遽占据私人房屋"时,吞吐其辞,称:"此问题系根据于渠现所不能承认亦不能否认之假定的事实。"

7月19日

上海大学学生会致广州国民政府电,祝贺国民政府正式成立。(《电贺国民政府》,《民国日报》1925年7月19日)

《民国日报》刊登《上海大学》的消息,称:上海大学自6月4日"为英捕房将西摩路校舍占领后,校长员生决定自建校舍于闸北宋园。日来积极进行不遗余力,预计该校新校舍于开学前可以一部分完成"。

《民国日报》刊登由上海大学学务处发出的《上海大学录取新生布告》,公布了新生录取名单。中国文学系录取新生中有刘希吾;社会学系二年级录取新生中有雷兴政[①],三年

---

① 即雷晓晖。

级录取新生中有顾作霖、吴振鹏、孙金鉴①、周传业;中学部高中部三年级录取新生中有俞昌准等人。新生报到地点为闸北中兴路德润坊上海大学临时办事处。

7月21日

《申报》刊登《上海大学建筑新校舍招工投标广告》:"本大学在闸北宋公园建筑新校舍,一切图样及工程说明书业由凯泰建筑公司制绘就绪。兹定自本月二十二日起开始投标。"

7月24日

《民国日报》刊登《上海大学附属中学紧要通告》,通告对各地因五卅惨案而参加爱国运动而被学校开除的学生表示深切同情,决定扩充学额,并制定特别转学章程,接收各地因五卅惨案参加爱国运动而被学校开除的学生。

《上大五卅特刊》第六期出版。在"校闻"一栏中刊登"学生会通电反对媚外报纸",称:"上海《申报》《新闻报》,言论素不纯正,记载亦甚混乱,除阿谀军阀,无他主张;舍媚事外人,无他能力。'五卅'惨案未发之前,日人残杀华工,英人拘捕学生,该报等视若无睹,始终不发一言,亦未有详细之记载。'五卅'惨案既发之后,经各界人士,向该报再四哀求,始稍稍宣布事实,但遇辞稍痛澈之文稿,非随意删节,即完全不登,而对于帝国主义者之造谣电讯,则刊载唯恐勿及。种种卖过媚外之罪恶,实难指数。近更变本加厉,竟以全张四分之一之巨大广告地位,大登英工部局所出版用以诱惑我同胞之华文《诚言》报,甘为帝国主义作喉舌,丧心病狂,可谓已极。凡我同胞,若不起而攻击,后患何堪设想,现在上海学生联合会已首先发起反抗,并派员四处检查该两报,与仇货一律看待,查出没收,敝校亦于即日起,遵照学联会议决案,撤回敝校在该两报所登之广告,并停止购阅,一面通知本外埠之同学,一致坚决进行。深望全国各学校各团体暨各界人士,协力抵制,共谋铲除此种卖过报纸,以整饬我国舆论界,毋任盼幸。"(《20世纪20年代的上海大学》,上海大学出版社2014年版)

7月25日

《民国日报》刊登由校长于右任署名的《上海大学暨附属中学招生》广告。

7月26日

《民国日报》刊登《上海大学》的消息,称:建筑校舍事进行极力,据闻该校募捐委员会报告近日该校一部分教职员、学生继续缴往上海银行之捐款,超过该校原定教职员每人募捐二百元、学生每人募捐二十元之标准,而建筑委员会报告该校之校舍精细图样,已由凯泰建筑公司制成审查通过,各营造公司投标者异常踊跃,不日开标,即可动工一切进行均极顺利,故前途甚可乐观。

---

① 即孙仲宇。

按：7月27日《申报》刊登《上海大学建募新校舍成绩极佳》的相同内容的报道。

7月29日

《民国日报》刊登由校长于右任署名的《上海大学启事》："本校行政委员会已通过上海学生联合会请求宽予收容因此次风潮而退学之教会学校学生之议案。凡属该类学生，一经证实，即与免考收录。"

是月

国民党中央执行委员会秘书处邹鲁函复上海大学中学部主任侯绍裘，称朱季恂同志来交到执事所拟整顿上海大学计划书，经即提交本会第八十八次会议讨论决议，当努力设法，但时间与数目应视本会经济情形为断等由相应录案。（台北：中国国民党中央委员会文化传播委员会党史馆汉口档案14971）

按：此前，上海大学中学部主任侯绍裘有《整顿上海大学计划书》托朱季恂呈报国民党中央执行委员会，请中央给予经费上的支持。（台北：中国国民党中央委员会文化传播委员会党史馆汉口档案14971）

梅电龙①以小册子的形式编述发表《上海英日帝国主义者屠杀同胞之经过》，分为"引言""惨剧发生之远因""惨剧发生之近因""五卅南京路惨变纪事""惨剧之继续不断发生""惨剧之余波""结论"等几部分。文中称："上大学生朱义权、韩步先等四人又因公祭顾正红烈士，路过戈登路②被拘。学生至此始知捕房不可理喻，乃决计不再为无谓之哀吁。"文章还说："五卅运动以上海大学学生为最努力，而此次牺牲亦以上大为最大，被拘者达百数十人，大英帝国主义视之乃如眼中钉，久思除去。"（上海市总工会、上海工人运动史料委员会编：《五卅运动六十周年纪念集》，1985年印）

8月

8月1日

上海大学校舍建筑委员会议决定采用凯泰建筑公司工程师杨右辛的计划，先建一部分校舍，其中第一部校舍图样已由该公司赶制完备，现已择定劳资公司承揽，于今日开始工作，预计9月20日即能在新校舍内正式上课。（《上海大学校舍定期开工》，《申报》1925年8月2日）

8月4日

《民国日报》《申报》刊登《上海大学学生会通电》，谴责英人枪杀工人所造成的南京惨案"是损害中国主权、蔑视中国警察职权、紊乱中国地方秩序，情形与汉粤等案同一重大，英国应负侮蔑中国主权之责任，务望全国一致力争"。

---

① 即梅龚彬。
② 今江宁路。

8月6日

《上大五卅特刊》第七期出版,其中有董亦湘的《民族革命讲演大纲》。(王家贵、蔡锡瑶编著《上海大学(1922—1927)》,上海社会科学院出版社1986年版)

8月7日

《民国日报》刊登《上海大学》的消息,称:上海大学新聘定国内外知名学者如金仲文、周由廑、沈祎、李季、陶希圣、戴季陶、瞿秋白、杨杏佛、邵元冲、张凯隆、李大钊等10余人为教授及特别讲师。

8月12日

《申报》刊登《上海大学附属中学迁入新校舍收受转学生通告》,称:本校为应南通英化、南陵乐育等教会学校为爱国运动被迫离校学生之请,议决扩充学额,印有特别转学章程,业已登报通告。乃近日来函询问该项转学办法者仍络绎不绝。兹特再郑重通告:凡上项学生欲转学者,务须先来索取"入学调查表",填注后寄还本校,由本校核准即得免试入学。通告还称:本校现已租定闸北青云路师寿坊十五幢房屋为临时校舍。在新校舍未建成前,即在该处暂行上课。

按:8月14日《民国日报》刊登相同内容的通告。

8月17日

《民国日报》刊登《上大附中》的消息,称"本期起高中设文学社会科。该附中因容纳各地教会学校学生之要求,特增设特别转学生","主任侯绍裘,对于聘请教师,极为注意,兹悉各级教员业已完全聘定","该校因自建之新校舍,预计须至十一月间始克竣工,而开学转瞬即届,乃在闸北青云路师寿坊租定宽大住宅十五幢为临时校舍,定九月四日开学"。

《新闻报》刊登《上海大学消息》,称"该校校长于右任现在北京,前数日因有要事,该校总务主任韩觉民特往京与于校长面商。据该校所传消息,韩觉民已于昨日回沪,所办事项,已有头绪。于校长下星期即可回沪"。

8月18日

《申报》刊登由上海大学中学部主任侯绍裘、社会学系主任施存统、英文学系主任周越然、中国文学系主任陈望道、校长于右任署名的《上海大学暨附中招男女生》广告,称除大学部文艺院中国文学系、英文学系,社会科学院社会学系,中学部高级中学、初级中学一年级新生和二年级、三年级插班生招生外,还"特别收容因此次'五卅'风潮而退学之教会学校学生之议案,凡属该类学生,一经证实,即予免考收录"。

共青团上海地委发出的工作报告称:在组织方面,"现各支部人数都很少,只上海大学支部分成二小组";"现只上海大学支部有小组,其他支部均没有分组小组之可能。"(中央档案馆、上海市档案馆:《上海革命历史文件汇集(青年团上海地委文件)一九二二年七

月——一九二七年一月》，1986年8月）

8月20日

《民国日报》刊登《上大建筑校舍之进行》的消息，称上海大学建筑新校舍，"原定规模颇小，预定九月间即可成功一部分，至开学时可作课堂之用（宿舍仍不能成功）。现该校因募捐成绩颇佳，拟将原定计划从事扩充"，"开课时不能应用，已决定在闸北租临时校舍先期开学"。

按：8月20日的《新闻报》以《上海大学消息》为题作了相同内容的报道。

8月22日

上海大学校长于右任致函国民党中央执行委员会，请恢复上海大学原有津贴每月1 000元或资助上海大学建造新校舍。函称："曩者，经本党中央执行委员会议决，每月津贴本校一千元，自属分内之应为，并非格外之恩惠。嗣经停寄，本校亦能原谅其苦衷。"函又称："顷者，本校策划进行，在在需款，如能恢复原有之津贴，固属吾党扶植革命势力所应为，即令不能，则对于校舍之建筑，亦应有巨大之帮助。"（台北：中国国民党中央委员会文化传播委员会党史馆汉口档案7510.1）

按：9月8日，国民党中央执行委员会邹鲁、林森致函上海大学校长于右任，称经国民党中央执行委员会9月3日第107次会议之议决，补助上海大学建筑费20 000元，并催财政委员会提前办理。（台北：中国国民党中央委员会文化传播委员会党史馆汉口档案7510.2）同一天，邹鲁、林森又代表国民党中央执行委员致函财政委员会，称据上海大学校长于右任同志函请，经本会9月3日第107会议议决，补助上海大学建筑费20 000元，并催财政委员会提前办理在案。（台北：中国国民党中央委员会文化传播委员会党史馆汉口档案7510.3）

8月23日

国民党江苏省党部正式在上海成立。省党部执行委员为柳亚子（宣传部部长）、朱季恂（组织部部长）、侯绍裘（宣传部副部长）、张应春（妇女部部长）、宛晞俨（青年部部长）、刘重民（工人部部长兼调查部部长）、黄竞西（商人部部长）、戴盆天（农民部部长）、董亦湘等九人。其中柳亚子、朱季恂、侯绍裘三人为常委。候补执委为张曙时、姜长林、黄麟书、姚尔觉、杨明暄。监察委员为王春林、高尔松、糜辉。候补监委为王觉新、李一谔、滕仰友。以上人员中有12人为中共党员。（中共上海市委党史资料征集委员会编：《中共上海党史大事记（1919.5—1949.5）》，知识出版社1988年版）

《申报》刊登《南京快信》，称：上海大学代表吴卓斋、仇培之为沪案在宁募捐，募得捐款七百余元，刻又赴镇江、扬州一带劝募。

8月24日

京师警察厅为缉拿刘华案复函临时执政府秘书厅。（中国第二历史档案馆编：《五卅

运动和省港罢工》,江苏古籍出版社1985年版)

8月25日

《民国日报》刊登《上海大学》的消息,称上海大学为建校舍规定该校学生募款在预算中为每人20元,现所得报告募得百元至数百元者甚多,有高伯定已募得现款2 500元,由津汇沪。

按:8月29日《申报》刊登相同内容的通告。

8月28日

《民国日报》《新闻报》分别刊登《上海大学》的消息,称已在闸北青云路师寿坊租定临时校舍,课堂宿舍俱全,现正装设电灯,布置一切。大约在开课期(9月10日)前全体办事人即行迁入。

中共上海区委召开全体会议。会议讨论了"九七运动"执行大纲,其中决定特组九七运动委员会,成员包括俞秀松、朱义权、刘峻山、李硕勋等。会议还议决了"训练班"事宜,决定了各训练班负责人,印刷支部负责人为董亦湘。会议还讨论了妇女委员会改组问题,指定委员五人,其中钟复光被指定为书记。(上海市档案馆编:《五卅运动(第一辑)》,上海人民出版社1991年版)

8月30日

《民国日报》刊登《上海大学通告》:本大学暨附中之9月1日、2日举行新生入学考试,地点为闸北青云路青云桥侧之本校临时校舍,时间自上午9时起至下午4时正,午膳由本校供给。

《民国日报》刊登由校长于右任署名的《上海大学暨附属中学招生》广告。

中共上海区委九七运动委员会召开会议,出席会议有俞秀松、陆震、朱义权、贺昌、杨裕发、杨子立、刘峻山(学联)、青年团李硕勋(全国学联)。书记报告开会宗旨,李硕勋报告九七运动纪念联席会情况。(上海市档案馆编:《五卅运动(第一辑)》,上海人民出版社1991年版)

是月

李平心进入上海大学社会学系学习。(上海市历史学会编:《上海史学名家印象记》,上海人民出版社2012年版)

王稼祥进入上海大学附中高中三年级学习。(施昌旺著:《王稼祥传》,安徽人民出版社2019年版)

按:王稼祥于9月被推选为学生代表,担任上海大学附中部学生会主席。9月27日,他致信堂弟王柳华,信中说:"来沪即入上大附中,人地生疏,乏善可陈。近闻吾弟赴(南)通入纺织专校,欣喜之至。实业之发展,纺织之改良,吾弟应负一部分责任矣。久长来沪

入大夏,通函可直(寄)上海胶州路大夏大学。上大为革命之大本营,对于革命事业,颇为努力。余既入斯校,自当随诸先觉之后,而为革命奋斗也。社会险恶,愿自珍重,书不尽意。"(中国革命博物馆党史研究室编:《党史研究资料》第3集,四川人民出版社1982年版)

《上海区委组织部关于七月份上海工作报告》称:本月份在上海一地党的发展力可说是极薄弱,与预定每月增加一千人的数目实际相差极远。据各部委、特支的报告,本月共计增加新同志329人,其中上海大学为4人。报告又称,区委分发《敬告上海市民》的小册子48 000余份,其中上海大学负责苏州河以北英租界区域分发。(中央档案馆、上海市档案馆:《上海革命历史文件汇集(中共上海区委宣传部组织部等文件)一九二五年八月——一九二六年四月》,1986年4月)

9月

9月1日

《新闻报》刊登《上海大学来镇募捐》的消息,称:"上海大学募捐团推举委员仇培之等两人来镇,昨特假寓本埠学联会,召集各界领袖,宣传上海罢工近时需款情形,请求援手救济。当由各界分别捐助约二百数十元,交由该两员掣收。今日(一日)已由镇渡江,前往扬州劝募矣。"

按:9月8日,吴卓斋、仇培之在《新闻报》刊登"来函",称:"敝校因校址被外兵占领,故于宋园新建校舍,业已迭志各报。鄙等受于右任先生之委托,募集经费为建筑之用。前抵镇江,深得各界赞助,除检查劣货会慨助二百元外,另由商学两界要人受册代募。前见贵报镇江通信一则,内载募得二百余元,援助工人等语均非事实,特请更正。嗣后关于此项消息当随时函告,以免讹误。"

《民国日报》刊登《上海大学》的消息,称9月1日、2日上海大学暨附中举行的新生招生考试,应考者二三百人。

9月5日

《民国日报》刊登《上海大学学生会通告》:"本会现已迁至闸北青云路本校临时校舍内办公,所有西门会址自即日起撤销。"

《民国日报》刊登《上海大学录取新生布告》,公布了新生录取名单。英国文学系三年级录取新生中有姜还麟,社会学系录取新生中有罗世文、郭儒灏、姜余麟、蒲克敏、林木森①、项一裰(女)、沈方中(女)、谢飞英(女)②等人。

《民国日报》刊登《上海大学通告》:"本大学现因新校舍一时不克告成,暂设临时校舍

---

① 即林木顺。
② 即谢雪红。

于闸北青云路青云桥之右,定于九月十日开学,新旧诸生务各早日到校办清入学程序。又中兴路之临时办事处自即日起撤销,凡关本大学一切事宜概在临时校舍办理。"

9月7日

特派江苏交涉员许沅呈文北洋政府外交部,称上海大学被租界海军搜索,学生损失要求赔偿,并附上海大学学生损失清单。(台北:"中央"研究院近代史研究所档案034002204005)

9月8日

上海大学校长于右任为新校舍建设之事,由北京抵沪。(《上海大学于校长抵沪》,《申报》1925年9月10日)

9月8日

中共上海区委召开会议,审查了到莫斯科中山大学学习的名单,名单中有上海大学的教师董亦湘、学生张琴秋、陶淮等19人。会议还决定了党校名单,"校址暂借上大附中,以后再借房子"。(中央档案馆、上海市档案馆编:《上海革命历史文件汇集(青年团上海地委文件)一九二二年七月—一九二七年一月》,1986年8月)

9月10日

上海大学开学,临时校舍地址为闸北青云里师寿坊8号。(《各学校消息汇纪·上海大学》,《申报》1925年9月8日)

9月11日

《申报》刊登由校长于右任署名的《上海大学暨附中续招男女生》广告。

中共上海区委召开联席会议,议决上海总工会宣传与工委:宣传科主任:高语罕;区委工委会:今亮;党团书记:仍旧今亮、梅坤、王警东、中华、项英。(上海市档案馆编:《五卅运动(第一辑)》,上海人民出版社1991年版)

《向导》周报第129期刊登瞿秋白文章《五卅运动中之国民革命与阶级斗争》《五卅运动后之九七屠杀》。

9月16日

《民国日报》刊登《上海大学章程出版》的消息,称上海大学章程经学校最高行政机关行政委员会重加修改后出版。

9月18日

上海大学美术科毕业生孙为雨为安徽省第三师范暨第六中学教员,今日以公费选送资格赴日留学。(《孙为雨君今日放洋留学》,《申报》1925年9月18日)

9月20日

《民国日报》刊登《上海大学录取新生布告》。公布的新生录取名单中,有社会学系秦

邦宪①等人。

中国济难会筹备召开第一次会议。按照中共中央意见,此会目的"在救济为人民奋斗的死者、伤者、被囚者,给与他们以物质与精神的援助,帮助为参加工农群众活动之故而被逮捕的人,帮助政治犯早日释放,将国际间同志、劳动群众对被捕者的同情,散布于他们。这个会应合法的存在"。郭沫若、沈雁冰、恽代英、杨贤江等当选委员。(中共上海市委党史资料征集委员会编:《中共上海党史大事记(1919.5—1949.5)》,知识出版社1988年版)

9月21日

中共上海区委召开主任会议。会议关于"调动人员"议程中,决定由郑超麟负责"号外";朱义权负责民校方面的"发宣言与通电"。(上海市档案馆编:《五卅运动(第一辑)》,上海人民出版社1991年版)

9月25日

中共上海区委召开会议,刘峻山、李硕勋出席会议,并作了发言。关于"秘密工作",王亚璋驻"杨浦",负责"宣传兼经济"。(上海市档案馆编:《五卅运动(第一辑)》,上海人民出版社1991年版)

是月

月初,中共苏州独立支部在苏州乐益女中成立,党员有侯绍裘、张闻天、叶天底三人,叶天底任支部书记。(中共江苏省委党史工作委员会、江苏省档案馆编:《中共江苏党史大事记(1919—1949)》,中共党史资料出版社1990年版)

针对戴季陶主义出笼、国家主义派猖獗,瞿秋白发表《五卅运动中之国民革命与阶级斗争》《中国国民革命与戴季陶主义》,恽代英发表《读〈孙文主义之哲学之基础〉》,萧楚女发表《国民革命与中国共产党》等论文进行驳斥。恽代英、萧楚女等在《中国青年》上发表文章痛斥国家主义派谬论。

10月

10月1日

《民国日报》《申报》刊登《上海大学建筑校舍募捐委员会启事》:"本校募捐期限原定于九月底截止,现因建筑计划略有变更,募捐期限不得不稍微延迟时日。兹经本会议决,延至十二月底截止。特此通告。"

10月8日

下午,上海大学"爱美的剧团"假座社会系第二教室召开成立大会。加入该剧团的学生有50余人。大会主席报告了剧团成立的宗旨。参加会议的名人相继发表演说,"皆略

---

① 即博古。

谓戏剧乃有声有色之文学,与人生、与社会均有密切之关系"。会议通过了会章并讨论了剧团排练的时间。(《上海大学组织爱美剧团》,《申报》1925年10月8日)

按:10月11日《申报》刊登《上大剧团成立会》的消息,称"自下星期起每晚七时至九时在社二教室实行练习。至正式开演期,约在两星期后"。

10月10日

涟社上海分社在上海大学开常年大会,会议选举了新一届执行委员会。(《涟社上海分社开常会》,《申报》1925年10月11日)

上海大学广东同学会召开"双十节"庆祝会,会上演说了辛亥革命历史。(《上海大学》,《民国日报》1925年10月13日)

10月11日

《申报》刊登《上大发起文友社》的消息,称上海大学中国文学系三年级学生曹雪松及一年级学生陈仲谟等人,发起成立文友社,内部分研究部与出版部。研究部每星期开会一次,讨论近代文艺思潮及批评各种文艺刊物。出版部先发行一种创作的文艺周刊,将来与书局接约妥洽后,发行一种文学季刊且拟出版种种丛书。

上海学生联合会下午召开代表大会,上海大学等校的代表50余人参加了会议。上海大学代表余泽鸿担任会议主席。会议以学校为单位,改选学联领导机构,结果上海大学当选代表大会主席,同文书院当选为副主席,东吴大学、法政大学、东华大学、上大附中等十八所学校当选为执行委员。(《学联会代表大会纪·改推执行委员》,《民国日报》1925年10月12日)(此条原放在10月20日,日期应为12日,故移此)

10月12日

上海大学呈文国民党中央执行委员会,称"兹就代理校长邵力子来粤之便,备函托其赍呈贵会,请予转催财政委员会,将认助本校之建筑费赶汇来沪,以应急需,俾校舍得早观厥成,是为至盼"。(台北:中国国民党中央委员会文化传播委员会党史馆汉口档案7511.1)

10月14日

在上海大学附中求学的王稼祥致信堂弟王柳华,信中说:"社会之腐败,至今日可谓登峰造极,我辈青年,置身斯中,不受其同化,不受其压迫,盖亦难亦。欲解放青年,必自改革社会始。事理昭然,不可否认。愿你三复斯意,决定做一有用改造社会之青年。匆匆望复。"(徐则浩:《王稼祥年谱》,中央文献出版社2001年版)

10月15日

国民党上海大学附中召开国民党全体党员大会,改选执行委员。黄正厂、秦治安、沈观澜①当选为执行委员,钟伯庸、樊警吾当选为候补执委。会议讨论了党务进行计划,决

---

① 即沈志远。

定组织通俗演讲部和中山主义研究会。(王家贵、蔡锡瑶编著:《上海大学(1922—1927)》,上海社会科学院出版社1986年版)

按:上海大学中学部的国民党组织在西摩路校舍时,因党员人数多而脱离大学部区分部为独立,改隶属于第四区第二十二分部。校舍迁到闸北青云路以后,又隶属于第一区的闸北,为一区五十二分部。(《20世纪20年代的上海大学》,上海大学出版社2014年版)

10月16日

上海大学召开"湘社"成立大会,其成员包括湖南籍的教职员和学生。宗旨为"联络乡谊,切磋学术,促进桑梓文化"。社员有30多人。会议通过了章程,选举了职员。湖南籍教授田汉、李季都发表了演说。会议放映了梅兰芳《天女散花》电影以助余兴。(《上海大学湘社成立》,《时报》1925年10月18日)

10月18日

《申报》刊登《上大剧团近讯》的消息,称上海大学新成立的剧团举行会议,决定排练本校中国文学系教授赵景深在《小说月报》上发表的《天鹅》,并请赵景深担任导演;又排练文学研究会丛书中的《山河泪》,请中国文学系的教授田汉为导演。

《申报》刊登《〈民众〉第三期出版》的消息,通信购买为上海大学毛尹若转。

10月21日

上海大学社会科学研究会召开本学期第一届大会,到会者100余人,高尔柏主持会议。会议通过章程修改,选举了新一届执行委员。教师李季在发表的演讲中说:中国人现在研究社会科学最缺乏的是一种逻辑,是一种辩证逻辑,我们应用辩证逻辑来研究社会科学。会议通过了研究会的研究大纲。(《上大社会科学研究会》,《民国日报》1925年10月23日)

10月23日

上午,上海大学举行建校三周年纪念大会。除敦请教授演讲外,还表演各种游艺;晚上,演新剧助兴。并于23日、24日两天放假,以资纪念。(《上海大学举行三周纪念》,《民国日报》《时报》《新闻报》1925年10月24日)

由上海大学学生会宣传部编辑的《上海大学三周纪念特刊》出版。纪念特刊发表了署名凌山的文章《我们的纪念》。(中共"一大"会址纪念馆保管部:《20世纪20年代的上海大学史料摘选》,中共"一大"会址纪念馆、上海革命历史博物馆筹备处编《上海革命史资料与研究(第12辑)》,上海古籍出版社2012年版)

上海大学中国文学系学生施蛰存在《民国日报》副刊《觉悟》上发表《上海大学的精神》。文章称:"我早在报纸上和上海大学的教授的著作中,看出上海大学的精神,绝不是和旁的大学一样。我相信我自己的观察是不错的,于是我毅然决然的进了上海大学,虽然有好多人劝我审慎,我总不信,现在上课一个多月了,就我的观察,愈使我感觉到上海大学是有特殊的精神。"接着,施蛰存又从"上海大学的学生""上海大学的教授""上大学生所做的"三个方面,来阐述他眼中的"上海大学精神"。在讲到上海大学的教授时,他说他们"主要不是以教授糊口的教授,他们很热心的聚集在上海大学,将他们所研究到的专长,指示给他们大学生。在别处学校里,我知道教授的面孔是冷的,而大学教授尤其应当庄严,即使这位教授生性和善,也不得不在授课的时候装几分的庄严。这样可笑态度,上海大学的教授中竟一位也找不出"。至于上海大学的学生,他说"因此,我便知道,上海大学学生的精神。他们秉着刚毅不拔的勇气,从很远很远的地方赶到这上海大学来,不是来享福,不是来顶大学生招牌。他们是能忍苦求学,预备做建造新中国的工人的"。

按:施蛰存终其一生,不是一个马克思列宁主义者,而是一个一心向学的学者。他关于"上海大学的精神",也是以一个进入上海大学仅仅一个多月的求学若渴的学生角度来观察、来表述的。但是,正是这篇站在中性立场上来写的文章,让我们看到了上海大学在当时青年心目中的形象。1990年1月30日,施蛰存完成《浮生杂咏》80首,在第33首的文字说明中施蛰存称:"之江肄业未一年,辍学归。暑后,与望舒同入上海大学,亦仅一年。上大为政治宣传学校,气象虽新,实非学府。自愧不能参加革命行动,又去而就读于大同大学。望舒则入震旦大学读法文。"据此亦可看出,进入上海大学一年以后,施蛰存后来思想已发生变化。

10月25日

《上大附中》第四期出版。(黄美珍、石源华、张云编:《上海大学史料》,复旦大学出版社1984年版)

按:《上大附中》是上海大学附中学生会主办的半月刊,1925年五卅运动之前出版了三期,后因五卅运动中学校被封,一度停刊。1925年10月复刊。目前所看到的只有四、五两期。内容有时评、论著、学校新闻等。(黄美珍、石源华、张云编:《上海大学史料》,复旦大学出版社1984年版)

共青团上海地委组织部9月份工作报告对组织方面作了几个统计,称学生团支部为上海大学69个、大夏大学5个、中职13个、复旦中学5个。(中央档案馆、上海市档案馆:《上海革命历史文件汇集(青年团上海地委文件)一九二二年七月——一九二七年一月》,1986年8月)

10月26日

上海大学湖北同乡会召开大会,出席会员20余人。韩福民主持会议。会议讨论了章程修改并改选了执行委员会,韩福民等五人当选。会议还决定为研究学术改造乡梓起见而发行刊物,拟与汉口江声报馆接洽,每月出版两次,在该报副刊发表。(《上大湖北同乡会开会》,《民国日报》1925年10月27日)

上海大学教师周水平写成《我们的责任》一文。

按：10月30日出版的《星光》旬刊第三期刊登此文，文章最后的落款为"十·二六·十四①，写于上海大学"。《星光》旬刊是江阴地区社团"星社"的会刊。"星社"是周水平和张庆孚等一起于1925年组建的进步社团，其宗旨为"提高邑民常识，促进江阴社会生活"。后来周水平这篇文章被上海大学中学部主任侯绍裘编入《国语文选》。

10月28日

中共中央总书记陈独秀在上海致信中共莫斯科区委，信中说："派去24名中国共产党党员，67名中国共产主义青年团团员和12名中国共产党党员兼中国共产主义青年团团员，共计103人到中山大学学习，他们到达莫斯科后应加入区委。旅行期间，中央指定以下同志为领导人：俞秀松同志（临时委员会书记）、胡彦彬同志、刘铭勋同志、朱务善同志、张琴秋同志。"这封信还说："我们指定下列同志为中山大学学生中的领导人：俞秀松、张琴秋、朱务善、刘铭勋、陶淮、董亦湘、李沛泽、郑子瑜共计8人。你们还要指定两人，所以共计10人，他们将领导学生工作。"（中共中央党史研究室第一研究部译：《联共（布）、共产国际与中国国民革命运动(1920—1925)》，北京图书馆出版社1997年版）

按：陈独秀信中指定的人员中，张琴秋、陶淮是上海大学学生，董亦湘是上海大学教授。

上海大学的教师和学生蔡和森、董亦湘、张琴秋、陶淮、王稼祥、李锦蓉等离开上海赴莫斯科中山大学学习。同行的还有李立三、向警予、李一纯等共103人。（钟桂松著：《沈泽民传》，中央文献出版社2003年版）

按：王稼祥临行之前，上海大学中学部主任侯绍裘找王稼祥谈话，询问他是否愿意到苏联莫斯科中山大学学习，并说那里的生活很艰苦。王稼祥当即表示愿意去。（徐则浩：《王稼祥年谱》，中央文献出版社2001年版）

下午，上海大学附中非基督同盟召开成立大会。会议通过简章并选举了执行委员。（《上大附中》，《民国日报》1925年10月30日；《上大附中非基督教同盟成立会》，《申报》1925年10月31日）

是月

月底，上海大学学生、共产党员阳翰笙根据中共上海地委的安排，任中共闸北部委书记。（阳翰笙：《回忆上海大学》，《新文学史料》1984年第2期）

《团上海地委学生部工作报告——关于一九二五年三月至九月的学生运动情况》中称："上海大学：此支部现达一百二十人，占学生全数四分之一，民校②有三百人以上，占学生全数四分之三弱。我们在民校中虽占八分之三，但我们在中可以操纵，在学生会亦可如是。不过我们为避免包办及恐分裂起见，对于学生会的职员，各系都分配有人，平时遇

---

① 指民国十四年十月二十六日，即1925年10月26日。
② 指国民党组织。

有重要事故,开大会解决,我们多可得胜。此外我们活动的团体,尚有社会科学研究会和演说练习会,我们借此联络新的同学,或做公开的宣传,以寻找我们的对象。""上大附中:有同志数人,未另设支部(附上大支部),在学生会亦可占相当势力,平常对民校同志甚接近,而且是取合作的形势,可以为我们利用。"(中央档案馆、上海市档案馆:《上海革命历史文件汇集(青年团上海地委文件)一九二二年七月——一九二七年一月》,1986 年 8 月)

侯绍裘、柳亚子等领导的国民党江苏省党部,向广州国民党中央控告和揭露戴季陶的反动行径。国民党中央执行委员会讨论了国民党江苏省党部的控告,向全国各级党部发出通告,指出"这是戴季陶个人的意见,并未经中央签订"。同时又发出训令,说:"各党员凡关于党之主义与政策之根本原则之言论,非先经党部议决不能发表。"国民党江苏省党部通知各地党部,立即取缔戴季陶的反动小册子,并组织批驳。(中共上海市委党史资料征集委员会编:《中共上海党史大事记(1919.5—1949.5)》,知识出版社1988 年版)

11 月

11 月 1 日

上海大学教授蒋光慈为自己创作的中篇小说《少年漂泊者》作"自序",称:"在现在唯美派小说盛行的文学界中,我知道我这一本东西,是不会博得人们喝彩的。人们方沉醉于什么花呀,月呀,好哥哥,甜妹妹的软香巢中,我忽然跳出来做粗暴的叫喊,似觉得有点不太识趣了。""倘若你们一些文明的先生们说我是粗暴,则我请你们莫要理解我好了。我想,现在粗暴的人们毕竟占多数,我这一本粗暴的东西,或者不至于不能得着一点儿同情的应声。"序末署"蒋光慈。一九二五,十一,一,于上海。"(茅盾主编:《蒋光慈选集》,开明书店 1951 年版)

按:《少年飘泊者》是蒋光慈在上海大学任教期间创作的第一部自传体文学作品,1926 年 1 月由上海亚东图书馆出版发行。小说出版后,在社会上风行一时,受到青年读者欢迎。作为无产阶级革命文学的拓荒者,蒋光慈的作品在当时产生很大的社会影响和教育作用。学生时代的胡耀邦读了蒋光慈写的《少年飘泊者》,便想"书里的人晓得飘泊,我为什么不可以革命!"便毅然离家走上革命道路。(张黎群、张定、严如平、唐非、李公天主编,唐非撰:《胡耀邦传》,人民出版社、中共党史出版社 2005 年版)陶铸则说:"我就是怀揣着《少年飘泊者》去参加革命队伍的。"(郑笑枫、舒玲著:《陶铸传》,中共党史出版社 2008 年版)习仲勋在阅读《少年漂泊者》时,"完全同书中主人公的命运融在了一起,几乎是同喜、同怒、同悲、同乐。他觉得这正是自己真情实感的反映。眼前只有反抗,只有斗争才是正确的道路。他反复读完这部小说,坚定了他外出干革命的决心"。"后来,习仲勋曾多次对自己的孩子说过,当时认识到社会这么黑暗,旧的剥削制度要推翻,主要就是受《少年飘泊者》影响极深"。(本书编委会编:《习仲勋传》,中央文献出版社 2019 年版)

11月2日

国民党中央执行委员会秘书处林祖涵、谭平山复上海大学函,称"函悉所请将认助该校建筑费,赶汇来沪,以应急需等情,经本会十月三十日第一百十七次会议之决议,候本会领得经费时,即行拨付等因"。(台北:中国国民党中央委员会文化传播委员会党史馆汉口档案7511.2)

《团上海地委组织部十月份工作报告》在"组织方面的几个统计"中称上海学生团支部人数为上海大学103个、大夏大学5个、中职13个、复旦大学5个、复旦中学5个。报告还称学生支部中除上海大学以外,每个支部都不满10人(中职虽有10余人,但不是一校的学生),"这种畸形现象,以后应极力改正"。(中央档案馆、上海市档案馆:《上海革命历史文件汇集(青年团上海地委文件)一九二二年七月—一九二七年一月》,1986年8月)

上海学生联合会收到上海大学学生、五卅死难烈士何秉彝父亲何元聪10月20日发出的来信,称已派小儿子何庸康、侄子何少文来上海处理何秉彝丧葬事。(《五卅死难烈士之哀音》,《民国日报》1925年11月3日)

11月6日

晚上7时,上海大学非基督教同盟会召开成立大会,350余人参加。学生饶漱石主持会议并介绍了开会宗旨。梁郁华介绍了筹备经过。会议通过章程和宣言,选举饶漱石、韩光汉、赵全权、刘汉钦、孙金镜等5人为该会执行委员,马英、张文为候补委员。高语罕、恽代英、杨贤江、萧楚女等先后在会上发表演讲。(《上大非基督教同盟大会成立》,《时报》1925年11月9日)

11月11日

共青团上海地委书记贺昌、组织部部长刘峻山给曾延①写信,称上海大学支部郭肇唐在赴莫斯科时,竟将团体刊物、通告等文件,裹成一束,任意抛弃,幸被同学拾得,不至秘密外扬。似此忽视团体纪律,应当严予处分,兹经地委决定留团察看,惟该本人现已赴莫,特向曾延请求转告莫方。(中央档案馆、上海市档案馆:《上海革命历史文件汇集(青年团上海地委文件)一九二二年七月—一九二七年一月》,1986年8月)

11月16日

《时报》刊登《上大台州同学会成立》的消息,称日前上海大学召开台州同学会成立大会,通过简章,选出职员。还决定编辑发行月刊《台州评论》。责成调查员限半月内调查台州旅沪学界人数,预备组织台州旅沪学会。

11月17日

上午10时,上海大学社会学系第一届同学会在该级教室开成立会,全年级同学四十

---

① 指共青团中央。

余人参加。公推朱义权为主席,报告组织同学会之趣旨及筹备经过。会议通过章程十条,并推举朱义权为总务部主任,马峻山为文书,杨国辅为会计,施味辛为研究部主任,高尔柏为讲演,韩福民为调查,李春鏵为出版部主任,陈伟天为编辑,薛成章为发行,朱义权、李春鏵、王振猷为出席本校各系代表会议代表。(《上大社会系成立同学会》,《新闻报》1925年11月18日)

《民国日报》刊登《上大社会科学研究会之进行》、《申报》刊登《社会科学会进行计划》的消息,称上海大学社会科学研究会日前开全体大会,讨论该会执行委员会所拟定之本学期进行大纲,议决各项计划。

上海大学湖南同乡所组织的社团"湘社",召开执行委员会紧急会议。会议通过援助长沙学生办法九条,并分别致电湖南省长赵恒惕和湖南学生联合会。在致赵恒惕电中,要求释放被拘捕学生,并容纳所提要求,以平众忿。(《上大湘社援助湘学界》,《民国日报》1925年11月18日)

晚上7时,上海大学附中济难会分部召开成立会,校内外会员到会者200余人。首由主席报告开会宗旨及总会代表报告组织法;次由萧朴生、华鄂扬、萧楚女等先后发表演说。会议推选吕全真、朱怀德、俞昌准、王心恒、沈群仙、邹慧珊、胡警红、徐德有、唐棣华、樊警吾等十人为干事会委员,周文在、瞿江、姚丽文、陈彭、张际镛等五人为审查会委员,袁文新、江锦维、周慎梓等三人为儿童团委员。(《上大附中济难会分部之成立会》,《申报》1925年11月20日本埠增刊)

11月20日

晚上7时,上海大学中山主义研究会召开成立大会,到会员及旁听者共200余人。会议推举高尔柏为主席,通过了章程,公推高尔柏、马凌山、崔小立、江士祥、吴稽天为执行委员,张效翼、胡警红为候补执行委员。国民党上海执行部宣传部代表刘重民、四川中法大学校长吴玉章和上海大学教授萧楚女、施存统在会上发表了演讲。萧楚女的演讲题目为"中山主义与国家主义",施存统的演讲题目为"研究中山主义应取的方法",演讲都由上海大学学生马凌山作记录。(《中山主义研究会成立》,《民国日报》1925年11月21日;《中山主义研究会之成立》,《申报》1925年11月21日)

按:施存统和萧楚女这两篇演讲稿于1926年4月发表在由马凌山编、于右任题写书名、三民公司发行的《中山主义讲演集》中。

11月22日

晚上7时,上大剧团在校内作第二次之公演,剧本为《可怜闺里月》,曹雪松君饰女主角婉仙,陈怀璞君饰婉仙之夫。(《上大剧团公开表演》,《申报》1925年11月19日;《艺术界消息》,《时报》1925年11月19日)

11月21日

上海大学学生林钧、刘荣简①等代表学界与工商各界组织五卅烈士丧葬筹备处。林钧任主任,刘荣简任交际。(上海社会科学院历史研究所编:《五卅运动史料(第二卷)》,上海人民出版社1986年版)

11月24日

上海大学浙江同学会召开大会,出席会议的会员有100余人。上一届委员长朱义权主持会议。会议选举张崇德、孔令俊②、潘枫淦、崔小立、孙乃铨、韩光汉、干翔青为执行委员,张崇德为委员长。(《大浙江同乡会近闻》,《民国日报》1925年11月26日;《上大浙江同乡会新职员》,《申报》1925年11月27日)

11月29日

上海大学学生、上海总工会副委员长刘华被租界探捕逮捕。(中共党史事件人物录编写组编:《中共党史事件人物录》,上海人民出版社1983年版)

下午2时,由全国学生总会、上海学生联合会、各界妇女联合会、上海市民协会、上海反帝国主义大同盟等团体发起的纪念五卅运动半周年大会在西门公共体育场召开。上海大学等单位和团体和市民一万余人参加了大会。(《昨日五卅半周纪念纪》,《申报》1925年11月30日)

是月

上海大学社会学系台湾籍学生谢雪红、林木顺接到共产党员黄中美所传达中共中央指示:"党命令你们赴苏联莫斯科东方大学学习,党派你们赴苏学习是为了培养干部,考虑将来帮助台湾的同志在台建党。"(谢雪红口述、杨克煌笔录:《我的半生记》,杨翠华1997年印行于台北)

按:谢雪红和林木顺于1925年12月8日到达莫斯科进入东方劳动者共产主义大学学习。

共青团上海地委组织部十一月份工作报告称:关于分部计划,上海大学支部因情形不同,故不划归闸北部指挥而直属地方指挥。上海大学支部书记为欧阳继修③。报告中称闸北部委书记为贺威圣。报告还通告各有同学的学校建立非基督教同盟组织,称在本月间,已经成立非基督教同盟组织的学校有上海大学、上海大学附中、复旦中学、大夏大学几所学校。(中央档案馆、上海市档案馆:《上海革命历史文件汇集(青年团上海地委文件)一九二二年七月——一九二七年一月》,1986年8月)

按:根据这份报告,可知共青团上海大学支部是直属于上海地委的独立支部。这份

---

① 即刘披云。
② 即孔另境。
③ 即阳翰笙。

报告中的欧阳继修、贺威圣都为上海大学学生。

12月

12月2日

晚上7时,上海大学女同学会演讲练习会召开成立大会,到会会员30余人,来宾100多人。(《上大女同学会消息》,《民国日报》1925年12月3日;《上大女同学会演讲练习会成立》,《申报》1925年12月3日)

12月3日

上海大学代表傅正和内外棉纱厂工人代表王志山赴张家口访西北军将领冯玉祥,请求协助营救刘华。(上海社会科学院历史研究所编:《五卅运动史料(第二卷)》,上海人民出版社1986年版)

12月4日

下午3时,上海大学附中国民革命青年团召开成立大会。到会男女团员60余人,首由主席报告开会宗旨,接着,由大学部教授萧楚女发表演讲。会议通过了有关章程,推选邹慧珊、姚丽文、高国文、周文在、覃泽汉五人为执行委员,胡警红、朱怀德两人为候补委员。(《上大附中之新团体》,《申报》1925年12月5日)

12月6日

闸北市民大会召开,上海大学、上海大学附中、上海大学附设平民学校等一百余团体参加。(《昨日之闸北市民大会·到会之团体》,《申报》1925年12月7日)

12月8日

瞿秋白应邀在上海大学作题为"国民革命与阶级争斗"的演讲,由上海大学学生秦邦宪①、崔小立记录。(王家贵、蔡锡瑶编著:《上海大学(1922—1927)》,上海社会科学院出版社1986年版)

按:当时瞿秋白已离开上海大学教职。12月20日,由上海大学中山主义研究会主办出版的《中山主义》第一期刊登了这篇演讲稿。

下午1时,旅沪山东学生会假座上海大学召开全体大会。(《旅沪山东学生会开会》,《民国日报》1925年12月10日)

12月10日

《申报》刊登《呈请保释刘华之不准》的消息,称:"淞沪戒严司令部昨批上海大学学生四川同乡会长张效翼、陈伯华呈请保释刘华由,呈悉,查此案系工部局与引渡本部讯办之件,该生等自应静候军法处讯明核办,所请保释一节,未便照准。此批。"

---

① 即博古。

12月17日

上海大学附中学生、上海总工会副委员长刘华被军阀孙传芳秘密杀害于上海高昌庙。(上海市档案馆编:《五卅运动(第一辑)》,上海人民出版社1991年版)

12月18日

恽代英和张廷灏等联名在《申报》上刊载启事,严正指出国民党西山会议派在上海设立国民党伪"中央委员会"是非法的。同时,恽代英写信给国民党江苏省党部柳亚子,希其伸张正义。柳亚子撰文痛斥西山会议派。

12月19日

《申报》刊登《被捕学生判今日日领研讯》的消息,称:17日下午普陀路捕房派出中西探捕,"在小沙渡、宜昌路、西苏州路等处,拘拿沿途散发激烈言词传单的学生",其中上海大学学生被捕的有沈方中、孙金鉴、张天明、萧琴笙、周庆白、向上、李云等七人。"昨晨连同传单,并解公共公廨。由关谳员会同英马副领事,升座第一庭审讯,而到堂旁听之学生男女,计有十余人。据工部局刑事科代表梅特兰律师上堂译称,控告被告等在普陀路捕房辖境内,分发传单,扰乱治安。该传单内容均系反对日本人之事,请求将此案改由日本领事堂期讯理云云。中西官磋商后,谕被告等各交二百元保,候(今晨)日领堂期研讯。"

12月20日

上海大学中山主义研究会主办的周刊《中山主义》创刊。创刊号发表了施存统题为《研究中山主义应取的方法》的讲演稿,由上海大学学生马凌山记录整理;瞿秋白题为《国民革命与阶级争斗》的讲演稿,由上海大学学生秦邦宪①、崔小立记录整理。(《20世纪20年代的上海大学》,上海大学出版社2014年版)

按:《中山主义》系上海大学中山主义研究会主办的周刊。该刊以"研究三民主义""发挥三民主义""实现三民主义"为宗旨,批判戴季陶主义和国家主义等反动学说,是上海大学进步学生宣传革命的三民主义的一个战斗阵地,内容有讲演稿、政论文、本会纪事等。现在见到的共四期。在1925年12月27日出版的第二期上,发表了恽代英的题为《孙中山主义与戴季陶主义》的讲演稿,由秦邦宪整理记录。在1926年1月出版的第四期上,发表了萧楚女的题为《中山主义与国家主义》的讲演稿,由马凌山记录整理。(《20世纪20年代的上海大学》,上海大学出版社2014年版)

由上海大学等七所学校筹组的台湾籍在沪学生联合会成立。当时在沪求学的台湾籍学生有200余人。(《留沪台湾学生组联合会》,《申报》1925年12月17日)

中共上海区委发出抗议反动军阀暗杀刘华的通告:"各级同学们:同学刘华确于本月

---

① 即博古。

十七日夜十一时由戒严司令严春阳奉孙传芳命令秘密枪毙了。这很明显地是军阀孙传芳逢迎外国帝国主义者向我们积极进攻。我们应尽可能地做一大运动以抵制之。"(上海市档案馆编:《五卅运动(第一辑)》,上海人民出版社1991年版)

《申报》刊登《无锡·警察所查封锡社之反响》的消息,称"据无锡人彭鼎勋呈称,本邑'锡社'为共产党机关,始为青年学生组合,旋有共产党徒安剑平等加入,宣传过激主义,推翻家庭,灭绝理教。其刊布之《无锡评论》立论尤为背谬,请求饬县查封,拘提该社首领安剑平,从严究办,并其出版物一律销毁"。无锡警察所奉令查办后称"安剑平系上海大学学生","查锡社系旅外学子及邑中青年所组织,为民众团体之一,成立于上年一月。曾拟具章程呈准官厅立案,其宗旨以改良社会、研究学术,曾举行学术演讲多次,所延者皆一时名流,开办平民学校,成绩亦佳,其发行之《无锡评论》,于邑事多所指摘,一以真理为归,绝不袒护。再近出版之两期,尤为人所注意。而原告彭鼎勋,历查全邑选民册中,并无其人,或系出于反对者之中伤"。

12月21日

蒋光慈写下长诗《在黑夜里——致刘华同志之灵》,悼念刘华,抨击军阀"偷偷地处死"刘华的罪恶行径。(方铭、马德俊主编:《蒋光慈全集·诗文卷》,合肥工业大学出版社2017年版)

国民党第一区党部在上海大学举行廖仲恺追悼大会,全体党员及来宾近千人参加。恽代英在会上发表了演说。(《廖仲恺追悼会纪》,《申报》1925年12月22日)

12月22日

中共上海区委发出通告,提出"追悼刘华同志须注意事项"。通告称:"严春阳奉承日英帝国主义者之指使及孙传芳之密令,枪决刘华同学,前已专函通知。此间现正积极扩大宣传,引起国人注意。凡我同志尤当特别努力注意鼓动,并当在严重空气之下举行党员追悼会以示郑重。"通告还称"刘华是军阀奉承日英帝国主义的意旨残杀的;刘华是真正的革命领袖"。(中央档案馆、上海市档案馆:《上海革命历史文件汇集(中共上海区委文件)一九二五年——一九二六年》,1986年4月)

12月23日

《上海大学三周年纪念特刊》出版。上海大学学生马凌山在《我们的纪念》一文中说:"我们上大的历史虽然很短,然而在中国民族解放运动中,却占了很重要的位置。这次五卅运动,我们上大是中间一队主力军,我们曾流了多量的热血,十余人的死伤,数百人的被捕,校舍首先被封闭,这都是我们的光荣史迹;在我们过去的历史中,要算最光荣的一页。"(《20世纪20年代的上海大学》,上海大学出版社2014年版)

按:《上海大学三周年纪念特刊》系上海大学学生会宣传部在学校成立三周年之时出版的纪念特刊。

12月25日

上海大学附中非基督教同盟编辑的宣传反对基督教言论的小册子《圣诞节的敬礼》出版。(原件藏中共"一大"会址纪念馆)

按:《圣诞节的敬礼》系上海大学附中非基督教同盟编辑的宣传反对基督教言论的小册子,1925年12月25日出版,其封面题有"献给十字架下的朋友们"。

12月27日

上海大学中山主义研究会主办的《中山主义》第二期出版,其中收录恽代英在上海大学所作题为《孙中山主义与戴季陶主义》的演讲稿。(李良明、钟德涛主编:《恽代英年谱》,华中师范大学出版社2006年版)

12月28日

上海大学中国文学系学生曹雪松为自己的诗集《爱的花园》出版作"自序",其中称:"亲爱的未见面的读者呀!如今我不得不把我的诗歌捧在手中,哭着一首首献给你们看;更不得不把我的琴弦抱在手里,跪着一声声奏给你们听!在我凄清的歌声哀婉的琴弦里,对你们并没有什么奢望,但愿它能一次——仅仅只要一次——落进你们温暖的胸膈里,而得到你们滴下一滴——仅仅只要一滴——同情的热泪便好了!"这篇"自序"的最后署有"一九二五,十二,二八,雪松于上海大学"。

按:《爱的花园》是曹雪松在上海大学学习期间写成的反对封建婚姻、歌颂自由恋爱的新诗集,共收新诗36首。曹雪松的老师、上海大学中国文学系教授、诗人刘大白,应曹雪松之请,为《爱的花园》作序,其中称:"曹君雪松,是一个青年诗人。他底新诗集《爱的花园》,能用较新的形式,表现他较新的情绪和意境。虽然间或难免疵瑕,然而这是不足虑的。曹君正在少年,前途未可限量;将来学力猛进,自然能洗尽疵瑕而进于完善。他底诗中,充满了青年们热烈的爱。他能将青年们热烈的爱,赤裸裸地,毫不隐瞒地表现出来,这一点尤其足使咱们认识他底新鲜的头脑。"文末还专署:"一九二五年十一月六日刘大白于江湾。"1926年3月9日,上海大学中国文学系教授郑振铎也为《爱的花园》写了序,其中称:"曹雪松君是我去年才认识的朋友,他对于一切的文艺,都很热心。他常常登台演剧,也常常以他自己的经验,写作新诗,最近成了这一诗。我读了他这一诗,很感到他的青春奔放的热情与他的过去的有趣生活。虽不敢说在这一诗集里他已经成就了伟大的成功,然而成功的'希望'是很诚挚的等候在前途了。什么人向光明走去的,终将达到了光明之境。雪松只要努力走去!"《爱的花园》于1927年12月由上海群众图书公司出版发行。

晚上,上海大学建筑校舍募捐委员会组织的募捐队分文书、会计、宣传、交际四组搭新华轮船起程赴粤,为上海大学自建校舍开展募捐活动。(《上海大学募捐队赴粤》,《申报》《新闻报》《时报》1925年12月29日)

《申报》刊登中国国民党江苏省党部发出的公告:"中央执行委员会屡电,决于十五年①一月一日开第二次全国代表大会,各省区代表来沪者,望速领旅费赴粤开会。所有领旅费事请到闸北青云路上海大学恽代英同志处接洽。"

《申报》刊登恽代英署名的《聘请速记干事》启事:"接中国国民党第二次全国代表大会秘书处来电,需即在沪聘速记干事二三人,月薪八十元(以一月半为期),来往川资另奉。如有娴熟'速记术'人才愿就聘者,请到闸北青云路上海大学向恽代英接洽。"

12月30日

《申报》刊登《上大剧团第三次公演》的消息,称上海大学剧团定于1926年元旦进行第三次公演,剧名《孔雀东南飞》,由曹雪松饰女主角兰芝,丁丁饰其姑季香,陈庆瀚饰男主角焦仲卿,并有歌剧《葡萄柚子》及各种游艺。

《申报》刊登《何秉彝遗体今日回川》的消息,称:"五卅死难烈士何秉彝之灵棺,久停沪上,其家属曾允许全川学生联合会及外交后援会等各团体请将何烈士灵棺运回成都,由全川人民举行公葬,早已派人来沪,并与各公团接洽一切。兹闻所有搬丧事宜业已回竣,且定今日起运回川,谅沪上公团届时定有一番追悼。"

12月31日

《申报》刊登《何秉彝遗体改期运川》的消息,称:"五卅死难烈士何秉彝之灵柩前经其家属何庸康、何少文决定于昨日搭吉庆轮运回原籍四川,后因各项布置,尚未就绪,已决定改搭于元旦开驶重庆之蜀兴轮运往四川。闻本埠各界妇女联合会、学生总会、学生联合会、总工会等团体,均赠送祭葬挽联,并拟派代表前往亲送上轮,以表敬仰爱国先烈之忱。"

按:1926年1月18日《民国日报》刊登《何秉彝遗体运川·今日各团体之追悼》、《申报》刊登《何秉彝遗体明日运川·今日有各公团之追悼》的消息,称:"五卅死难烈士何秉彝遗体运川公葬各项手续在元旦日未曾完竣,故致延期,现已与由沪直航川江之昌大轮交涉妥当,并于今日由何君家属到闸北蜀商公所将遗体搬至南市大通码头先行安放,以待上大学生会、上海学生联合会、全体学总会、上海各界妇女联合会等团体追悼后,即于明日午前四钟起运返川。"何秉彝家属代表何少文、何庸康也于1月17日发函致谢各团体函云:"此次家兄秉彝死难五卅,屡蒙各团体追悼呼吁,先将遗体停放于闸北蜀商公所,现由国民二军捐助,得以于明日午前四钟运柩回川,行期在即,特此铭谢。"

上海大学召开学生骨干会议,参加的学生有50余名。会议由恽代英主持。会议决定,号召工人学生举行示威游行,抗议军阀杀害上海大学学生刘华,要求撤换淞沪戒严司令部司令严春阳。(李良明、钟德涛主编:《恽代英年谱》,华中师范大学出版社2006年版)

---

① 指民国十五年,即1926年。

是月

上海大学湖南同乡会湘社主办的刊物《湘锋》创办出版。在创刊号上发表了李季的《马克思通俗资本论序言》，在这篇文章的最后，李季写道："一九二五年十二月序于上海大学。"（《20世纪20年代的上海大学》，上海大学出版社2014年版）

按：现在见到的《湘锋》只有第一期。封面由李石岑题字，内容有论著、时评、译作、文艺随笔、诗歌、杂感等。（黄美真、石源华、张云编：《上海大学史料》，复旦大学出版社1984年版）

《上海区委关于基层组织情况调查表》"北部支部组织调查表"，其中称上海大学支部数为一个；支部名称为"上大"；有干事会；共分三个组，支部书记高尔柏，组织委员韩觉民、沈观澜，宣传委员施存统、钟复光，三个组的组长分别为施存统、韩觉民、高尔柏。（中央档案馆、上海市档案馆：《上海革命历史文件汇集（中共上海区委宣传部组织部等文件）一九二五年八月—一九二七年四月》，1986年4月）

按：这份表格共调查了15个支部组织，在回答"有干事会否"这一栏问题时，上海大学是唯一填写"有"的支部。

是年

上海大学学生、共产党员周传业、周传鼎在共产党员张子珍的领导下，在安徽阜阳建立中共阜阳党小组，负责人张子珍。（中共江苏省委党史工作委员会、江苏省档案馆编：《中共江苏党史大事记（1919—1949）》，中共党史资料出版社1990年版）

上海大学学生、共产党员王绍虞，根据党组织的安排，于寒假来到家乡安徽六安，以开设"青年实业社"为掩护，成立安徽六安地区最早建立的党组织中共六安特别支部，由王绍虞担任支部书记，直属党中央领导。（中共安徽省委党史研究院著：《中国共产党安徽历史》第1卷，中共党史出版社2021年版）

上海大学学生、共产党员程锡简于本年底，接受党组织的委派，在家乡安徽凤台的高皇，建立中共高皇特别支部，任支部书记。（程晋仓：《程锡简：中共高皇"特支"创建者》，《淮南日报》2021年4月27日）

萧楚女任上海大学社会学系教授。（刘绍唐主编：《民国人物小传（第十二册）》，上海三联书店2016年版）

萧朴生任上海大学社会学系教授。（德阳县志编纂委员会编纂：《德阳县志》，四川人民出版社1994年版）

赵景深任上海大学中国文学系教授。（周川主编：《中国近现代高等教育人物辞典》，福建教育出版社2018年版）

沙文求进入上海大学社会学系学习。（中共宁波市委党史研究室编：《宁波中共党史

人物（1925—1949）》，宁波出版社 2015 年版）

赵君陶进入上海大学社会学系学习。（上海市档案馆藏：《上海大学毕业生名册》，档号：D10-1-31）

翁泽生进入上海大学社会学系学习。（林江：《回忆我的父亲翁泽生》，中共中央党史研究室编：《党史通讯》1986 年第 1 期）

蔡威进入上海大学学习。（蔡威研究会编著：《寻剑——无名英雄蔡威传奇》，华艺出版社 2019 年版）

陈明进入上海大学学习。（山东省民政厅编：《齐鲁之光——山东省中华著名烈士事迹》，山东人民出版社 2006 年版）

何挺颖从上海大同大学转入上海大学学习。（胡华主编：《中共党史人物传（第 1 卷）》，陕西人民出版社 1980 年版）

李宇超进入上海大学社会学系学习。（山东省文化厅史志办公室、潍坊市文化局史志办公室：《山东省文化艺术志资料汇编（第 8 辑）》，1985 年 9 月）

刘披云进入上海大学社会学系学习。（王家贵、蔡锡瑶编著：《上海大学（1922—1927）》，上海社会科学院出版社 1986 年版）

共青团上海大学支部董汉儒给恽代英写信，请恽代英转党中央组织部，内容为请示关于河南商城袁成耀准备在该地成立特别支部事。（中央档案馆、上海市档案馆：《上海革命历史文件汇集（青年团上海地委文件）一九二二年七月——一九二七年一月》，1986 年 8 月）

1926 年

1月

1月1日

《申报》刊登《上海大学建筑校舍募捐委员会启事》:"本校募捐期限原定于十二月底截止,因受时局影响,所发出之捐册多不能如期收回。现经本会决定,延至民国十五年三月底截止。特此通告。"

国民党上海特别市党部在上海大学召开成立大会,国民党各区党部的代表共81人出席会议。大会主席恽代英报告筹备经过。会上选举恽代英、张廷灏、沈雁冰、张君谋、杨贤江、杨之华、林钧、王汉良、陈杏林等9人为执行委员。陈比难、沈百先、徐梅坤、顾谷宜、洪鼎等5人为候补委员。韩觉民、张永和、梅电龙等3人为监察委员;邓通伟、潘作民、任雷军等3人为候补监察委员。会议作出决定,要求国民党第二次全国代表大会开除"西山会议"的首领林森、邹鲁、谢持党籍,并分别惩戒其他参加"西山会议"的党员。会议还决定成立"三民主义研究会",以大会名义警告"上海孙文主义学会"。(《国民党上海特别市党部成立大会》,《申报》1926年1月4日)

恽代英任国民党上海特别市党部主任委员兼组织部部长,沈雁冰任宣传部部长,张廷灏任青年部部长。(李良明、钟德涛主编:《恽代英年谱》,华中师范大学出版社2006年版)

下午,恽代英、沈雁冰、吴开先、张廷灏等离开上海赴广州,代表国民党上海特别市党部出席国民党二大。(李良明、钟德涛主编:《恽代英年谱》,华中师范大学出版社2006年版)

1月3日

《申报》《民国日报》刊登由校长于右任署名的《上海大学暨附属中学招插班生》广告。

《申报》刊登《使团发表沪案重查后文件(续)·英委员高兰之报告节略》的消息,称:工部局总董费信惇等人之证词中称"过激党人曾纷纷从事于激起工人心中之恶感,尤以上海大学之学生及教员活动最甚"。

上海大学募捐团一行八人抵达广州,即与已在广州的"团长邵力子等磋商向各界接洽办法"。(《教育消息·专电·广州》,《申报》1926年1月9日)

1月4日

上午,上海大学学生沈方中、孙金鉴、张天明、党伯弧、蒲克敏等17人于1925年12月17日下午4时30分在西苏州路、宜昌路、东京路等被普陀捕房拘捕一案,审讯结案,学生分别被罚洋5元、3元不等而被释放。(《学生被控案判结》,《民国日报》1926年1月5日;《学生被控之讯结·分别罚洋开释》,《申报》1926年1月5日)

1月5日

中共上海区委《闸北部委一月内的工作计划大纲》称闸北部委现有支部15个,其中上海大学支部被列为有发展可能的(即有群众的);工作计划大纲还称,最要注意的是商务、上大、海员、邮务、景贤、字林、申报七个支部,"这七个支部中仅商务、上大有干事会,我们要在很短的期间内,把那五个没有干事会的支部组织起干事会来,以谋发展"。关于"组织的扩大",工作计划大纲对"至一月内各支部人数之增加",提出了指标要求,其中上海大学支部,目前"所属机关群众数"为500余人,"现有同学"数为31人,"一月内应增数"为50人;关于"调查工作",工作计划大纲称:"欲求尽力发展组织,自须先注意调查工作。本周各支部书记会议,已决定由各支部依职业的分别,分任调查","调查完毕后,审查几个重要的机关,设法进去活动。同时责成各支部对于所在机关之环境,应有相当的了解"。上海大学调查的主要对象为学校。(中央档案馆、上海市档案馆编:《上海革命历史文件汇集(上海区委各部委文件)一九二五年—一九二七年》,1987年6月)

1月7日

上海大学召开由学生许逢真发起的"河南青年学社上海大学分社"成立大会,王伯阳当选为主席。会议决定加入上海非基督教大同盟和"反对日本出兵行动委员会"这两个组织。(《河南青年学社分社成立》,《民国日报》1926年1月8日)

1月13日

晚上7时,上海大学附属中学召开各团体联欢会,学生会、教职员会、国民革命青年团、济难会、非基督教同盟、济难会儿童团各代表报告本学期工作情形及将来之计划,讨论学校行政及各团体进行事宜,选举各团体留沪办事之特别委员,阮仲一、杨贤江、萧楚女先后发表演讲。(《上大附中各团体联欢会纪》,《申报》1926年1月16日)

丁晓先、李石岑、李季、沈雁冰、周予同、周建人、周越然、胡愈之、夏丏尊、章锡琛、郭沫若、陶希圣、叶圣陶、赵景深、郑振铎、丰子恺、顾均正等上海大学教师和社会知名人士44

人,为刘华遭军阀秘密杀害一事集体签名在《民国日报》上发表《人权保障宣言》,谴责军阀当局暴行,要求保障人权。

按:1月24日,全国学生联合会总会、上海总工会、上海学生联合会、上海各界妇女联合会、国民党江苏省党部以及上海大学学生会、上海大学附中学生会、上海大学三民主义研究会、上海大学非基督教同盟、上海大学台属同学会、上海大学女同学会、上海大学济难会、上海大学附中济难分会、上海大学附中非基督教同盟、四川同乡刘华雪冤会等130余团体,在《民国日报》《申报》上联名发表《各团体拥护人权保障宣言之宣言》,表示完全拥护丁晓先等44人发表的宣言,强烈谴责淞沪戒严司令部秘密枪毙上海大学学生、共产党员刘华,誓率全体群众以为人权保障运动之后盾。

1月15日

《申报》刊登《中国济难会游艺大会欢迎各界》的启事,中国济难会游艺大会由上海大学中国济难会分会、上海大学附中中国济难会分会等单位共同发起。

1月17日

《中国国民党第二次全国代表大会日刊》刊登《上海大学募捐团致代表大会书》,称:"本校自建校舍之举,已一日不可缓,故已议定募捐办法,兹特派同人等来粤募捐,适逢代表大会开会期,本团敢向代表诸君请求三事:请各代表慷慨解囊,以资集腋成裘;请各代表回去时为吹嘘劝募,尤其是要请求海外诸代表帮助,因为海外同志是以踊跃捐资扶助革命事业著名的;请各代表回去后,努力介绍本校于各处,使同志或同情者能够接踵入本校求学,多多造就革命人才。"信末署名为上海大学募捐团汪精卫,名誉团长邓中夏、邵力子暨全体团员,团长高语罕、侯绍裘。

上午10时,上海各团体联合会召集各团体代表举行代表大会,上海学生联合会、全国学生总会、上海总工会、上海大学学生会等100余团体的200余名代表参加了大会。大会推举学总会代表、上海大学学生李硕勋担任主席,刘荣简①担任记录。会议通过了几项决定,其中包括对上海大学学生、共产党员刘华惨杀案,由本日大会到会各团体署名,发表宣言,响应丁晓先等之人权宣言。大会散会时全体起立,静默三分钟,表示对刘华烈士的哀悼。(《昨日各团体代表大会纪》,《申报》1926年1月18日)

上海大学教员周侃②被江阴县以宣传赤化及过激主义罪处死。(《无锡·周侃被杀后之种种》,《申报》1926年1月21日)

按:周侃即周水平,江苏江阴人。1924年4月之前到上海大学中学部任体育教员。1925年春加入中国共产党。1925年7月,接受党组织委派,来到江阴、无锡、常熟三县边区开展农民减租斗争,成为江苏地区农民运动先驱。1925年11月被当局逮捕,1926年1

---

① 即刘披云。
② 即周水平,又名周刚直。

月被军阀孙传芳密令杀害。1926年1月27日,中共上海区委宣传部发布《上海区委宣传部关于周刚直被害事件宣传纲要》,称周刚直为"上海大学中学部教员","乃一有学识有职业之志士,既非盗匪,亦非轻举妄动之无主见的青年","为真正能实行国民党主义之一人"。(中央档案馆、上海市档案馆:《上海革命历史文件汇集(中共上海区委宣传部组织部等文件)一九二五年八月——一九二七年四月》,1986年4月)1926年11月25日,毛泽东以"润之"的笔名,在《向导》周报发表题为《江浙农民的痛苦及其反抗运动》的文章,在讲到周水平领导农民在家乡开展减租斗争而遭军阀孙传芳下令杀害时,毛泽东说:"当周水平灵柩回到顾山安置在他家里时,农民们每日成群到他灵前磕头,他们说:'周先生是为我们死的,我们要给他报仇!'"

1月23日

上海大学在《民国日报》《申报》上刊登"来函",称:"贵报今日本埠栏载中国济难会救恤周水平事。周水平名可注,有原名刚直,前任上海大学教授等语。查本大学历年教授中并无周水平或周刚直其人,所载实系传闻之误。请即从实更正为感。"

按:上海大学这份"来函"有误。在1924年4月编印的《上海大学一览》"教员之部"的"中学部"一栏中,有记载称:"周刚直(即周水平),江苏江阴人,日本高等体育学校毕业,历任徐州师范教务主任、国文教育教员、浙江第五中学体育主任、拳术、日文教员。教授学科:体育。通讯处:无锡顾山、本校中学部。"1月21日的《申报》在报道周水平被害之事时,明确称"现任上海大学教员周侃[①]"。上海大学之所以刊登"来函"称学校并无此人,一个原因可能是只核查大学部的教授名单,并没有核查中学部的教员名单;另一个原因就是周水平是共产党员,因领导农民抗捐斗争而被军阀当局杀害,所以学校不得不刻意回避。1933年,上海大学校长于右任还专门为周水平的墓碑题写了"党国周烈士水平墓"。

统一广东各界代表大会在广州致函国民党中央青年部,请派代表出席于1月24日(星期日)中午12时在广州大东门外中央党部礼堂召开的"援助上海大学建筑校舍募捐团委员会代表大会"。(台北:中国国民党中央委员会文化传播委员会党史馆五部档案3705)

《上海学生运动委员会关于最近一月上海学生运动报告》称,我们与反动派的实力比较有C.Y.、C.P.组织,且能指挥该校学生会之学校有:上海大学、同文书院、实验中学、大夏附中、景平女校、上大附中、中国女体、复旦中学、东华大学、文治大学、务本女校(无学生会)、法政大学等12所学校。(中央档案馆、上海市档案馆编:《上海革命历史文件汇集(上海各群众团体文件)一九二四年——一九二七年》,1988年12月)

1月27日

统一广东各界代表大会致函国民党中央执行委员会,称各界援助上海大学募捐团一

[①] 周水平原名周侃,字刚直,后登报改名为周水平。

案,经本会第二十五次联席会议议决,推定贵会代表销该校 100 元捐章两个,合捐款 210 元。并随函附上海大学 100 元捐章两个。(台北:中国国民党中央委员会文化传播委员会党史馆汉口档案 7513.1)

按:1 月 29 日,中国国民党中央执行委员会秘书会谭平山、林祖涵①函复统一广东各界代表大会,称:查本会第一百零七次会议议决补助该校建筑费二万元在案,为此送还捐章两个。(台北:中国国民党中央委员会文化传播委员会党史馆汉口档案 7513.2)

广东各界援助上海大学建筑校舍募捐团委员会发表成立宣言,宣言说明了一致主张援助上海大学募捐团的理由,认为上海大学确是值革命的广州的各界人士援助的,也是万分应该援助这个真的实行孙先生的主义、领导民众站在第一道火线上的上海大学。(台北:中国国民党中央委员会文化传播委员会党史馆汉口档案 7513.1)

按:1926 年 2 月 4 日《新闻报》刊登《上海大学在粤募款》的消息,报道了上海大学募捐团在广东募捐的情况,称据募捐团团长侯绍裘介绍,募捐成绩"极可乐观"。募捐团在向出席国民党全国代表大会各代表劝募,"场捐集三千余元,海外代表尤为热心。港侨回粤恳亲团到广州,亦向之捐募。此外,又向各军及黄埔等各军校、广州政界、学界、商界等劝募,各有其本机关中人为之介绍"。另据募捐团成员、上海大学女学生丁郁回忆:"学校成立了募捐队,我被派到广州去募捐。我到过黄埔军校,曾向周恩来募捐。"(丁郁:《我在博文女学、上海大学等校的经历以及赴苏前后的活动》,中共上海市委党史研究室编《上海党史资料汇编(第一编)》,上海书店出版社 2018 年版)

1 月 28 日

《民国日报》刊登《上大广西同学》的消息,称:"现以广西当局恢复银行发行纸币之事,关系桑梓,非常重大,曾召集二次大会讨论,议决通电反对,立推起草员三人,不日即行发表。"

是月

上海大学学生、共产党员包焕赓接受上海大学党组织委派,在江苏常州横山桥镇东街自己家中,秘密召开会议,成立中共横山桥支部,会议选举包焕赓为支部书记。中共横山桥支部是常州地区最早建立的党支部。(吕洪涛、刘吉林:《星火横山桥,常武地区红色坐标的起点》,《常州晚报》2021 年 5 月 18 日)

上海大学学生、中共中央特派员罗石冰,在江西吉安指导成立中共吉安小组。(中共江西省委党史资料征集委员会编:《中国共产党江西历史大事记》,新华出版社 1999 年版)

中共上海区委《闸北部委红色周工作报告》称:闸北部委"在红色周中的工作,除分头

---

① 即林伯渠。

出席支部会议、发通告、召集全部各支书记会议报告并计划外",其已成的工作中,有"指定上大支部调查闸北学校"和"对于上大暗潮的指导"。(中央档案馆、上海市档案馆编:《上海革命历史文件汇集(上海区委各部委文件)一九二五年——一九二七年》,1987年6月)

《团上海地委工作进行计划》称:在宣传方面,"除利用各种机会如在国际青年周、国庆纪念、十月革命纪念、列宁纪念周、二七追悼周及市民大会中作我们的主义宣传以外,并极力作攻击反动派的宣传,如在大夏、文大攻击国家主义派,上大攻击国民党右派"。在平民学校方面,"用学联名义曾办平民学校九所,我们在青工工作中得了不少的帮助。此外,尚有文治、复中、立达、上大、东华所附设之平校五所,但是教员时常调动,且语言不通,以致平校本身的成绩多半不好"。(中央档案馆、上海市档案馆:《上海革命历史文件汇集(青年团上海地委文件)一九二二年七月——一九二七年一月》,1986年8月)

刘重民①在国民党二大作《上海党务报告》,称:上海大学"自从第一次全国代表大会②之后,正式承认为党立的大学,现在有四百多同学。这一个大学,我可以说是真正革命的学校,他们的同学是最努力的同志。自从成立后,时间虽然很短,但从总理③经过上海主张国民会议起到五卅案件中,差不多成为一切国民运动与社会运动的中心"。(任武雄:《国共第一次合作在上海的活动》,中国人民政治协商会议上海市委员会文史资料委员会、中共上海市委统战部统战工作史料征集组编《上海文史资料选辑·统战工作史料专辑(八)》,上海人民出版社1989年版)

2月

2月2日

下午2时,上海反对日本出兵行动委员会召集各团体代表举行成立大会,上海大学学生代表杨之华、李硕勋、余泽鸿、钟复光等参加了大会。杨之华被推为大会主席。会议选举全国学生总会、上海学生联合会、上海各界妇女联合会、上海总工会、中国国民党上海特别市党部、中国国民党江苏省党部、中国济难会七个团体为执行委员,上海大学社会科学研究会等五个团体为候补执行委员。(《反日出兵行动委员会昨日成立》,《申报》1926年2月3日)

2月11日

上海大学学生、共产党员周文在与曾培洪④等,共同创建中共常熟特别支部,属中共江浙区委书记罗亦农直接领导。(中共常熟市委党史工作办公室编著:《中共常熟地方史

---

① 刘重民,江苏江都人,共产党员,时任国民党上海执行部宣传部干事、国民党江苏省党部工人部部长。1927年4月牺牲。
② 指国民党第一次全国代表大会。
③ 指孙中山。
④ 即李强,1925年7月加入中国共产党,新中国成立后任国家外贸部部长。

(第 1 卷)》,中共党史出版社 2011 年版)

2月19日

《申报》刊登《沪案重查三国委员报告全文·英国委员戈兰之报告》,报告第十四条称:由费信惇、天赐德、麦高云及总捕头纪温士之证言中,足见布党①党徒从事于激起劳工阶级心中之恶感甚为忙碌。有学校名上海大学者,学生及讲师闻于此事尤为活动,该校校舍曾经两次搜查获有辩护布尔雪维主义②之书籍多种,于此应述者,关系五卅案件之人,被逮送究于会审公廨者,其中十八人皆系上海大学学生也。报告第十六条称:依总捕头纪温士证言,学生多以个人对于激发纱厂罢工居主要地位,但顾氏③之死始使学生为团体运动。1925 年 5 月 24 日在闸北举行追悼会。闸北系在华界,居租界之西北。追悼会中有共产党人及某某中国大学有关系者之演说,同时下午 12 时 50 分,上海大学学生组织游行约四十人,从上海大学门首前往追悼会,游行者执旗并散发有排日性质之小册子,均被拘押,其中四人并以散发小册子起诉处罚。

2月24日

《申报》刊登《上海各学校招考表》,上海大学在表中位列第七。

2月28日

《申报》刊登《上海大学将开工建筑校舍》的消息,称:上海大学已募得捐款与原定数目相去无几,决定本学期开工建筑校舍于江湾,预计加工赶造,至久两个月可以完成。

是月

黄玠然、周泽进入上海大学学习。(《黄玠然同志的回忆》,王家贵、蔡锡瑶编著《上海大学(1922—1927)》,上海社会科学院出版社 1986 年版)

3 月

3月3日

《团上海地委组织部关于一九二五年十二月至一九二六年一月的工作报告》"在组织上的几个统计"中称:"上大特支"有"学生支部"1 个,人员为男生 171 人、女生 8 人,总计 179 人;"各部两月来发展比较表"中,"上大特支"总人数为 53 人,其中男生 50 人、女生 3 人。在"组织上的变更"中称:地委组织委员为刘峻山、学生委员为余泽鸿,非基委员为梅电龙;各部委的书记中,上海大学特别支部书记为马英、南市部委书记为李硕勋、闸北部委书记为贺威圣。关于"平民学校",称:"由学联平民教育委员会组织的有九校。此外又有文治、复中、立达、上大、东华所附设之平校五所。都由

---

① 指布尔什维克,即中国共产党。
② 布尔什维克。
③ 指顾正红。

我们的同志所主持"。关于"受我们指导的刊物",有《上大附中》等七种;关于"墙报"有已经办理的复旦、曹家渡、大夏三个和正在筹备办理的上海大学等。关于1926年1月份的宣传工作,报告称:本月因各校举行寒假试验,学生忙于考试,故在学生方面所做宣传甚少,有的地方我们同志曾召集国民党左派的区分部开会纪念,在21日上海大学曾召集一次纪念列宁大会,到者300人,有我们的同志及非同志讲演。(中央档案馆、上海市档案馆:《上海革命历史文件汇集(青年团上海地委文件)一九二二年七月——一九二七年一月》,1986年8月)

按:刘峻山、余泽鸿、马英、李硕勋、贺威圣都为上海大学学生,梅电龙为上海大学附中教师。

3月7日

《上海总工会三日刊》第110期刊登诗歌《悼刘华》,署名"失业工人"。诗歌采用民歌小调形式,一开头写道:"正月里来是新春,刘华本是大学生;替我工人谋解放,用尽心血指迷津。"诗的最后写道:"十二月里来过年忙,追悼刘华永不忘;继他生平未竟志,个个来做革命党。"(上海社会科学院历史研究所编:《五卅运动史料(第二卷)》,上海人民出版社1986年版)

3月8日

下午2时,上海各界妇女联合会于西门中华路少年宣讲团举行"三八"纪念大会,参加大会的有100多人。大会主席钟复光报告"三八"节的意义。继由郭沫若、施存统、杨之华对妇女运动问题发表演说。上海大学附中女生等学校和团体在会上表演了歌唱等节目。(《女界昨开三八纪念会》,《申报》1926年3月9日)

3月9日

中共上海区委主席团召开会议,会议讨论上海大学问题,决定上海大学支部直接接受上海区委指挥。会议还讨论了各界妇女联合会统属问题。妇联过去是属于国民党方面的,上海大学学生钟复光发言,"主张不应全属于民党①,应与其他妇女团并立;且'五卅'时妇联产生并不属于民党,以后十二月正式成立,也不属于民党市党部,成立开会也未由民党决定,计划统由我们团体决定。且现在实际情形,妇联以独立名义较易号召群众"。会议决定钟复光、杨之华、陈比难、雷兴政、胡警仁、吕全贞、童国希、廖作君等参加妇女运动委员会工作。会议还讨论了成立"党校"的问题,议决"租上大方面房屋,惟须由上大用其他名义装点"。(中央档案馆、上海市档案馆:《上海革命历史文件汇集(上海区委会议记录)一九二三年七月——一九二六年三月》,1989年10月)

按:中共上海大学支部自此次会议后,成为直属上海区委领导的独立支部。第一任独立支部书记为高尔柏。1926年4月的《上海区委组织部系统、组织关系表及负责人、活

---

① 即国民党。

动分子名单》显示,在"上海地方各独支书记名单"这一栏,记有"上大书记:高尔柏"。在"上海地方活动分子名单"一栏的"独支"一项中,也记有"高尔柏"字样。(中央档案馆、上海市档案馆:《上海革命历史文件汇集(中共上海区委宣传部组织部等文件)一九二五年八月——一九二七年四月》,1986年4月)关于上海大学独立支部的书记人员,除了高尔柏见诸党史档案记录外,在上海大学学生的回忆中,包括高尔柏本人以及其他一些人都曾谈到。如高尔柏说,在上海大学"校内建有一个党支部,支部是由区委(管上海、江苏等地区)直接领导。约在1926年到1927年春,我曾担任支部书记,由区委书记罗亦农直接领导"。(高尔柏:《回忆上海大学》,王家贵、蔡锡瑶编著《上海大学(1922—1927)》,上海社会科学院出版社1986年版)黄旭初说:"五卅运动后,我回到上海大学。……学校里的党支部直属中共浙江区委,委员有高尔柏、李季、施存统三人,高尔柏任支部书记。"(黄旭初:《我在上海大学的一段经历》,黄美真、石源华、张云编《上海大学史料》,复旦大学出版社1984年版)刘披云说:1925年下半年,"党的特支书记是阳翰笙,然后是康生"。(刘披云:《回忆上海大学》,王家贵、蔡锡瑶编著《上海大学(1922—1927)》,上海社会科学院出版社1986年版)刘锡吾说:康生五卅在总工会工作,又在上大做支部书记。(刘锡吾:《上海大学的性质和作用》,刘锡吾20世纪60年代接受访谈的记录稿,原件藏上海市档案馆)阳翰笙回忆说:"'上大'是个特别支部(特支),直属地委,也有团的组织。我1925年转党。前后任支部书记的有韩觉民(代替邓中夏做教务长)、郭伯和(也是四川人,是烈士)、高尔柏和我。"(阳翰笙:《回忆上海大学》,《新文学史料》1984年第2期)阳翰笙还说:"那时我是上海大学的党支部书记,干了几个月就调我到闸北区委任书记了。在闸北区委干了几个月,党又调我去广东。"(阳翰笙:《谈二十年代的上海大学》,《社会》1984年第3期)党伯弧说:"当时上大党支部书记是杨振铎,副书记是党伯弧,是由上海市委指派的。后来杨振铎同志因工作调走,支部召开学校全体党员大会,由市委提名党伯弧接任书记职务,市委书记罗亦农同志参加大会并在会上讲了话。这是党组织处于秘密活动时期的上大支部一次党员大会。"(党伯弧:《大革命时期陕籍青年在上海大学》,中国人民政治协商会议陕西省西安市委员会文史资料研究委员会编《西安文史资料(第4辑)》,1983年内部发行)

从以上回忆来看,关于担任上海大学独立支部书记一职,高尔柏和黄旭初的回忆是符合实际的。刘披云说:1925年下半年,"党的特支书记是阳翰笙,然后是康生";阳翰笙说:"'上大'是个特别支部(特支),直属地委",还说前后任支部书记的有韩觉民、高尔柏和他自己。这里说的"特支书记""特别支部",都应为"支部"之误。至于阳翰笙说:"那时我是上海大学的党支部书记,干了几个月就调我到闸北区委任书记了。在闸北区委干了几个月,党又调我去广东";刘锡吾说:"康生五卅在总工会工作,又在上大做支部书记",还有党伯弧的回忆等,基本是符合实际的。只是以上所引刘披云、阳翰笙、党伯弧的回忆讲到的高尔柏、阳翰笙、康生、韩觉民、郭伯和、党伯弧所担任的上海大学党支部书记,都是指在1925年2月到12月间成立的"中共上海大学支部"的书记,而并非在1926年以后成立的直属上海区委的"中共上海大学独立支部"的书记。

关于康生在上海大学任支部书记及入党一事,曾和康生一起共过事的师哲①有另一种说法,他在自己的回忆录中说:"康生怎样成为共产党员的?何时何地经何人介绍入党?始终是个谜。曾无意中问过他这个问题,他却说得前后矛盾,而且含糊其辞,我始终没有听明白。1942年忽然有一天,在杨家岭,他特意信誓旦旦地对我说:他的入党介绍人是与他在上海大学同学的王友直。王友直是我的同乡,也曾同学。"王友直1992年2月逝世。"我曾写信问过他有关康生入党的问题,王的回信大出我之所料(此信我仍保存着),信中说,1925年王本人在上海大学只是个团员,1926年末赴苏学习,行至海参崴的途中才入党的,在此之前,他不可能介绍任何人入党,包括康生。据他记忆,1925年至1926年康生在上海大学也是团员,并未入党。至于康生何时转党,他毫无所知。也是在延安,康生还提出另一旁证,说和他在上海大学同学的李予超②知道他是1925年入党的,可是李予超1943年曾声明说:他自己1927年以前还是团员,至于康生何时入党,他毫无所知。"(师哲著、师秋朗整理:《峰与谷——师哲回忆录》,红旗出版社1992年版)2015年,由师哲口述、李海文整理的《在历史巨人身边:师哲回忆录》出版,其中说:"匡亚明是康生在上海大学的同学,1925年同康生一起入党,后来还在特科一起工作过。"(九州出版社2015年版)师哲以上前后两种说法录以备考。

3月12日

上海国民会议促成会第一次代表大会召开,由全国学联代表李硕勋主持。会议号召各界群众为国民会议早日实现而继续努力。(中共上海市委党史资料征集委员会编:《中共上海党史大事记(1919.5—1949.5)》,知识出版社1988年版)

3月13日

在苏联莫斯科中山大学留学的王稼祥给堂弟王柳华回信,信中说:"顷才接读来信,得知你已入民党③,欣喜之至。我听怀德④说,你与久长⑤今年也进上大附中,去学习革命,更使我欣喜万分。"信中还说:"你现在既决意走上革命道路,最好是来莫⑥学习,就是立刻不能办到,我劝你进上海大学,去学革命,上海大学是在中国的中山大学。你以为然否?"最后,王稼祥说:"望你时时慰劝我父母,望你努力革命,更望你能进上海大学,能来莫学习。"(中共中央文献研究室编:《老一代革命家家书选》,中央文献出版社、生活·读书·新知三联书店1990年版)

---

① 师哲(1905—1998),陕西韩城人。1924年参加革命,同年加入青年团,1925年赴苏学习,1926年加入中国共产党。1940年以共产国际代表身份回到延安。1945年七大后任中央书记处办公室主任,1948年任政治秘书室主任,1949年兼任马列主义编译局局长。新中国成立后,曾任山东省委书记处书记。
② 即李宇超。
③ 即国民党。
④ 即朱怀德,其时刚由上海大学附中来到中山大学学习。
⑤ 即王久长,王稼祥的同乡。
⑥ 指莫斯科中山大学。

3月19日

上海大学和上海大学附中学生为北京发生"三一八"惨案①举行罢课,抗议段祺瑞当政府镇压民众暴行。下午,上海大学附中召开会议,高尔柏主持会议,报告了北京、大沽流血事件的经过,毕任庸发表演讲,介绍了《辛丑条约》的签订和此次北京流血事件的因果关系,全场为之悲愤。(《上大附中开会》,《民国日报》1926年3月21日)

《申报》刊登《上海大学附属中学续招高中一年级男女插班生十名》广告。

3月20日

《申报》刊登《上大附中之近迅》、《时报》刊登《上大附中新聘教员》的消息,称上海大学附属中学又新请各科教员,"如蒋光赤②任社会学,梅电龙③任政治经济,朱复、刘志新任英文,毕任庸任国文,王芝九任文化史、近世史,吴庶五女士任图画,张世瑜女士任数学,徐诚美女士任音乐,均已到校授课"。

3月21日

晚上6时,上海大学在四马路④倚虹楼召开教职员会议,到会者计有李石岑、胡朴安、周由廑、周越然、刘大白、陈望道、韩觉民、谢六逸等60余人。学务主任陈望道报告了开会的目的,称本校大中两部教职员不下80余人,平时因忙于学务事务,少有接触机会,特就今日改选行政委员之期,邀请来此一叙;继由总务主任韩觉民报告校舍建筑情形,称本校筹划建筑校舍,已历半年,顷已在江湾购定地皮一段,日内即可签订,动工在即,希在座诸君将所领捐册早为结束。会议选举韩觉民、陈望道、周越然、侯绍裘、施存统、朱复、杨贤江、刘大白、李季为校行政委员会委员。(《上海大学教职员会议纪》,《民国日报》1926年3月22日)

按:3月23日《申报》刊登《上海大学最近之聚会》的消息,称该次聚会的时间为3月22日。

《民国日报》刊登《上大校舍募捐委员会新讯》,称:上海大学自西摩路校舍被封后,该校人士即行组织募捐委员会,印发捐册,分向各省官厅及各方面热心人士募筹经费,自建校舍。黑龙江于省长接到该会捐册,即发交教育厅代募,现由教育厅向江省各教育机关募得江市钱九万九千余吊,大汇兑券六十余元,大洋九十余元,共折成现大洋五百二十余元,呈复省长,业由省长转汇该会。

---

① 1926年3月16日,日本联合英、美等八国援引《辛丑条约》,向段祺瑞执政府发出要求撤除大沽口防务的最后通牒。18日,北京学生5 000余人在天安门集会,通过拒绝八国最后通牒、驱逐帝国主义公使、立即撤退驻天津的外国军舰、组织北京市民反帝大同盟等决议。会后,群众举行游行请愿,在执政府门前遭段祺瑞卫队的屠杀,当场打死47人,伤199人,造成三一八惨案。
② 即蒋光慈。
③ 即梅龚彬。
④ 今福州路。

3月22日

《民国日报》《申报》分别刊登《上海大学为在江湾购买校基通告》:"上海大学现在江湾镇南购得校基一方,共地二十余亩。已付定金,准于二星期内交割钱契。"

上海大学致电国民党中央党部,称:本校校址购定,开工在即,请将津贴洋二万元速即汇来。(台北:中国国民党中央委员会文化传播委员会党史馆汉口档案7514.1)

按:1926年3月31日,国民党中央执行委员会秘书处林祖涵①、杨匏安致函国民政府,要求"即汇上海大学津贴"。4月3日,广州国民政府委员会主席汪兆铭②,常务委员胡汉民、谭延闿、伍朝枢、古应芬致函国民党中常委秘书处,称"据上海大学来电,摧汇补助经费一案,已令财政部如数筹拨"。(台北:中国国民党中央委员会文化传播委员会党史馆汉口档案7514.2、7514.3)

下午2时,中共上海区委召开党和团部委及独支书记会议,会议讨论研究了声援、抗议"三一八"惨案情况汇报及工作进行方针。上海大学支部报告了20日、21日两天活动的情况,称:中学部20日停课,今天罢课,并组织学生出发演讲;大学部较困难,学生会不便活动,拟组织行动委员会,定于明天③召开支部大会。会议在讨论到工作存在的问题时,提出上海大学教职员方面也要开展活动;在讨论到工作方法时,称星期四开追悼会,各部从速去准备技术及组织纠察队,每部150人,上海大学及南洋大学、法政大学都要组织,要严密。每部要组织秘密纠察队50人,各部委要明了准备武装性质。会议在讨论到特别注意点时,称"上大干事部下命令教职速动起来"。(中央档案馆、上海市档案馆:《上海革命历史文件汇集(上海区委会议记录)一九二三年七月—一九二六年三月》,1989年10月)

晚上9时,中共上海区委召开"三一八"惨案行动委员会第二次会议,上海大学支部报告了"上大附中停课,大学出发讲演,组委员会"的情况。关于罢课的问题,会议提出上海大学、南洋大学、法政大学、东华大学、复旦中学等主要学校可先行罢课。(中央档案馆、上海市档案馆:《上海革命历史文件汇集(上海区委会议记录)一九二三年七月—一九二六年三月》,1989年10月)

3月24日

上午8时,中共上海区委召开各群众团体负责人会议,由各团体汇报工作和讨论罢课、后援会、追悼会等问题。上海学联在汇报中介绍了上海大学及文治大学、法政大学、东华大学、南洋大学等10所学校的罢课情况。(中央档案馆、上海市档案馆:《上海革命历史文件汇集(上海区委会议记录)一九二三年七月—一九二六年三月》,1989年10月)

---

① 即林伯渠。
② 即汪精卫。
③ 指23日。

下午3时，中共上海区委召开各部委书记会议，关于大、中学生及各界声援、抗议"三一八"惨案情况汇报及总结。上海大学支部在汇报中介绍了各方面的工作，其中说："后援会精神很好"；"教职员组织，已派人到各校去联络"；"侦探非常注意，把所有通告抄去"；"被捕同学，无法查明，很可忧"。（中央档案馆、上海市档案馆：《上海革命历史文件汇集（上海区委会议记录）一九二三年七月—一九二六年三月》，1989年10月）

3月25日

上海大学北京惨案后援会成立，并发出通电，称"段祺瑞甘心媚外，非特不御外侮，竟敢枪杀向彼请愿之爱国同胞演此亘古未有之惨剧。噩耗传来，令人发指，本会于今日成立，誓为北京爱国同胞后盾，全体一致，虽死不辞，务达惩段及废辛丑条约目的。务望全国同胞一致奋起，使死难者之血不致虚流"。（《民间之驱段废约声·上海大学》，《民国日报》1926年3月25日）

下午2时，由上海工商学各团体联合发起"上海各界京案后援会"在南洋大学召开成立大会。计有164个团体的300余名代表参加了大会。上海大学学生、上海学生联合会代表余泽鸿被推为大会主席。会议推选上海大学等25个团体为执行委员，组织执行委员会，负责进行各项会务。会议决定27日上午10时在西门公共体育场举行"上海市民北京惨案被难烈士追悼大会"。（《各界援助京案之昨讯》，《申报》1926年3月26日）

上海大学、上海大学附中等20余校学生3 000余人集会游行，声讨段祺瑞政府制造"三一八"惨案。（《各界援助京案之昨讯》，《申报》1926年3月26日）

3月26日

上午9时，上海各界京案后援会召开执行委员会，余泽鸿主持了会议。会议推定各部主任，其中宣传部主任由上海大学担任。会议决定由沈玄庐、杨杏佛、施存统、杨之华、邵元冲、叶楚伧、李季等担任讲演；组织总纠察五人，当选者为南洋大学、上海大学、各界妇女联合会、孙文主义学会、商务工会。会议还讨论了为京案死难市民举行追悼会的计划。（《今日各界为京案开追悼会》，《申报》1926年3月27日）

下午12时30分，中共上海区委召开党和团部委会议，关于声援、抗议"三·一八"惨案情况汇报和总结。上海大学支部在汇报中称：昨天全体参加游行，情形很好，惟人数少，统共千人，惟效力好；校内昨晚开行动委员会，指定纠察队、传单队、演讲队，明天可到三百人；学生很愤激，罢课决继续两天，同志仍出去演讲；化装演讲已着手组织未成。（中央档案馆、上海市档案馆：《上海革命历史文件汇集（上海区委会议记录）一九二三年七月—一九二六年三月》，1989年10月）

下午2时，上海学生联合会召集第三次紧急代表大会，讨论追悼北京死难市民大会等事宜。上海大学、南洋大学等20个学校计40余名代表到会。会议推定追悼大会职员，其中决定总纠察为上海大学、交通队等。（《今日各界为京案开追悼会》，《申报》1926年3月

27日)

3月27日

上海召开追悼北京死难市民大会,上海大学、上海大学附中等400多个团体参加了大会。(《昨日京案追悼会详情·到会之团体》,《申报》1926年3月28日)

上海大学学生、共青团中央特派员刘九峰①和中共南昌特支一起,领导团南昌地委的改选工作。(中共江西省委党史资料征集委员会编:《中国共产党江西历史大事记》,新华出版社1999年版)

3月31日

中共上海区委闸北部委李德馨工作报告及意见书称,关于党员人数,本年1月份统计共282人,后上海大学支部成特别支部,而减去78人,故实数当时仅为204人。再加上从2月到现在所新介绍之37人,则为241人,但现在确数虽因各支部(党的关系)人数变迁无常,而大概有220余名。关于支部数,2月份前有上大、商务、邮务、海员、彩印、字林、国民通讯社、通讯图书馆、东吴、景贤、上总、公总、纱总、民交、领署、薛宗悌、国华、申报等18个支部,后因上大成特支,而有17个支部。现在又成立济难会支部,故仍为18个支部。(中央档案馆、上海市档案馆编:《上海革命历史文件汇集(上海区委各部委文件)一九二五年—一九二七年》,1987年6月)

是月

张崇文经李硕勋介绍进入上海大学社会学系学习。(中共临海市委、临海市人民政府编:《临海揽要》,西泠印社出版社2014年版)

4月

4月1日

青年团上海地委关于半年工作报告,对现在本团人数、支部及部委作了列表统计,其中称上海大学特别支部人数男性106人,女性8人,总计114人;支部数为学生支部1个。(中央档案馆、上海市档案馆:《上海革命历史文件汇集(青年团上海地委文件)一九二二年七月—一九二七年一月》,1986年8月)

4月2日

晚上,上海大学台州同乡会召开会议,选出新一届执行委员会,决定继续出版《台州评论》。(《上大台州同乡会新讯》,《申报》1926年4月4日本埠增刊)

4月3日

《申报》刊登《新晋第三期将出版》的消息,称上海大学学生焦有功、陈怀璞、阎毓珍女

---

① 即刘峻山。

士等发起之晋社业已告成,以研究学术、政治为宗旨,并出刊《新晋半月刊》一种,以供社会之参观。文章还称该刊发行处设在上海大学陈怀璞处。所刊内容除于学术方面有贡献外,对于晋省政治均有建论。

4月5日

下午1时,为欢迎新同学及联络感情,上海大学及附中在社会学系第五教室举行春季同乐会。除主席报告及自由演讲外,还表演双簧、唱歌、粤曲、跳舞、英文唱歌、京曲、新剧、火棍、国技、宁波调等各种游戏。(《上海大学今日开春季同乐会》,《新闻报》1926年4月5日)

涟水旅沪学友会假上海大学开常年大会,到数10人。(《涟水旅沪学友会开常年会》,《申报》1926年4月7日)

4月6日

中共上海区委主席团举行会议,会议决定由杨之华继任区委妇女部主任。(周永祥著:《瞿秋白年谱新编》,学林出版社1992年版)

4月8日

上海大学在江湾所购地基计二十余亩,完成钱契交换手续,上海大学校舍建筑委员会亲莅该地,会勘立界。(《上海大学》,《民国日报》1926年4月9日;《上海大学购地建筑校舍会勘立界》,《新闻报》1926年4月9日;《上大购定校舍地基》,《时报》1926年4月9日)

4月9日

上海大学行政委员会致函国民党中央执行委员会,请求将建筑款二万元克日汇来,以应急用。并派丁郁女士代表上海大学,赴广州向国民党中央执行委员会当面提出要求。(台北:中国国民党中央委员会文化传播委员会党史馆汉口档案7515.1)

按:1926年4月12日,国民党中央执行委员会秘书处杨匏安、林祖涵就上海大学4月10日的来函回函上海大学校长于右任,称"已令催财政部如前筹拨"。(台北:中国国民党中央委员会文化传播委员会党史馆汉口档案7514.4)

4月10日

晚上6时,上海大学中文、英文系丙寅级[①]邀请教职员在一品香聚餐,到教职员和学生共60余人。席间由陈望道、周越然、田汉、朱复、李季、韩觉民等发表演说。田汉还与学生一起演唱京剧曲目。(《上大丙寅级举行聚餐》,《民国日报》1926年4月12日)

上海大学致函国民党中央林祖涵[②]、毛泽东、恽代英,请他们三位鼎力赞助,敦促国民党中央执行委员会将补助上海大学建筑款二万元克日汇来,以便开工。(台北:中国国民

---

① 即1926级。
② 即林伯渠。

党中央委员会文化传播委员会党史馆汉口档案 7516.1)

4月12日

上海大学社会学系第一届同学会召开春季第一次会员大会,由朱义权主持。会议修改了章程,改选了同学会的组成人员。(《上大社会学系同学会》,《民国日报》1926年4月13日;《上大社会学系同学会·昨开会员大会》,《时报》1926年4月13日)

沈雁冰辞去商务印书馆职务,担任国民党中宣部在上海的秘密机关交通局代主任。6月被正式任命为主任。(叶子铭编:《茅盾自传》,江苏文艺出版社1996年版)

4月14日

《民国日报》刊登《上海大学》的消息,称:"该校历年来专门部及附属中学所毕业学生,均能各依所学,充分发挥其才能。本年暑假,该校大学本科中国文学系、英文学系又将各有学生一班毕业,据该校当局现已组织一毕业生职业介绍部,并印有简章及委托介绍职员表等物,以便外界需要该校毕业人材者之接洽。"

4月21日

《申报》刊登《各大学毕业同学会之组织·上大丙寅级》的消息,称"上海大学文艺院中、英两系丙寅级因毕业在即,日来筹办年刊及一切应举行事宜,甚形忙碌。已由两系各举出委员五人,组织上大丙寅级委员会,分文书、编辑、交际、庶务、会计五股,并推定蒋抱一、蒋如琮、黄让之为编辑,蒋同节、杨洛如为交际,吴卓斋、王友伦为文书,孔庆波、陈荫南、周学文为庶务,王振华、蔡鸿烈为会计"。

4月24日

上海大学行政委员会致函国民党中央执行委员会,表示议决推定韩觉民作为上海大学行政委员会代表赴广州支领建筑补助费二万元。此函还称:"上海大学此次建筑校舍需费七万元以上,现除贵会指拨之二万元暨募得捐款一万二千元外,不敷尚属甚巨。敢请贵会俯念上海大学以反抗帝国主义最烈之故,去年受祸亦最酷,既被迫赁居民房,诸多不适,非亟图使校舍落成,不足使学子安心学业,以备救国之用。特准于原定拨给二万元外,再予增拨一万元,以助其成。"此函还称:"上海大学自成立以来,虽就学者日众,而经费支绌,无岁不亏。历来均由于校长右任捐募借垫,借以支持。但值此民生凋敝、兵祸频仍之际,捐借两途,均生窒碍。历年积亏,既达一万余元。本学期预算,又不敷四千余元。点金乏术,支柱为难。伏念贵会前曾允给每月经常费补助银一千元,嗣以度支未裕,中途停拨。兹值国民政府财政统一,经济状况较佳,敝会虽不敢望仍照原案继续补助,敢乞贵会特准给予一次补助计银一万元,以纾上海大学目前之困。"(台北:中国国民党中央委员会文化传播委员会党史馆汉口档案 7515.3)

上海大学安徽阜阳籍的学生、共产党员周传业,在上海发起组织的进步团体"四维社"编辑出版的《阜阳青年》半月刊创刊。刊物在上海和阜阳两地发行。(中共安徽省委党史

工作委员会编:《中共安徽党史大事记(1919—1949)》,安徽人民出版社1992年版)

4月25日

晚上7时,上海大学举行平民学校开学典礼,到学生300余人。先由校长张庆孚作报告,继由韩觉民、高尔柏、章毓寄、张崇德、萧绍郧等发言,对学生致勉励之词。最后由教务长邓定人、总务长秦秉悟和教员崔小立、傅冠雄、熊世齐发言。(《上海大学》《申报》1926年4月26日;《上大附设平校开学》,《时报》1926年4月26日)

4月26日

国民党中央执行委员会秘书处致函国民党中央政治委员会,请政治委员会照拨上海大学建筑费二万元,并复上海大学。(台北:中国国民党中央委员会文化传播委员会党史馆汉口档案7516.2)

国民党中央执行委员会秘书处甘乃光、林祖涵、杨匏安复函上海大学,称关于上海大学建筑费二万元一案,已函转政治委员会照案催拨。(台北:中国国民党中央委员会文化传播委员会党史馆汉口档案7516.3)

4月28日

上海大学召开教职员、学生联席会议,通报在江湾购买地基,拟建立新校舍,议决募捐事宜。(《上海大学建筑校舍近闻》,《民国日报》1926年4月29日)

4月30日

国民党中央政治委员会主席谭延闿"以上海大学函催补助筑费甚急,并派丁郁女士为代表摧汇此款"一事,致函国民党中央委员会,称"除函饬财政部酌办外,相应函复查照"。(台北:中国国民党中央委员会文化传播委员会党史馆汉口档案7515.2)

是月

《寰球中国学生会特刊》刊登《上海著名大学调查录·上海大学》的专题调查报告,称:"校址:上海闸北青云路临时校舍(现正自建校舍于江湾);校长:于右任;各主要职员:中国文学系主任兼学务主任陈望道,英文学系主任周越然,社会学系主任施存统,总务主任韩觉民;各科教授:英文学系周越然、周由廑、胡哲谋、唐鸣时、江显之、刘志新、殷志恒、沈亦珍、高觉敷、林康元、朱恢伯,社会学系施存统、李季、郑兆林、陶希圣、陈望道、杨贤江、尹实甫、韩觉民、蒋侠僧①、沈观澜②、哥本可夫司基,中国文学系陈望道、刘大白、李石岑、胡朴安、丰子恺、郑振铎、徐蔚南、蔡乐生、方光寿、高觉敷、顾均正、章乃羹、任讷、谢六逸、施存统、金祖惠、王世颖、韩觉民、姚伯谦、田汉;编制:文艺院分中国文学系、英文学系,社会科学院社会学系"。又称:"附属学校概要:附属中学正主任侯绍裘,教务主任韩觉民,副

---

① 即蒋光慈。
② 即沈以行。

主任兼事务主任沈观澜。"

《上海区委组织系统、组织关系表及负责人、活动分子名单》中的"组织系统表",计有杨树浦、引翔港、浦东、小沙渡、曹家渡、闸北、南市等七个"部委";徐家汇一个"支部";法界、吴淞、上大、学总、先施、正太等六个"独支",其中"上大独支"的党员数为 61 人。"上海地方各独支书记名单"中,上海大学书记为高尔柏,学总书记为李硕勋。"各种委员会书记名单及各校团书记名单"的"学生校团"中,学总书记为李硕勋,学联书记为余泽鸿;"妇女运动委员会"为陈比难;"民校①校团"中,上海为张廷灏,江苏为侯绍裘;"国民会议促成会校团"为郭景仁;"济难会校团"为萧朴生。(中央档案馆、上海市档案馆:《上海革命历史文件汇集(中共上海区委宣传部组织部等文件)一九二五年八月——一九二七年四月》,1986 年 4 月)

按:以上高尔柏、侯绍裘、萧朴生为上海大学教师;李硕勋、余泽鸿、陈比难、张廷灏、郭景仁均为上海大学学生。

《上海区委组织部各项统计表》中有"印刷品简单统计",称"《导报》②:前分配于各地委、部委、独支者,每期约一千余份,自 146 期起,每期增至二千余份,均能收费",其中上海大学分配数量为 300 份。关于"北平惨杀追悼会"传单散发,"事前已有五六种传单散发,每种二三万不等,计共约 20 万,分配于闸北、上大、法界、徐汇等处较多"。(中央档案馆、上海市档案馆:《上海革命历史文件汇集(中共上海区委宣传部组织部等文件)一九二五年八月——一九二七年四月》,1986 年 4 月)

5 月

5 月 1 日

上海大学台州同乡会主办的《台州评论》第四期出版。这期发表了林泽荣③的《我为什么入上大》一文。文章说:"台州旅沪学生的总数,至多不过三百余名,而在上大的已达三十余人,依我个人的观察,将来还要增加起来,这是什么缘故呢?是不是他们的程度太不好,考不进严格的学校呢?是不是他们被少数同乡强拖进去的呢?这确是值得我们讨论讨论。"林泽荣回答说:"我在回答第一个问题时,似乎要说的是,因为目下内地的毕业生,多数党程度确是不太好的,若要考入严格的学校,恐怕有点困难。但是上大的台州同学,有很多的是从严格的学校转来的,可见他们实不是因为程度太外而来滥斯上大的!至于第二个问题,更是笑话极了,他们亦不是小孩子,倘若他们认上大为不满意的学校,则少数的同乡怎么能够把他们强拖进去呢?这无论在理论上或在事实上都是不可能的。倘若他们当时未明该校的真相,偶然被人诱入,则一二星期后,他们无论如何亦要跑了的。可

---

① 指国民党。
② 指《向导》周报。
③ 即林淡秋。

是上大的台州同学,一点都没有转学到念头,而且都很满意的。可见他们在未入校以前,必有精密的观察和相当的同情,绝不是偶然被人诱入的!"林泽荣在文章的最后写道:"总之一句,我要到上大来,并不是像一般人所说的。至少也有两个目的,是:(一)受相当的训练,俾得改造黑幕重重的台州;(二)联合革命分子,预备上革命战线上去。"(《20世纪20年代的上海大学》,上海大学出版社2014年版)

按:《台州评论》系上海大学台州同乡会主办的刊物,现在仅见到第四期,内容大多为该会会员的政论文。

黄仁烈士善后委员会成立,出席会议的除上海大学学生会、上海大学非基督教同盟会、上海大学四川同乡会外,还有四川青年社、中国济难会、全国学生总会、上海学生联合会、中国国民党第三区第二分部、四川富顺旅沪学会、富顺青年社等单位和组织。(《黄仁烈士善后委员会成立》,《申报》1926年5月2日)

5月4日

上午10时,上海学生联合会举行五四纪念会,上海大学等各学校代表100多人参加了大会。(《昨日本埠之五四纪念》,《申报》1926年5月5日)

晚上7时,上海大学召开纪念五四大会,全体学生出席,高尔柏主持会议,杨贤江发表演讲。会后有各项游艺表演。(《昨日学界纪念五四·上海大学》,《民国日报》1926年5月5日)

为纪念五四,上海大学放假一天。(《昨日学界纪念五四·上海大学》,《民国日报》1926年5月5日)

5月6日

国民党中央执行委员会秘书处林祖涵①、杨匏安致函蒋介石、谭祖安②、宋子文,介绍上海大学代表韩觉民为上海大学校舍建筑费事,前来趋谒,请接洽。(台北:中国国民党中央委员会文化传播委员会党史馆汉口档案16421)

5月7日

上午10时,国民党中央执行委员会常务委员会召开第二十六次会议,毛泽东、何香凝、缪斌、朱培德、黄实、顾孟余、谭平山、杨匏安、林祖涵、陈其瑗、邓泽如、邵力子、胡汉民、褚民谊、许甦魂、周启刚、彭泽民、詹大悲、江浩、甘乃光等出席会议。谭平山担任会议主席,刘芬任书记长。在会上,秘书处提出上海大学要求发给经常费按月支领案。会议决定:命令财政部,关于上海大学补助案,无论财政如何困难,务须依照第一次全国代表大会决议,每月津贴千元;在财政部未给领以前,暂由中央宣传费项下挪借。(台北:中国国

---

① 即林伯渠。
② 即谭延闿。

民党中央委员会文化传播委员会党史馆汉口档案）

按：当时国民党中央宣传部代理部长为毛泽东。当天，参加这次会议的书记长刘芬致函黄天衢，称："关于上海大学经费案，请另拟一函致该校，此函请交弟转交为妥。"（台北：中国国民党中央委员会文化传播委员会党史馆汉口档案7519.1）

5月8日

林祖涵、杨匏安代表国民党中央执行委员会常务委员会致函财政部，称："查本会二十六次会议，秘书处提出上海大学要求月给经费壹仟元案，决议应令财政部无论财政如何困难，需照第一次全国大表大会决议案，月给该校补助费壹仟元等语。相应函达，希为查照办理。"（台北：中国国民党中央委员会文化传播委员会党史馆汉口档案7517）

中共上海区委召开各部委书记会议，各部委汇报工作情况和区委总结。上海大学在汇报中谈到李汉俊问题，称李汉俊他来是要做社会学系主任的，陈望道也有此意，陈望道还要学生开欢迎会，预备学生会否决，再使他开不成。李汉俊如当主任后，可说在上海大学方面我们势力将全失，惟无人可当主任等，很困难，预备再开会解决。（中央档案馆、上海市档案馆：《上海革命历史文件汇集（上海区委会议记录）一九二六年四月—一九二六年六月》，1989年11月）

5月11日

中国国民党中央执行委员会秘书处杨匏安、林祖涵致函政治委员会，称关于上海大学校舍建筑费于原定二万元外请求增加一万元案，当经本会第二十五次常务会议议决，交政治委员会核办。此件还附称："关于上大事件二十五次会议议决：（一）关于校舍建筑费于原定二万元外请求增加一万元案，交政委。（二）关于一次付之经常费，因目前财政困难，碍难照准。"（台北：中国国民党中央委员会文化传播委员会党史馆汉口档案7515.4）

5月12日

国民党中央执行委员会常务委员会林祖涵、杨匏安致函上海大学，称前据贵校请每月发给经费一千元等情，当经提出本会第二十六次会议议决，应函财政部，无论财政如何困难，须照第一次全国大表大会议决案，月给贵校补助费一千元。在财政部未发给以前，暂由本会特种宣传费下借拨。（台北：中国国民党中央委员会文化传播委员会党史馆汉口档案7519.2）

国民党中央执行委员会秘书处林祖涵、杨匏安致函国民党上海特别党部，称前据函称，务恳速发给二万元为上海大学建筑校舍等情，业经提交本会财政委员会会议议决，已转政治委员会办理在案。（台北：中国国民党中央委员会文化传播委员会党史馆汉口档案7541）

5月16日

晚上，由上海大学全体校役组成的校工团召开成立大会。"首由主席徐开君报告，通

过章程,推选职员,结果龚兆魁、沈得喜、徐开当选为执行委员,末由章毓寄、张庆孚、刘怡亭、李思安四先生演说。至九时许散会"。(《上海大学》,《民国日报》1926 年 5 月 17 日)

按:龚兆魁又名龚兆奎,上海大学校工。1962 年 1 月曾接受有关人员访谈,称:"我在上大当校工,从上大开班起直到五卅后我跟汪季之到北京前为止。上大有校工三十多人,建立了校工工会。每月要交会费。"访谈稿原件现藏上海市档案馆,档号:D10-1-52。

5 月 18 日

国民党中央执行委员会秘书处杨匏安、林祖涵致函国民政府,称现据朱季恂、柳亚子等同志以上海大学建筑费大洋二万元需用在即,贵政府认捐大洋二万元,迄今尚未汇到,急转请贵政府立将该款提发,俾即动工等情前来,相应检同原函,送请查照办理。(台北:中国国民党中央委员会文化传播委员会党史馆汉口档案 7520.1)

中共上海区委召开主席团会议,讨论"五卅"行动计划。其中关于"组织问题",提出"要召集负责同学会,分两次",由贺昌、罗亦农负责。"工会方面也要召集"。"便于指挥起见,组五卅行动委员会",罗亦农、贺昌、汪寿华、梅电龙、韩光汉、余泽鸿。林钧、杨之华人,罗亦农任主任。(中央档案馆、上海市档案馆:《上海革命历史文件汇集(上海区委会议记录)一九二六年四月——一九二六年六月》,1989 年 11 月)

5 月 22 日

中共上海区委"五卅行动委员会"召开第二次会议,罗亦农、林钧、梅电龙、李硕勋、韩光汉、贺昌、杨之华出席会议。(上海市档案馆编:《五卅运动(第一辑)》,上海人民出版社 1991 年版)

5 月 25 日

《民国日报》刊登《上海大学》、《新闻报》刊登《上海大学组织职业介绍部》的消息,称上海大学中国文学系、英国文学系又将各有学生一班毕业,"该校当局已组织一毕业职业介绍部,并印有简章及委托介绍职员表等物,以便外界需要该校毕业人才者之接洽"。

中共上海区委向各部委、各独立支部的同志发出紧急通告,布置五卅惨案周年纪念工作:29 日,各团体举行五卅烈士公墓奠基礼并进行和平游行和演讲;30 日,各学校、工厂罢工、罢课,在公共体育场开追悼大会,组织四五千学生和工人到租界演讲;31 日,外国人开设的工厂继续罢工一天,学校继续罢课两天。指定罗亦农、汪寿华和共青团上海区委书记贺昌为秘密总指挥。(上海市档案馆编:《五卅运动(第一辑)》,上海人民出版社 1991 年版)

5 月 26 日

上午 10 时,中共上海区委召开五卅纪念行动委员会第一次会议,报告各地区准备工作情况。会议发言记录称:"上大调动到同志多外,与所调的都未来。"交际工作由"上大附中派四人到各校接洽"。(上海市档案馆编:《五卅运动(第一辑)》,上海人民出版社 1991

年版)

5月27日

《申报》刊登《粤民党委员会之第三四五日·第五日》的消息,称:"二十日为第五日会议之期",议事日程:一是宣传部、青年部均报告本部工作,委员董用威报告长江流域政治状况。二是讨论事项共六起,其中的第二起为"财政审查委员报告审查增加党费案之结果,大概将北京之特种宣传费,移助湖南日报五百元、上海国民通讯社八百元、编辑国民革命书八百元、上海大学一千元,其余之款,拨为北伐宣传费。又拟增加党费一万元,其应增加之省区,由财政委员会酌量分配"。

中共上海区委召开五卅纪念行动委员会会议,报告五卅纪念准备情形和讨论奠基典礼的活动,林钧、汪寿华、李硕勋、韩光汉、梅电龙等出席会议。会议记录称:"纪念指定上大……负责。"又称:"各校讲演队:南洋六十,复旦十六,上大及附中七十,总之三百队无问题。"关于指挥:确定总指挥,罗亦农、汪寿华、贺昌、梅电龙、余泽鸿、刘荣简①等分任分指挥。(上海市档案馆编:《五卅运动(第一辑)》,上海人民出版社1991年版)

5月27日

晚上6时,上海大学湖南同乡所组织的"上大湘社",假西门少年宣讲团会址,举行大规模的游艺会,演出了田汉的独幕剧《获虎之夜》、郭沫若的诗作《湘累》、丁西林的独幕喜剧《一只马蜂》等。(《上大湘社游艺消息》,《民国日报》1926年5月28日;《上大湘社之游艺会》,《申报》1926年5月28日)

5月28日

晚上,中共上海区委召开五卅纪念行动委员会会议,林钧、李硕勋、韩光汉、余泽鸿、罗亦农等出席会议。林钧、李硕勋、余泽鸿等分别就大会的准备工作问题发了言。(上海市档案馆编:《五卅运动(第一辑)》,上海人民出版社1991年版)

5月29日

在闸北方家桥举行五卅烈士公墓奠基礼。参加典礼的有各界代表5 000余人。大会由上海大学学生、中共五卅惨案周年纪念行动委员会委员林钧主持。上海总工会代表陶静轩为哀悼"五卅"烈士和刘华烈士发表了沉痛演讲。会后进行了游行示威。(中共上海市委党史资料征集委员会编:《中共上海党史大事记(1919.5—1949.5)》,知识出版社1988年版)

晚上10时,中共上海区委五卅纪念行动委员会会议,李硕勋、韩光汉、贺昌、汪寿华、罗亦农、梅电龙等出席会议。会议讨论总结了白天会议情况。(上海市档案馆编:《五卅运动(第一辑)》,上海人民出版社1991年版)

---

① 即刘披云。

是月

上旬，恽代英奉命到黄埔军校任政治主任教官，正式离开上海大学。（李良明、钟德涛主编：《恽代英年谱》，华中师范大学出版社2006年版）

下旬，杨尚昆经其四哥、中共四川地方组织创建人之一的杨闇公介绍，进入上海大学社会学系学习。（中共中央党史研究室编：《杨尚昆年谱(1907—1998)》，中共党史出版社2007年版）

按：杨尚昆于1926年5月下旬到达上海，与上海大学的党组织接上关系后，住进闸北区青云路师寿坊的学生宿舍，和四川籍同学左书雅、刘希吾住在一起。由于上海大学的入学考试期已过，只能作为试读生，但党的关系被编入上海大学特别支部的小组。

6月

6月2日

上午9时，中共上海区委召开全体会议。罗亦农报告了五卅运动的经过；汪寿华、袁玉冰、赵世炎、杨之华、贺昌就五卅运动的经过和今后的工作作了发言。杨之华说："妇女工作是特殊的，可是党素来主张妇女工作非女子做不可。现在工作分女工与学生二种，都不能与男子分开，此次五卅运动，虽开行动会，但事实上非与各方面合并不可，如学生，如女工都如此，所以此次运动就好点。前次五卅运动因男女分开故失败，现在实际上妇女能力太薄弱。总之，男女不应分开。"贺昌在发言中指出："党的组织问题，内部不太好，如小沙渡上晓得郭伯和，根本原因，知识阶级在工人区做工很不好，因他们不能接近群众，应速提出工人领袖。"（上海市档案馆编：《五卅运动（第一辑）》，上海人民出版社1991年版）

6月5日

下午2时，中共上海区委召开各部委书记会议，由各部委汇报工作情况。上海大学报告称：上海大学人数一共97人，五卅以后增加4人，五卅后开除一同志，为彭习梅，因他不做工作。有二同志留团察看，书面警告6人、口头警告4人。程源希现有悔过书，干会预备派人去与他谈话。训练上问题，最近新同学4人，都要毕业回去，自己预备编一本训练新同志的小册子。关于"上大主任问题，中央回信不要包而不办，对李汉俊要好。我们原来待他不坏，惟同学多不信仰他，因他演讲多错误，且他各方面准备对我们进攻，又要连攻到中学部。再望道拼命攻击季子①，如中央要这样办，我们只好服从，但觉不见完善"。会议议决：如反侯任主，季子不去。警告蒋光赤②欠注意秘密。（中央档案馆、上海市档案馆：《上海革命历史文件汇集（上海区委会议记录）一九二六年四月—一九二六年六月》，1989年11月）

---

① 指李季。
② 即蒋光慈。

6月9日

上海大学行政委员会代表、校务委员会主任韩觉民,为筹募上海大学新校舍建筑款,由广州返回上海。携有国民政府所拨校舍建筑款2万元中的现款1万元。(《上海大学得粤款补助》,《民国日报》1926年6月10日)

6月12日

下午2时,中共上海区委召开各部委书记会议,由各部委汇报工作情况。上海大学在汇报中称:关于党务,"人数一百零五,介绍三人,干事会等均好"。关于校务,"社系主任决定季子,李汉俊任教授及学务主任,达到他二百元的目的,我们坚持主任的理由:1. 如汉俊任主任,李季必难留住。2. 各方面实权被他们拿去,我们不能做事。3. 同学方面很难活动。4. 同学不信仰汉俊,都要走掉。又校舍问题,同学很不满于校舍,下学期非造不可,现地皮已买,建筑费要六万,尚须借二万,大概可以开工。望道很有进攻意思,如想统一中学部,不准独立,因我们完全太红。又经子渊①想到上大来做代理校长,如于右任允许他,我们可以答应,起初我们很怕他,后来觉得不要紧,因我们有群众"。(中央档案馆、上海市档案馆:《上海革命历史文件汇集(上海区委会议记录)一九二六年四月——一九二六年六月》,1989年11月)

6月13日

下午2时,黄仁烈士善后委员会假上海大学开代表大会。中国济难会、上海学生联合会、四川青年社、上海大学学生会、上海大学附中学生会、上海大学四川同乡会、富顺青年社等团体代表20人参加了会议。会议讨论通过了关于黄仁烈士的安葬和抚恤家属等问题。(《黄仁善后问题之会商》,《民国日报》1926年6月14日)

6月18日

上午9时,中共上海区委召开全体委员会议,讨论区委分工、组织问题、工会问题等。区委新任命正式委员为:罗亦农、汪寿华、赵世炎、庄文恭、尹宽、张佐臣、顾顺章、郭伯和、贺昌9人;候补委员为:郑复他、丁郁(女)、梅电龙、沈雁冰、余泽鸿5人。罗亦农为书记,郭伯和负责部委工作兼任区委特派员,贺昌负责青年团工作,丁郁负责妇女工作,余泽鸿负责学生工作,沈雁冰负责国民党工作,韩步先为区委秘书长。在这次会上,丁郁发言中提到注意秘密工作的问题,说经与杨之华商量决定,"以后不能大批到妇联开会"。(中央档案馆、上海市档案馆:《上海革命历史文件汇集(上海区委会议记录)一九二六年四月——一九二六年六月》,1989年11月)

6月25日

上午9时,中共上海区委主席团召开会议,研究小沙渡工运、电气厂罢工、国民党江苏省党部、上海地方等问题的解决办法。会议决定致电中共广州区委,调侯绍裘回来主持国

---

① 即经亨颐。

民党江苏省党部工作。(中央档案馆、上海市档案馆:《上海革命历史文件汇集(上海区委会议记录)一九二六年四月——一九二六年六月》,1989年11月)

按:侯绍裘于本年5月因公到广州,国民党江苏省党部的工作由姜长林负责。(中央档案馆、上海市档案馆:《上海革命历史文件汇集(上海区委会议记录)一九二六年四月——一九二六年六月》,1989年11月)

6月26日

上海大学校长于右任致函张静江,请张静江转国民党中央执行委员会。函称请中央迅催财政部将原允拨的余下的洋一万元交侯绍裘具领汇沪,以应急需。(台北:中国国民党中央委员会文化传播委员会党史馆汉口档案7951)

按:7月20日,国民党中央执行委员会常务委员会复函上海大学校长于右任,称:"关于请催财政部迅拨贵校建筑费一节,当经本会第四十一次会议决议,签以军糈紧急,暂行缓拨。"(台北:中国国民党中央委员会文化传播委员会党史馆汉口档案7951)

下午2时,中共上海区委召开各部委书记会议,由各部委汇报工作和区委报告上海地方政局等问题。上海大学支部报告称:"各组都能开会,第十组特别重要,每周开二次会,都是新加入同志,十余人都有能力,我们特别训练。现在调查暑假有一半人要回去,干事也有一半要回去。学校主任问题,于校长以行政会主任及校务主任要望道及汉俊择一担任,愿出自己薪水百元分给他们,于校长意思责我们叫汉俊来是错误的,对望道也不满意。惟上大只社会系可以自维持,人数较多。余英、中两系都亏本,教员薪水也他们多,于要觉民完全负责,觉民很感困难,经费校长不负责,在此情形,将来问题恐仍难免,现暂解决。社系主任,仍李季代理。建屋舍钱不够,投标结果,非七万元不可,现只有二万元,实在很困难,现决让建筑委员会去决定。附中望道想夺取,我们要反对,望道目前之所以如此不好,是因为晓得我们的联合的政策,所以同志方面对于存统很不满意。宣传委员会,为宣传统一起见,P.Y.合同组织,惟C.Y.与C.Y.两方讨论态度不好,预备仍分头组织。学生会因放暑假,改组学生暑期委员会。又团体到我们这里开会,C.Y.不事前通知,很不好。本星期增加四人。党费收到三分之一。"(中央档案馆、上海市档案馆:《上海革命历史文件汇集(上海区委会议记录)一九二六年四月——一九二六年六月》,1989年11月)

6月30日

《申报》刊登《丧礼志》,称:"吴芬女士,字次芳,浙江杭县人,前肄业于上海大学英文系。天智聪慧,好学过人,尤善研究文学。民国十三年,转学于持志大学英文学系,今年暑假将届毕业。讵意天不假年,女士竟于本月25日,殁于成都路新乐里寓所,悲耗传来,该校同学甚为惋惜。闻持志大学校长何世桢哀其志,特给予文学士学位。"

是月

在苏联莫斯科中山大学学习的王稼祥给堂弟王柳华写信,信中说:"柳华,勇起前往吧!我希望你转入上大或广东,因为来俄自然不是一刻可以办到的,假如你转入这些学校,在未来俄之先,你可以获得革命的理论,又可以很容易的得到机会,来俄学习,不知你可以为然否?所以我希望你能这样去。——上大广大不可能——亦可转入北京俄专。"(徐则浩:《王稼祥年谱》,中央文献出版社2001年12月版)

《上海区委组织部关于上海区同学数量统计表》中的上海大学独立支部"文科生",在3月份,总计65人,其中男生56人、女生9人;在4月份,总计72人,其中男生63人、女生9人;"每月增减同学数量统计"中,称上海大学独立支部4月份增加人数为13人,其中男性12人、女性1人;减少人数总计6人,其中男性5人、女性1人。(中央档案馆、上海市档案馆:《上海革命历史文件汇集(中共上海区委宣传部组织部等文件)一九二五年八月——一九二七年四月》,1986年4月)

共青团上海地委的"五卅周年纪念工作概况"称:上海大学:根据区校及桑翰宣传大纲在群众中作普遍的宣传,宣传后的情形由组长报告干事会;统计同志宣传的成绩;上大学生会出版刊物;从二十五起派二十人左右到学联作工;发散《向导》。在对学校罢课统计中,称罢课坚持三天的,有上海大学、上海大学附中等三十多个学校。(中央档案馆、上海市档案馆:《上海革命历史文件汇集(青年团上海地委文件)一九二二年七月——一九二七年一月》,1986年8月)

7月

7月1日

上海大学文艺院中国文学系和英国文学系举行丙寅级①毕业典礼。陈望道、周越然、周由廑、韩觉民、朱复和学生、来宾600多人出席。此次毕业学生共有52人,均授予文学士学位。报道称:"该校宗旨原为促进文化事业、养成建国人材,奋斗数年,经营惨淡,此为该校第一次毕业人才,想必能大有振作于社会也。"(《上大丙寅级毕业式》,《民国日报》1926年7月3日;《上海大学之毕业式》,《时报》1926年7月3日)

7月7日

《申报》刊登《上海学生联合会启事》:"本会第二次账目从十四年六月廿九日起至十月廿一止,业经会计师徐永祚先生逐一查核完竣,编制收支表。兹将其结果报告于后。"

按:在"收入项下",有"上海大学还前欠300大洋";在"支出项目"中,有"上海大学100"大洋。

7月10日

《民国日报》《申报》刊登由校长于右任署名的《上海大学招生》广告。

---

① 即1926级。

7月12日

《申报》刊登《夏令讲学会积极进行》、《时报》刊登《夏令讲学会之内容》的消息,称上海学生联合会筹设的夏令讲学会,请国内硕学名流担任讲席,讲题有李石岑之"尼采哲学"、杨杏佛之"社会科学的历史与研究的方法"、黎锦晖之"国语发音学概要"、沈雁冰之"五卅运动的研究"、陈望道之"中国妇女运动"、蒋光慈之"革命文学"等三十余讲。

7月13日

上午9时,中共上海区委主席团召开会议,讨论有关团的工作、工人运动和党报问题。关于组织工作,会议记录称:"支部分工人、学生二种。学较工好,同志很努力,每人兼数种工作,积极者有十分之五。可是过去,大点的为复旦、上大、上中、景贤各支部较好。工支很少能开会,同志不善到会,最近整顿,能开会者为十分之七,到会者三分之二,开会时精神尚好。区委各部委会,部委的支书联会都能开会无误。归根一点,一般同志对区信仰而能执行命令,各种工作也较前好。"(中央档案馆、上海市档案馆:《上海革命历史文件汇集(上海区委会议记录)一九二六年七月——一九二六年九月》,1989年11月)

《民国日报》《时报》分别刊登《夏令讲学会全部课程》的消息,称本次夏令讲学会全部课程已排定,郭任远讲"群众心理",李石岑讲"尼采哲学",杨杏佛讲"社会科学之历史与方法""中国革命史",邵元冲讲"中国劳动运动",陈望道讲"中国妇女运动",潘公展讲"最近中国之政象",韩觉民讲"政治与民众",胡愈之讲"列强之相互关系",萧朴生讲"帝国主义侵略中国之各种方式",李季讲"三个国际",张君劢讲"中国宪法运动",何世桢讲"法制精神",杨贤江讲"学生运动",沈雁冰讲"新文学",蒋光慈讲"革命文学",郑振铎讲"佛曲弹词与鼓词""研究中国文学之途径",田汉讲"戏曲与人生",黎锦晖讲"国语发音概要",戈公振讲"读报与剪报"等。

7月19日

上海10时,上海学联举办的夏令讲学会举行开学典礼,下午3时正式授课。(《夏令讲学会开讲》,《时报》1926年7月19日)

7月23日

中华全国学生总会第八次代表大会在广州广东大学召开,上海大学学生刘披云当选为第八届中华全国学生联合总会委员长。(刘披云:《回忆上海大学》,王家贵、蔡锡瑶编著《上海大学(1922—1927)》,上海社会科学院出版社1986年版)

7月25日

下午,上海大学教授唐鸣时应商务印书馆同人俱乐部邀请,在第七次公民演讲会上作题为"维持公共秩序"的演讲。报道称,唐鸣时"相题设喻,措辞隽永,听者轩渠而易解,不觉天气之炎热也"。(《商务书馆俱乐部演讲》,《申报》1926年7月27日)

《上海区委组织部关于各支部负责人名单(一九二六年七月二十五日)》中,上海大学独立支部负责人为马昇。(中央档案馆、上海市档案馆:《上海革命历史文件汇集(中共上海区委宣传部组织部等文件)一九二五年八月—一九二七年四月》,1986年4月)

7月26日

上海大学通过经亨颐呈文国民党中央执行委员会,要求将补助上海大学新校舍建筑补助费所余一万元即日拨下。文称:"今当敝校功亏一篑之际,务望贵会诸公念敝校筹备之艰,将此款即日拨下,交经子渊先生转汇来沪,不胜迫切之至。"(台北:中国国民党中央委员会文化传播委员会党史馆汉口档案7522.1)

按:经亨颐(1877—1938),字子渊,浙江上虞人。中国近代教育家、书画家。先后担任浙江两级师范学校、浙江第一师范学校校长。1920年1月,在上虞创办春晖中学,并出任首任校长,1923年8月兼任浙江省立第四中学校长(两年后离任)。1938年病逝于上海。陈望道在浙江一师任教时经亨颐为校长;施存统在浙江一师学习时因发表《非孝》一文,在浙江教育界引起风潮,经亨颐作为校长,保护了教师陈望道和学生施存统,最后以辞职来抗议浙江教育当局。

《时报》刊登《夏令讲学会近闻》,称"夏令讲学会自上周开学以来,每日听讲者均甚踊跃"。"本周课程已排定",星期一午后3时至5时,"杨贤江讲'学生运动'",星期二午后3时至5时,"戈公振讲'读报与剪报'"。

7月28日

《民国日报》《申报》刊登《上海大学建筑校舍募捐委员会启事》:"本大学已将教室、寝室、膳厅、厨房、门房全部校舍包给久泰营造厂,即日开工建筑。目下需款甚殷,凡已捐未缴各款,务请各经募人从速催缴,以便应用。"

《申报》刊登《上海大学新校舍建筑动工》的消息,称:"上海大学建筑校舍因规模宏大,筹备几及一年。自购定江湾宽大校基后,当即招工投标。闻中标者为久泰营造厂,已于昨日由该校校舍建筑委员会会集凯泰打样公司及久泰营造厂正式结约,即于今日动工,限日完成,以便来学期应用。"

7月29日

上海大学学生会发表宣言,谴责由北京亚细亚民族大同盟及东京全亚细亚协会所发起的将于8月1日在日本长崎召开的全亚细亚会议。(《上大学生会之宣言》,《民国日报》1926年7月29日)

7月31日

《上海区委宣传部关于沪区宣传工作的报告(一九二六年七月三十一日)》称:"各校学生同用学生会等名义出版定期刊物,据我所知道的有上海大学、南洋大学,出壁报的更极多。""关于专门小册子,有上大民党区分部的《反西山会议》"。(中央档案馆、上海市档案馆:《上海革命历史文件汇集(中共上海区委宣传部组织部等文件)一九二五年八月—一

九二七年四月》,1986年4月)

下午2时,中共上海区委召开各部委书记会议,由各部委汇报工作并讨论罢工与市民运动问题。上海大学在汇报中称:"因暑假无甚大事,惟改组后,开会都不迟到,训练在开会中讨论。《导报》收价太贵。现预备做房客联合会工作。"(中央档案馆、上海市档案馆:《上海革命历史文件汇集(上海区委会议记录)一九二六年七月——一九二六年九月》,1989年11月)

是月

《上海区委组织部关于一九二六年七月份支部及党员统计表》中,上海大学支部数为1个,党员数为50人,其中男性为42人、女性为8人。(中央档案馆、上海市档案馆:《上海革命历史文件汇集(中共上海区委宣传部组织部等文件)一九二五年八月——一九二七年四月》,1986年4月)

青团江浙区委①关于组织情况的各项统计,称上海大学有特别支部1个,人数为175人,特支书记为陈怀朴,发展分配人数为30人。有16个支部被评为模范支部,其中有"上海大学特别支部"和隶属于闸北部委的"上海大学附中支部"。在"各青年团体党团书记"一栏中,"所在地"为上海大学附中的,有国民革命青年团的覃泽汉、济难分会的赵振麟、少年社的胡醒灵、非基督教同盟的秦治安;"所在地"为上海大学的,有山东青年社的孟超、陕西同乡会的曹赴仁、共进社的吉国桢、河南青年协社的易宗邦、陕西旅沪各团体联合会的吉国桢、晋社的阎毓珍、寿县上大同学会的王栗一、彩仪社的何挺颖、仪中旅沪学生会的何挺颖、陕西青年社的何挺颖、上大济难会的陈荫农、涪陵旅沪学会的高孟松、非基同盟的黎本益、两广青年社的刘端州、四川同乡会的王鸿卢、上大女同学会的童国希、上大艺术社阎毓珍、上大浙江同乡会的余世堪、宁波旅沪学生会的余世堪、四川青年社的萧同华、上大合作社的赵体贤、上大少年社的胡醒灵。该统计注明:各青年团体总党团书记由贺昌担任。(中央档案馆、上海市档案馆:《上海革命历史文件汇集(青年团上海地委文件)一九二二年七月——一九二七年一月》,1986年8月)

按:贺昌为上海大学学生。

《团上海地方各部委工作概况(一九二六年七月)》,称:上海地方共有九个部委、两个特别支部。两个特别支部为上海大学、暨南大学。"工作概况"还称:暨南大学支部原属于曹家渡部委,后因距离太远,交通不便,遂改为特支,直接属于区校指挥。关于上海大学特别支部工作报告,"工作概况"称:在五卅时胡启伦同学的被捕,是为团体而牺牲,为革命工作而被捕,一般同学应当继续此种牺牲精神而努力;"不应因'五卅'过去而存休息的观念——现在革命潮流高涨,正应努力工作";"不要背地批评负责同志——以免引起无味[谓]的误会";"工作问题——同学不应看轻小的工作,我们的工作没有小大的分别,都是

---

① 即上海地委。

很重要的,绝无什么好玩的或出风头的,完全是为了整个工作着想,绝没有个人的活动"。关于"暑假回家后的工作问题",称:"农民运动。他的重要,工人阶级的唯一同盟军,现在在北方尤应注意红枪会的运动,领导其做暴动。方法:先宣传而后组织。目标:反军阀、地主、士绅、劣豪,并联络当地小学教员共同进行"。关于"学生运动",称"注意毕业学生、高小学生的组织,以助长市民运动"。关于"文化运动","非基运动应浅近地解释'基督教是外国人欺负中国人的机关,勿被其蒙'。打破宗法社会的观念"。关于上海大学社会学系主任李季的去留问题,称:"社①一、二、三年级之会,为主任问题(李季与李汉俊)曾作过宣传——挽留李季作主任。"关于团内人数的变化,称:"他往人数:5月份回家7人,派出工作者6人,入黄埔及农民运动讲习所各1人,共15人。6月份回家13人,派出工作5人,转入上大附中3人,转入大学1人,共22人。留团察看人数:4人——马启勋,潘文俊,焦有功,刘鸣銮。现有人数:共140人,男129人,女11人(学生)。"关于"青年团体",称:"在上大在我们团体领导之下的有四川青年社、陕西青年社、共进社、新汉社、汉中旅沪学生会、晋社、河南青年协社、湘社、河南旅沪学会、山东青年社、陕西同乡会、四川旅沪同乡会、浙江同乡会、两广青年协社、两广旅沪同乡会、合作社、艺术社、济难会、非基等二十余团体,皆有团组的组织。其过去缺点真如区校评语,青年团体根本没有群众化、青年化,团组少作用;亦未能按期开会。而每一青年团体中多数我们同志,且以一人而入数团体,而兼数职务,团内团外惟是个开会忙,我们的主张,我们的运用开会提议、建议者也或有人,而实际去做能表现出来者少人;且跑来跑去,没有时间与非同志接近,倒使他们怀疑,开会时讨厌,此又为上大青年团体中过去不好之甚者也!所以我以后的注意:第一,详密的分配工作;第二,尽量的使我们有接近群众的可能;第三,要化一普遍青年团体,或有而不振作;我们要特别发展整顿,如某青年团体过多,发展工作有许多困难,我们可集中化一之。尤其在此暑假未届,同学,我们同志很多归家(新同学亦必有来者)。以上数点更应为我们所注意。近两礼拜来,除督促各同学以青年团体名义对时局发表通电宣言外,即忙于预备我们暑假关于青年团体的工作。"关于"学生会"工作,称:"上大学生会5月以来,在团的方面没有团组的组织,在党的方面,也少有党团的组织,不过遇必要时,学生会执行委员会我们同志,或开一党团会议,然总无很好的党组或团组的组织。所以在过去的错误,尤其在'五卅'运动中的错误很多。如在上大方面,我们同学占多数,反动方面亦万分消极,我们还不致怎样失败,此为我们今后团或党的方面所最应注意者也。与上海学联的关系,差不多遇必要时,总是与上大要人,上大亦自不能不派人去赶。"关于国民党组织方面的工作,称:"民校②上大53区分部在我们领导之下,执行委员多系同志。五、六两月中,还差不多,最近也有党团的组织,不过开大会时,我们同志总到的少,然到者还多我们同志。"(中央档案馆、上海市档案馆:《上海革命历史文件汇集(青年团上海地委文件)一九二二

---

① 指社会学系。
② 指国民党组织。

年七月——一九二七年一月》,1986 年 8 月)

张仲实进入上海大学社会学系学习。(张仲实:《我的编译生活》,上海市出版工作者协会《出版史料》编辑组《出版史料(第 2 集)》,学林出版社 1983 年版)

8 月

8 月 4 日

《民国日报》刊登《上大附中之新计划》、《新闻报》刊登《上海大学附中之新计划》的消息,称上海大学附中"欲从国民党中吸收青年革命分子计,业已与各省县党部分头接洽,订定保送学生条件,特订自本年度起招收民党保送免试学生"。又称上海大学附中主任侯绍裘因事暂留在广东,校务概由副主任沈观澜主持。下学期教职员已聘定的有教务主任钟伯庸、社会学蒋光赤①、社会问题及修辞学陈望道、高中国文冯三昧,论理与人生哲学杨贤江等。

8 月 6 日

上午,中共上海区委召开全体委员会议,讨论关于学生运动及工会工作报告。贺昌在介绍学生运动时说最近上海学运很困难。学生力量薄弱,现在力量只有上海大学、景贤、景平、艺大数校,很危险。(中央档案馆、上海市档案馆:《上海革命历史文件汇集(上海区委会议记录)一九二六年七月——一九二六年九月》,1989 年 11 月)

8 月 12 日

国民革命军第二军政治部致函国民党中央党部秘书处,称有本党湘籍女生凌峻琪,系湖南周南女校毕业生,具有中学程度,现拟赴上海大学肄业,请告国民党上海党部执行委员会转致上海大学准予容纳。(台北:中国国民党中央委员会文化传播委员会党史馆汉口档案 16423.1)

按:8 月 18 日,国民党中央委员会秘书处致函国民党上海特别市党部,请将国民革命军第二军政治部函转致上海大学,"准予凌峻琪同志入学,以宏造就"。(台北:中国国民党中央委员会文化传播委员会党史馆汉口档案 16423.2)

8 月 13 日

中共上海大学独立支部组织部制成《上大独支组织部最近两周工作报告》,其中的"编制情形"称:"现犹分五组,每组七人、十人不等,共有五十人,现有三人他去,有一人由他处转来,共四十七人。"关于"开会情形"称:"上礼拜因有不利上大之消息,故暂停会,嗣即决定仍照常集会,惟不以上大为会场,开会时间暂减为两小时,同时更令各同志切实实行以前桑翰之秘密工作通告。现已照常开会,各组开会情形尚好,惟少介绍同志。"关于"特别情形"称:"因各组长不能即速执行干事会之命令,曾下一次口头警告。程源希同志在英界

---

① 即蒋光慈。

被捕入捕房,现原因未明,正在调查,但与团体似无关系。"关于"《向导》分派情况形"称:"现每一同志最低限度须分销四份之议决已实行,共计本支销一百八十八份。"(中央档案馆、上海市档案馆编:《上海革命历史文件汇集(上海区委各部委文件)一九二五年——一九二七年》,1987年6月)

8月15日

上海大学非基督教同盟为小贩陈阿堂遭日水手殴毙案发表宣言,号召"各界同胞一致奋起,督促政府严重交涉,务获惩凶恤死并取消日本领事裁判权及其他不平等条约"。(《陈阿堂案昨日消息·上海大学非基同盟宣言》,《申报》1926年8月16日)

8月17日

上海大学四川同学会为小贩陈阿堂遭日水手殴毙案发表宣言,号召上海各界志士,"连袂偕起,群策群力,力促交涉"。(《陈阿堂案昨讯·上大川同学会宣言》,《申报》1926年8月18日)

上午9时,召开上海区委主席团会议,讨论市民运动和上海工潮问题。上海大学学生会贺昌参加会议。(《上海区委主席团会议记录》,许玉芳、卞杏英编著《上海工人三次武装起义研究》,知识出版社1987年版)

8月20日

上海大学学生会、上海学生联合会、引翔港工人代表会等十余团体各派代表陆续至各路商界总联合会、市民对日外交大会,交涉陈阿堂案进行状况,对日本水手杀害小贩陈阿堂纷纷表示义愤之情。(《陈阿堂案昨日消息·各团体之义愤》,《申报》1926年8月21日)

中共上海大学独立支部组织部制成《上大独支组织部一周工作报告》,其中的"普遍组织情形"称:"本礼拜中,上大独支共增加十九人,皆系由他处转来者;减少二人,系由上大独支转往他处者。现本独支所属同志共六十四人,分编六组,每组十人或十一人不等。有同志四人经区委调赴小沙渡工作,因未得通告改编他处,故仍计于本独支所属同志中。"关于"工作情形"称:"指挥所属各团体对陈阿堂案,按照区委通告各项发表宣言,并筹备闸北追悼陈阿堂市民大会,指定所属各团体列名发起。"关于"《向导》推销情形"称:"同志每人承担推销四份,每期共销二百份。"(中央档案馆、上海市档案馆编:《上海革命历史文件汇集(上海区委各部委文件)一九二五年——一九二七年》,1987年6月)

8月21日

下午2时,中共上海区委召开各部委书记会议,由各部委汇报工作和区委报告政治状况、工潮等问题。上海大学在汇报中称:"关于各青年团体反章事都活动,但报上少发表。同志已回来二十余人,共六十四人,发展一人。"(中央档案馆、上海市档案馆:《上海革命历史文件汇集(上海区委会议记录)一九二六年七月——一九二六年九月》,1989年11月)

8月22日

《民国日报》《申报》刊登《上海大学附属中学招生通告》:"本校本学期起扩充学额,除照常招考外,特订保送免试生办法。本届此项免试生额定八十名,其报名入学手续详载'保送免试生章程'内,可向本校函索或面取。有志来学者,须于九月五日以前来校,遵行所定手续,准予免试入学。额满即行停收。再,第三次招考定九月五日,除高三外,各级均有余额,报名从速。"

8月23日

国民党中央执行委员会常务委员会致函国民政府,称经第四十九次常委会讨论议决,请国民政府"速拨上海大学建筑费一万元"。(台北:中国国民党中央委员会文化传播委员会党史馆汉口档案7522.2)

《申报》刊登《周越然启事》:"鄙人因体质羸弱,所任上海大学英文学系主任职务已向该校行政会辞退,其他在该校因主任而兼任及被举各职当然连带告退,以后概不负责。特此申明。"

按:周越然辞职后,上海大学聘其胞兄周由廑暂时代理英国文学系主任。(《上海大学》,《民国日报》《申报》1926年9月3日)

上海大学暑期平民学校学生会为陈阿堂案发表宣言,称五卅惨案犹有余痛,而陈案之悲耗又闻矣。凡我同胞,为死者雪冤,为生者图存,希共同奋斗,誓死力争。敝会愿为后盾。谨此宣言。(《陈阿堂案昨日消息·上大暑期平民学校学生宣言》,《申报》1926年8月26日)

上海大学学生郭庭显,代表学生会在东京路、澳门路口慰问罢工工人,向工人演说,被该管捕房拘捕。(《小沙渡日厂罢工第九日·被捕学生工人讯判》,《民国日报》1926年8月29日)

按:8月28日,郭庭显在会审公廨庭审中称在上海大学读书,在途演讲,不知租界章程。结果判郭庭显加交三百元保,改期两礼拜再讯。(《小沙渡日厂罢工第九日·被捕学生工人讯判》,《民国日报》1926年8月29日)

8月25日

晚上6时半,中共上海区委召开特别会议,听取罗亦农关于援助工潮的报告及具体进行方法。罗亦农在报告中称:"今天会议,完全为援助工潮,为我们今后职工运动的生死问题。"关于具体进行办法,要求发动群众参加声援陈阿堂活动,其中要求上海大学和上海大学附中动员110人参加,并规定了上海大学活动的地点和人数比例。(中央档案馆、上海市档案馆:《上海革命历史文件汇集(上海区委会议记录)一九二六年七月——一九二六年九月》,1989年11月)

8月27日

中共上海大学独立支部组织部制成《上大独支组织部一周工作报告》,其中的"普遍组织情形"称:"本周本独支增加同志五人,均系由他处转来者;减少六人,系转往他处者,故现在本独支所属同志共六十三人,分编六组,每组十人或十一人。"关于"开会情形"称:"本周开干事会一次,组长会一次,因陈阿棠案出发讲演,临时召集大、中学干事、组长联席会一次,讨论分配及出发讲演方法。小组会每礼拜一次,同志尚能按时到会,研究及工作尚好。"关于"工作情形"称:"指挥所属团体发表对陈案及日纱厂罢工,反章太炎等宣言。指定同志参加闸北追悼陈阿堂市民大会及在会讲演人。最近分派同志,预备明日出发租界讲演。预备组织各里房客联合会,自协兴里房客联合会函各里发起。前区委调赴小沙渡作工四同志,因病及特别情形,已有两个转回,由中学调二人前往。"关于《向导》推销情形"称:"同志每人四份,现正与书报科接洽,每份减至铜元四枚,接洽妥当后,推销份数尚可增加。"(中央档案馆、上海市档案馆编:《上海革命历史文件汇集(上海区委各部委文件)一九二五年——一九二七年》,1987年6月)

8月28日

下午1时开始,上海各团体联合会暨工学各界,为陈阿堂案特组织讲演团分两路在华界闸北一带和租界北四川路及河南路一带进行大规模演讲,上海大学学生俞昌准、徐世义、谢佑民等四人被租界当局拘捕。(《雷雨声中之讲演》,《申报》1926年8月29日)

8月29日

上午9时,中共上海区委召开特别会议,研究讨论关于演讲游行的组织、路线及方法问题。上海大学独立支部报告上海大学参加演讲游行者90多人,被捕3人,余无调查。有3队到浦东,情形很好。在大马路11队,到北四川路7队,今天与昨天一样。(中央档案馆、上海市档案馆:《上海革命历史文件汇集(上海区委会议记录)一九二六年七月——一九二六年九月》,1989年11月)

是月

李硕勋和赵君陶在上海结婚。(张松林主编:《不朽的丰碑——纪念李硕勋烈士诞辰一百周年文集》,南海出版公司2002年版)

中共江西地委改组,刘九峰①任书记,罗石冰为宣传部主任。(中共江西省委党史资料征集委员会编:《中国共产党江西历史大事记》,新华出版社1999年版)

9月

9月3日

《民国日报》《申报》刊登《上海大学》的消息,称上海大学在江湾的自建校舍于8月1日开工,预计本学期即可落成。现于9月10日暂在青云路临时校舍开学授课。

---

① 即刘峻山。

9月4日

上午9时,中共上海区委召开党的部委和团的部委书记联席会议,讨论筹备纪念"九七"游行、集会等工作。上海大学表示参加游行集会人数,多可到150人,少则100人。(中央档案馆、上海市档案馆:《上海革命历史文件汇集(上海区委会议记录)一九二六年七月—一九二六年九月》,1989年11月)

9月6日

上午9时,中共上海区委召开党的部委和团的部委书记联席会议,各部委汇报纪念"九七"准备情况和区委布置市民大会有关问题。报告称上海大学"可到150人,统可演讲,纠察十余人"。关于到租界演讲,上海大学可安排20个演讲队;演讲地点,上海大学被分配在四马路到五马路。(中央档案馆、上海市档案馆:《上海革命历史文件汇集(上海区委会议记录)一九二六年七月—一九二六年九月》,1989年11月)

9月7日

国民政府常务委员会致函国民党中央执行委员会常务委员会,表示已令财政部迅为上海大学筹拨建筑补助费。(台北:中国国民党中央委员会文化传播委员会党史馆汉口档案7522.3)

按:9月13日,国民党中央执行委员会秘书处复函上海大学,表示已令财政部迅为筹拨建筑费一万元。(台北:中国国民党中央委员会文化传播委员会党史馆汉口档案7522.4)

9月8日

晚上9时,中共上海区委召开特别会议,讨论并决定各部委、工会等领导成员名单。会议记录称:"上大,张晓柳可做事。"会议记录还称:"小沙渡,郭伯和很可应付,且最近很吃苦而进步,我意可调任闸北书记。"(中央档案馆、上海市档案馆:《上海革命历史文件汇集(上海区委会议记录)一九二六年七月—一九二六年九月》,1989年11月)

9月10日

中共上海大学独立支部组织部制成《上大独支组织部最近两周工作报告》,关于"普遍组织情形"称:"今上两周,本独支人数未大变动,只增加二人,系由他处转来者。仍分编六组,每组十余人。"关于"开会情形"称:"共开干事会二次,组长会二次,各组小组会二次,并临时召集大中学干事、组长联席会一次,讨论'九七'纪念日出发讲演方法及分配指挥各问题,各小组会仍讨论《向导》《新青年》及实际问题,各同志均能按时到会,尽量发表意见。"关于"工作情形"称:"上周指挥并分派本独支同志赴南京路及北四川路讲演,本周派同志十五人赴小沙渡讲演,并指挥同志及上大学生会参加'九七'纪念大会及在四马路、五马路讲演。最近又令所属各团体发贺北伐胜利等电。"关于"特别情形"称:"八月二十八、二十九两日在南京路及北四川路讲演,本独支所属同志三人被捕,为谢佐民、于达、朱鹤鸣,现各罚洋二十元出狱。"关于"《向导》推销情形"称:"同志每人四份,共约推销二百五十份。《中青》除跨党同志外,每人均派一份。"(中央档案馆、上海市档案馆编:《上海革命历史文件汇集(上海区委各部委文件)一九二五年——一九二七年》,1987年6月)

9月11日

上午,上海大学之粤籍学生郭庭显因在沪西东京路澳门路散发传单、露天演讲,被普陀路捕房拘解公共公廨一案判决,郭庭显被判罚洋一百元,并着具结以后不准再有滋事,起案传单、画报等均销毁。(《工学界演讲案内郭庭显判罚百元》,《申报》1926年9月12日)

9月14日

中共上海区委主席团会议决定调李硕勋任中共南市部委书记。(张松林主编:《不朽的丰碑——纪念李硕勋烈士诞辰一百周年文集》,南海出版公司2002年版)

9月16日

上海大学附属中学学生会致电广州中央执行委员会国民政府并请转蒋总司令暨前敌诸同志,电文称:"我军北伐,节节胜利,武汉三镇相继克复,消息飞来,不胜忭跃。吴贼军队既已崩溃,希我同志继续前进,扫清一切反革命派,速召集国民会议,解决国是,实现总理遗嘱,是所厚望。"(《赞助革命军电文》,《民国日报》1926年9月16日)

9月18日

上海大学非基督教同盟致电蒋介石,祝贺北伐军攻克武汉,并"望于最近时期召集国民会议,废除不平等条约,俾我国权庶可光复,人民痛苦于斯解脱,国家幸甚,人民幸甚"。(《上大非基同盟贺捷电》,《民国日报》1926年9月18日)

9月19日

《民国日报》刊登《上海大学》的消息,称:"最近在学务处添设注册课,就教授中聘请一人为注册主任。并自本学期始实行学分制,学生受课不及三分之二,一概不准参与大考。该校新校舍早经久泰营造厂承造,约在夏历十月底即可告竣。"

上海大学江西同学会致电全赣公会,电文称:"粤军北伐,志在讨吴,吴贼既逃,武汉亦下,自应停止战争,召集国民会议,共谋国是。东南民众呼吁和平之声,不绝如缕。贵会不知从何产生,乃公然代表全赣人民,致电孙氏,请兵攻粤,破坏和平,贻害故土。同人远居沪上,桑梓情深,不忍坐视我父老昆弟之浩劫重罹,誓为反对是项通电,希即赐复。"(《质问鼓吹战争之团体》,《民国日报》1926年9月19日)

黄仁烈士善后委员会假上海大学举行第三次代表大会,推定四川青年社代表为临时主席。会议决定10月9日举行黄仁墓地奠基礼,筹备工作函聘中国济难会、上海大学非基督教同盟、上海大学四川同学会等团体襄助进行。(《黄仁烈士善后会开会》,《民国日报》1926年9月20日;《黄仁烈士善后会议》,《申报》1926年9月20日)

9月23日

上海大学学生郭伯和调任中共闸北部委书记。（上海市闸北区志编纂委员会编：《闸北区志》，上海社会科学院出版社1998年版）

9月24日

中共上海大学独立支部组织部制成《上大独支组织部一周工作报告》，关于"普遍组织情形"称："本周本独支增加同志十七人，除一人系新介绍者外，余皆系由他处转来者；减少二人，系赴他处者。现本独支所属同志共八十五人，拟编九组，因初改组，故尚未编定，编组以程度为标准，新加入同志及幼稚同志，均特编一组，以便特别训练，每组最多不过十人，并编模范组一组。"关于"会议情形"称："本周开大会一次，改组干事会；开干事会一次，讨论本学期工作计划，决定本学期最低限度发展同志一倍——约一百人——每同志至少须介绍一人。组长会一次及各小组会议。小组会除报告外，大半为讨论干事会所决定之工作计划，由组长汇集报告，干事会参加修正。"关于"工作情形"称："本周因改组之初，未有许多工作，除普通之组织工作外，最近按照区委通告，制社会团体调查表及苛捐杂税调查表各一份，分发同志填写报告。"关于"《导报》推销情形"称："所增加同志，因系最近报到，故推销书报数目仍未增加，每同志四份，共二百三十余份，一俟下周小组编就后，推销数目当可增加。"（中央档案馆、上海市档案馆编：《上海革命历史文件汇集（上海区委各部委文件）一九二五年—一九二七年》，1987年6月）

9月29日

上午9时，上海区委召开各部委书记会议，各部委汇报工作和区委对有关问题的答复。上海大学独立支部在汇报中说："同志九组共九十二人，最近开〔除〕李汉卿女同志，因他〔她〕专做出风头工作，且自由行动。""同志工作表现有不好现象，非常摇动，不忠实，因所有通告都被望道①晓得，干事会所议决事，存统②都要去通知。""社会〔系〕主任行政委员会已通过存统，且决定以后学生集会结社须受学校取缔。我们发一通告，望道即对观澜③说明无此决定，希望不要误会。""功课李季走后，分由李俊、存统担任，学生对李俊很不满，学生要学生会开大会，昨天学生会出布告，被望道撕去，后到会多同志，决不开，今天要开，非同志已发表攻击陈望道布告。""观澜报告，望道很怕，且说望道决不反动，很可怪。现在支部很感困难，C.Y.④同志赴莫⑤通知太早。因李季走，广大非同志都要走，且怀疑我们不积极。"会议作出决定，称："上大最要紧的为言论出版问题，虽现尚未正式宣布，但可以同志转而警告望道，不论此案有无，不应有此种决议案，可出来表示非取消此决议案不可，同时支干会要行政会中的同志提出反对。主任问题现可不谈，惟对要泄漏干会议决

---

① 即陈望道。
② 即施存统。
③ 指沈观澜，即沈志远。
④ 指中国共产党。
⑤ 指莫斯科。

案到存统那里去的同志加以取缔,甚至取消他。主任问题,李季辞职,应由季子自己表示并不因反对存统而脱离上大,以维系学生,解释他不到广大,我们同志应明了非维持上大不可的理由。"(中央档案馆、上海市档案馆:《上海革命历史文件汇集(上海区委会议记录)一九二六年七月—一九二六年九月》,1989年11月)

是月

上海大学浙江籍学生蒋如琮根据党组织的安排,到浙江宁海开展建党活动,成立了中共宁海中学支部。(中共浙江省委党史资料征集研究委员会编:《中共浙江党史大事记(1919—1949)》,浙江人民出版社1990年版)

10月

10月5日

上海学联会召集紧急特别执行委员会,上海大学、上海艺术大学等五所学校参加了会议,抗争万县案,决定通告各校举行运动周,厉行抵货,援救被捕同学。(《各界抗争万县案·学联会之紧急会》,《申报》1926年10月6日)

按:1926年8月30日,英国太古公司"万通""万县"两轮由重庆驶抵万县,四川省省长杨森派兵予以扣留。9月4日,英国领事向杨森发出通牒,限24小时内将"万通""万县"两轮放行。9月5日,英舰"嘉禾"号、"威警"号和"柯克捷夫"号进迫万县江岸,强行劫夺被扣的轮船,开枪打死守船的杨部士兵。杨森部队按事先的命令给予回击。英舰竟开炮轰击万县人口稠密的繁华市区近3个小时,发射炮弹和燃烧弹300余发,酿成千余家民房店铺被毁、死伤5 000余人,制造了骇人听闻的万县惨案。

10月7日

淞沪警察厅厅长严春阳勾结法租界当局,派出警察厅督察长张南邨会同巡捕房政治部主任程子卿率领密探巡捕四十余人,搜查西门路永裕里81号市党部,逮捕工作人员三十余人,搜去文件档案,并将市党部查封。被捕者有上海大学学生朱义权、林钧、黄正厂、梅电龙、秦邦宪[①]等。(任武雄:《国共第一次合作在上海的活动》,中国人民政治协商会议上海市委员会文史资料工作委员会等编《上海文史资料选辑统战工作史料专辑(八)》,上海人民出版社1989年版)

10月8日

中共上海大学独立支部组织部制成《上大独支组织部两周工作报告》,关于"普遍组织情形"称:"最近统计,本独支所属同学共一百零人,两周间共增加二十六人,其中十二人系由他处转来者,十四人系由中学新介绍者。减少五人,二人系因违犯纪律开除,二人因过于幼稚转回中学训练,一人转往他处。现共编十一组,每组九人或十人不等。"关于"开会情

---

① 即博古。

形"称:"两周间开干事会二次;活动分子大会一次,讨论反英工作;大中学干事联席会一次,讨论学生会、民校①等团体工作及人选问题。此外每周间小组会议,仍照常开会,第一次讨论题目为'对于独秀同志所作北伐的意义及答复张人杰等之信的意见',第二次为'今年双十节我们应当怎样工作?'尚无错误发生,各同志亦能尽量发表意见。"关于"工作情形"称:"最近开活动分子大会,除报告区委计划外并决定指挥下之各团体尽量发表宣言,并指定山东青年社、四川青年社等数团体联合出反英特刊一种,并由宣委根据区委所发宣传大纲,另作一比较详细的印发各同学。"关于"特别情形"称:"最近上大形势异常严重,每日有侦探十余人在弄堂逡巡,并闻有孙传芳所派侦探在上大读书,故特约中学组织侦察队一队以便侦察。再则同志李汉辅今伏假往来南京,不与团体发生关系,中学已经开出,大学察看半年,在宣布察看后未及两星期,该同志又自由赴南京,亦未向干会报告,经干事会议决开除。同志潘文俊,前因工作不努力察看三礼拜,后因表现尚好,故即将察看取消。但最近据中学书记报告,该同学又不努力,并有伤于个人道德之行动,又因恋爱关系,与区委负责同志造作谣言,故经中学干事会议决开除等语,当即经大学干事会讨论,决定开除。又同志张之明、陈清人,过于幼稚,亦转回中学专受训练。"关于"《导报》推销情形"称:"最近尚无大变更,仍为二百五十份,现已切实知照管理书报同志,按照每人四份发给,下期当可增加。"(中央档案馆、上海市档案馆编:《上海革命历史文件汇集(上海区委各部委文件)一九二五年——一九二七年》,1987年6月)

10月11日

国民政府军事特派员纽永建派代表来上海,中共上海区委派汪寿华、林钧与之接洽,商谈国共合作暴动。(中共上海市委党史资料征集委员会编:《中共上海党史大事记(1919.5—1949.5)》,知识出版社1988年版)

10月16日

上午9时,中共上海区委召开各部委书记会议,会议内容为各部委汇报工作和区委指示以及讨论万县案追悼大会安排。上海大学汇报最近支部工作时称:现在人数120人,分10个组,新发展决定每组在10月份介绍6人。关于参加万县案追悼大会的人数分配,上海大学安排200人。(中央档案馆、上海市档案馆:《上海革命历史文件汇集(上海区委会议记录)一九二六年十月——一九二六年十一月》,1990年1月)

中共上海区委召开各团体党团负责人会议,讨论万县案追悼会各项工作安排。关于万县案追悼大会会场的招待人员,决定"上午派四人招待,下午四人,本来可以多派几个,恐被捕多不方便,派定的人都是上大"。(中央档案馆、上海市档案馆:《上海革命历史文件汇集(上海区委会议记录)一九二六年十月——一九二六年十一月》,1990年1月)

---

① 指国民党组织。

10月19日

上午10时,中共上海区委主席团召开会议,讨论发动罢工、暴动等问题。会议决定华界宣言、标语和传单的散发由上海大学和闸北部委负责。(中央档案馆、上海市档案馆:《上海革命历史文件汇集(上海区委会议记录)一九二六年十月——一九二六年十一月》,1990年1月)

10月25日

《上海区委关于散发宣传小册子情况的总结(一九二六年十月二十五日)》在"散发的数量及地域之划分"中称:上海大学独立支部散发的地域为苏州河以北英租界区域,散发的数量第一次3 000份,第二次未发。(中央档案馆、上海市档案馆:《上海革命历史文件汇集(中共上海区委文件)一九二五年——一九二六年》,1986年4月)

上午8时,中共上海区委召开各部委、各团体党团书记临时联席会议,作暴动情况报告与检讨。上海大学在汇报中称:"未参加军事行动,只是准备市民大会,群众很奋兴,组救护队很多。此次,钱刚因在上大封官许多,闹得很不好,事后同志很恐慌很消极。我感觉此次党估量力量太主观,各级党部消息太不灵通,组织太不密。"(中央档案馆、上海市档案馆:《上海革命历史文件汇集(上海区委会议记录)一九二六年十月——一九二六年十一月》,1990年1月)

10月27日

上海大学行政委员会委员韩觉民致邵力子便条,称收到国民政府财政委员会送邵力子呈请补助建筑费二万元。(台北:中国国民党中央委员会文化传播委员会党史馆汉口档案07526.1)

10月30日

下午,中共上海区委召开各部委、独支书记联席会议,会议内容为汇报工作和布置支部改选、罢工及武装训练。上海大学独立支部在汇报中称:经常工作未受影响,都能开会。关于发展工作,最近10人加入,共12组。关于其他工作,最近去发传单,成立平民学校。(中央档案馆、上海市档案馆:《上海革命历史文件汇集(上海区委会议记录)一九二六年十月——一九二六年十一月》,1990年1月)

11月

11月2日

中共上海区委召开全体委员会议。会议讨论到关于党员发展问题,罗亦农提出上海大学独立支部和江湾并在闸北,发展数目为工人500名,学生300名;关于组织问题,提出"上大的问题是部委取消,另派指导员"。(中央档案馆、上海市档案馆:《上海革命历史文件汇集(上海区委会议记录)一九二六年十月——一九二六年十一月》,1990年1月)

11月3日

《警务日报》刊登《开办闸北青云路平民义务学校》的消息,称:"上海大学学生在闸北青云路该大学内办了一所平民义务学校。"

11月9日

上海大学学生为北伐军攻克九江,开展反对军阀孙传芳的宣传活动。(王家贵、蔡锡瑶编著:《上海大学(1922—1927)》,上海社会科学院出版社1986年版)

11月11日

上午8时,中共上海区委行动委员会召开第二次会议,讨论军阀活动和群众运动问题,会议记录称:"上大恐要被封,现在包探等监视很严,同志很恐慌,现要准备。由士炎找上大负责人较洽。"(中央档案馆、上海市档案馆:《上海革命历史文件汇集(上海区委会议记录)一九二六年十月—一九二六年十一月》,1990年1月)

下午,上海大学学生张传薪、徐和云、张楠、任作浦、陈炳炎等五人以及上海艺术大学、暨南大学、复旦大学、天津南开大学五名学生在散发传单时被驻防陆军第三营兵士拘捕,解入司令部收押候讯,继判押候解送警厅核办。(《昨日又有散发传单者被捕·闸北》,《申报》1926年11月12日)

11月13日

下午2时,中共上海区委召开各部委书记,上海大学独立支部在汇报工作时称:"最近工作,关于组织方面,九江下后,开活动分子会,效果很好,又组一行动委员会,与民校①合组,并开每天传单队会议。宣传方面,除自己做宣传大纲外,并转发枢蔚②宣传大纲。贴标语及粉笔写。工作,发传单共六次,总计至少八万四千,每天平均出发五十队约三百人。"(中央档案馆、上海市档案馆:《上海革命历史文件汇集(上海区委会议记录)一九二六年十月—一九二六年十一月》,1990年1月)

11月17日

上海大学陕西同乡会、上海大学广东同学会、上海大学四川同学会、上海大学浙江同学会、上海大学湘社等团体致函上海各路商界总联合会,请求代为营救被捕学生。函称:"此次上海学生为爱国运动,被当局拘捕,囚居狱中,痛苦万状。素仰先生爱国心热,又得各界之援助,闻有具保解释之希望。今派代表毛堃一、孟方洲、艾纪武三君,肃函造贵会接洽,并面呈一切,望劳驾前往军法处设法保释,得脱囹圄,各同乡会幸甚,各同胞幸甚。"(《各团体请释被捕学生》,《民国日报》1926年11月18日)

上海各路商界总联合会致函上海总商会,请代为营救被捕的上海大学学生卢中正、上

---

① 指国民党组织。
② 中共上海区委的代号。

海大学附中学生张连心和可升煤号学徒徐本发。(《被捕者援救消息·商总会函》,《申报》1926年11月17日)

11月20日

下午2时,中共上海区委召开各部委书记会议,各部委汇报工作和讨论当前党的发展、教育、工会问题。上海大学独立支部汇报了工作。(中央档案馆、上海市档案馆:《上海革命历史文件汇集(上海区委会议记录)一九二六年十月——一九二六年十一月》,1990年1月)

11月21日

上海大学山东同乡会发表对时局宣言,谴责奉鲁军之暴戾,如摧残爱国运动、枪杀无辜人民等,号召人民急起自卫,拒绝奉鲁军南下。(《各团体对时局文电·上大鲁同乡会宣言》,《申报》1926年11月21日)

11月22日

上海大学浙江同乡会发表宣言,表示支持上海商总会拒绝奉鲁军南下,划上海为特别市,以市民管理市政,召集国民会议解决国是的主张。(《上大浙籍学生赞助三省自治宣言》,《民国日报》1926年11月22日;《两团体对时局宣言·上大浙江同乡会宣言》,《申报》1926年11月23日)

上海大学附中安徽籍的丁作浦、丁云波、高士林、王经德、邹东初等五名学生,因散发传单被捕,经安徽旅沪同乡会保释全部出狱恢复自由。(《被捕皖学生已保释》,《民国日报》1926年11月23日)

11月25日

济难会上海大学附中分会发表宣言,谴责当局关押民众,呼吁军事当局尊重人道。(《各团体表示拥护人道·济难会上大附中分会宣言》,《申报》1926年11月25日)

中共南陵特别支部成立,直属中共中央领导。俞昌时任书记,俞昌准任宣传委员兼秘书。(南陵县地方志编纂委员会编:《南陵县志》,黄山书店1994年版)

按:中共南陵特别支部的主要创建者之一是上海大学学生、共产党员俞昌准。1926年8月,俞昌准根据党组织的安排,回到家乡安徽南陵,开展农民运动,创建党的组织,和他的堂兄俞昌时一起创建了中共南陵特别支部。

11月27日

上海大学学生会致电驻北京英国公使,称:"敝国不幸,频年内乱。推厥原因,要皆各邻国借款资助吾国军阀所致。顷报载贵国商人又有资助奉军五百万镑之举,是东南财赋之区,又将饱受奉系军阀之荼毒。敝会闻之不胜愤慨,兹代表全体同学,特提出严重抗议,并否认此项债务。"(《反对英商借款之纷起·上海大学学生会电》,《民国日报》1926年11月27日)

上海大学学生会致电北京政府外交总长顾维钧,称:"报载英人有助奉系军阀五百万镑讨赤费之举,敝会闻之,不胜愤慨,望先生以民意为重,以国家为重,拒绝签字。"(《各界反对外债之表示·上大学生会电》,《申报》1926 年 11 月 27 日)

11 月 28 日

上海大学学生参加工商学各界 5 万余人举行的市民大会,反对奉鲁军南下,要求上海实行自治。大会议决恢复上海工商学联合会,以筹备组织市民政府。(上海市青运史研究会、共青团上海市委青运史研究室编:《上海学生运动史》,学林出版社 1995 年版)

是月

上海大学学生、共产党员张崇文在家乡浙江临海创建中共临海县特别支部,由张崇文任支部书记。(中共浙江省委党史资料征集研究委员会编:《中共浙江党史大事记(1919—1949)》,浙江人民出版社 1990 年版)

按:据张崇文回忆:"一九二六年冬,北伐大军下武汉取南昌,节节胜利,革命形势迅猛发展。为了适应新的形势,发展党的力量,上海大学党支部根据上级党的指示,提前放寒假,发动全体党员,分赴各地开展党的发展工作。我被派往我的老家临海建立党支部和发展党员。后来上大学生戴邦定也到临海,我们在临海建立了特委,并遵照党的统一战线的指示,我们还担任国民党临海县党部的工作。"(王家贵、蔡锡瑶编著:《上海大学(1922—1927)》,上海社会科学院出版社 1986 年版)

12 月

12 月 6 日

中共上海区委特别市民公会党团召开会议,罗亦农、赵世炎、汪寿华、贺昌、唐鉴、林钧、刘荣简到会。罗亦农报告说:"特别市民公会,关系全上海自治运动,非常重要,且该会团体复杂,我们非有严密的党团组织不可。"会议讨论组织问题,由林钧任市民公会党团书记,汪寿华等 13 人为党团成员。(中共上海市委党史资料征集委员会编:《中共上海党史大事记(1919.5—1949.5)》,知识出版社 1988 年版)

12 月 11 日

下午 2 时,中共上海区委召开各部委书记会议,会议内容为各部委汇报工作和区委对上海工作的评价与要求。上海大学独立支部在汇报中称:数量"三星期内已发展二十人,现共数一百三十人,发展情形最近是向外的,是利用平民学校,多为剃头的及学徒,又有吴淞及惠灵学校";关于"工作气象,已减少老大气,大中学关系,已由形式的进而为精神的联合";关于"宣传上,因同志要晓得工作方法,所以开实际训练班及新同志训练班,又办墙报";关于"组织工作,已在开始制用组长干事等表";"民校方面很难形成左派,因较左分子,都易于入校";"学生会现做学生本身工作较多,如膳食等";"平民学校成绩较好"。会议还汇报称,"陈望道的阴谋想拉中英两系群众反抗我们,结果,学生所组同学会,反要反对陈望道。我们主张不趋积极反对态度"。(中央档案馆、上海市档案馆:《上海革命历史文件汇集(上海区委会议记录)一九二六年十二月——一九二七年二月》,1990年3月)

12月12日

国民政府中央军事政治学校在沪招考,考题为"三民主义之要旨""第二次全国代表大会宣言之要点""欧战起原及其影响","其余尚有自然科学"的内容。男女学生报名应考者有1500人,以上海大学及国民大学、群治大学、持志大学、商科大学、法科大学男女生为多数。在上海初试录取名额为150人,再到武汉参加复试。(《军事政治学校在沪招考记》,《申报》1926年12月13日)

12月15日

上海大学非基督教大同盟召开改组会议,张昔蒙、刘晓浦、池盼秋、丁显、陈铮、吴绩、彭进修等当选委员。(《上大非基同盟之改组》,《民国日报》1926年12月17日)

《申报》刊登《上海大学筹备新校舍落成典礼》的消息,称:"上海大学自五卅被封后,即在江湾估地自建校舍,迄今已久。现因落成在即,乃由校中职教员学生共同发起筹备校舍落成典礼委员会。惟举委员二十一人,分五部筹划进行,决定明年元旦举行落成礼。"

12月16日

上午10时,中共上海区委召开各部委书记会议,讨论了纪念上海大学学生、共产党员刘华的问题。会议决定"在工人中宣传应提出为刘华报仇、打倒孙传芳的二特别口号"。(中央档案馆、上海市档案馆:《上海革命历史文件汇集(上海区委会议记录)一九二六年十二月——一九二七年二月》,1990年3月)

12月17日

下午1时,上海大学非基督教大同盟执行委员会,在上海大学学生会召开会议,讨论并决定了近期的工作安排。会议决定将上海大学非基督教大同盟全体会员560余人分作100余队,于12月25日出发,作广大的非基宣传。(《上大非基运动之进行》,《民国日报》1926年12月18日)

12月19日

上海大学附中招生委员会召开会议,拟乘新校舍告成之际,锐意发展,扩大招生。(《上大附中扩大招生》,《民国日报》《新闻报》《时报》1926年12月20日)

下午1时半,上海大学陕西同乡会召开全体大会,讨论关于非基基督教同盟运动周的工作,参加会议的有60余人。孟芳洲主持会议。会议议决,在非基运动周,全体会员参加非基运动外,又在上海大学陕西同乡会主办的《新群》半月刊出"非基特刊",并印发传单10 000余份,分发到上海和陕西各地。(《上大陕同乡会开会》,《民国日报》1926年12月18日)

12月23日

上海大学浙江同乡会发表宣言,表示赞成浙江自治。(《上大浙同乡赞成浙自治》,《民国日报》1926年12月23日)

12月25日

下午3时,上海大学非基督教大同盟召开第三次大会,到会会员560余人,来宾100余人。会议报告了今后的工作计划。(《上大非基大同盟第三次大会》,《民国日报》《民国日报》1926年12月25日)

下午2时,中共上海区委召开各部委书记会议。上海大学独立支部在汇报工作中称:"上海大学社会科学研究会预备恢复,已组党团。"(中央档案馆、上海市档案馆:《上海革命历史文件汇集(上海区委会议记录)一九二六年十二月——一九二七年二月》,1990年3月)

12月26日

《申报》刊登《昨日反基市民大会开会未成》的消息,称:"各团体联合筹备之反基市民大会,昨因时局严重,军警当局不加允许,致未能举行。""各学校之非基同盟分会,昨亦纷纷开会,计有法科大会、同文书院、复旦大学、复旦附中、南洋大学、上海大学、上大附中、光华大学、立达学园等二十余校,均由非基总同盟派代表出席讲演,情形异常热烈。又非基总同盟决于今日下午二时,在西门少年宣讲团举行游艺会,有名人演讲、唱歌、跳舞、葡萄仙子、月明之夜、双簧、短剧'教堂风波'等节目,欢迎来宾参加,概不取费云。"

12月27日

《民国日报》《申报》刊登《上海大学校舍落成典礼筹备处启事》:"敝校草创之初,原系假屋而居,五卅案起,横遭封闭。不忍弦歌声辍,遂筹自建屋宇。一年以来,邪许交呼,聚资鸠工,幸观厥成。原定一月一日,举行典礼,并开游艺大会,借娱来宾,聊伸庆意。嗣以他种关系,不得已而延期,深恐各界未知,届期转劳跋涉。用特声告,并致歉忱。"

12月29日

《民国日报》《申报》刊登《上海大学招生》广告。

12月30日

《民国日报》刊登《上大校舍落成和延期》的报道,称上海大学在江湾之校舍,"业已竣工,原定一月一日举行庆祝典礼,曾由该校全体教职员学生组织筹备委员会负责进行。嗣以他种关系,碍难如期开会,闻该筹备会,已决议暂缓举行"。

上午9时,中共上海区委召开民校问题讨论会,讨论对国民党左派、右派的分析及对策,"伯"在发言中称:"我在上大时,支部会中即提出中央所决定之扶助左派组织,施存统反对此说。我觉在工农势力未巩固以前,扶助左派组织,是否发生左派与C.P.争夺群众的危险?目前湖南已发生此现象。至于中央整个政策,我认为对的。"(中央档案馆、上海

市档案馆:《上海革命历史文件汇集(上海区委会议记录)一九二六年十二月—一九二七年二月》,1990 年 3 月)

是月

上海大学学生、共产党员周传业、周传鼎在家乡安徽阜阳创建中共阜阳临时支部,周传业为支部负责人。支部隶属中共上海区委领导。(中共安徽省委党史研究院著:《中国共产党安徽历史(第 1 卷)》,中共党史出版社 2021 年版)

是年

李汉俊到上海大学任教。(上海市闸北区志编纂委员会编:《闸北区志》,上海社会科学院出版社 1998 年版)

顾均正到上海大学任教,教授世界儿童文学。(上海通志编纂委员会编:《上海通志(第 10 册)》,上海社会科学院出版社、上海人民出版社 2005 年版)

谭其骧进入上海大学社会学系学习。(葛剑雄:《悠悠长水:谭其骧传》,广东人民出版社 2014 年版)

罗尔纲进入上海大学社会学系学习。(罗尔纲著:《生涯再忆——罗尔纲自述》,山西人民出版社 1997 年版)

匡亚明[①]进入上海大学中国文学系二年级学习。(国务院学位委员会办公室编:《中国社会科学家自述》,上海教育出版社 1997 年版)

林淡秋[②]进入上海大学英国文学系学习。(浙江省文学艺术界联合会编:《林淡秋百年纪念集》,浙江文艺出版社 2006 年版)

薛尚实进入上海大学学习。(薛尚实:《回忆上海大学》,中国人民政治协商会议上海市委员会文史资料工作委员会编《文史资料选辑(第 2 辑)》,上海人民出版社 1979 年版)

上海学联《半年来上海学生运动报告》总结了学联改选的工作。对参加学联改选的学校所属政治派别进行了分析,属于"我们的学校十九校"者,包括上海大学、上海大学附中;属于"左派学校八校"者,包括同济大学、神州女学等;属于"右派学校九校"者,包括持志大学、沪江大学等。属于"国家主义派六校"者,包括光华大学、中国公学等;属于"中立学校七校"者,包括暨南大学、群治大学等。学联改选以后,上海大学等 21 所学校当选为执委会。(中央档案馆、上海市档案馆:《上海革命历史文件汇集(青年团上海地委文件)一九二二年七月—一九二七年一月》,1986 年 8 月)

---

① 又名匡世。
② 原名林泽荣。

1927 年

1月

1月4日

中共上海区委召开全体委员会议,讨论了上海总工会的工作,决定由汪寿华、郑复他、李震瀛、龙大道等四人组成上海总工会主席团。提出了新的职工运动委员会名单:李震瀛、汪寿华、郑复他、顾作霖、佘立亚、龙大道、赵世炎、帅朝珍、王承伟等9人为委员,李震瀛为主任。(中共上海市委党史资料征集委员会编:《中共上海党史大事记(1919.5—1949.5)》,知识出版社1988年版)

1月6日

中共上海区委召开国民党党团扩大会议,讨论国民党市、区党部党团工作和改选问题。关于选举问题,会议记录有:"一区有三十二分部,选举办好二十二个,尚有四个明天办,惟有上大大学部找不到人。复选期九号上午九时。"(中央档案馆、上海市档案馆:《上海革命历史文件汇集(上海区委会议记录)一九二六年十二月—一九二七年二月》,1990年3月)

1月7日

下午2时,上海大学召开寒假读书会成立大会,150余人参加会议。会议通过读书会简章,讨论会务进展,陈望道参加会议并发表演讲。陈望道在演讲中说:"吾人今日读书,固不应变成老顽固,然亦当谨防流为新顽固,盖读书乃作事之参考也。"(《上大寒假读书会成立会》,《民国日报》1927年1月8日)

1月8日

下午2时,中共上海区委召开各部委书记会议。上海大学独立支部在汇报发展党员工作时称:"现有六十人,两周增加三人。"区委在报告中规定各部委到1月底发展党员数,上海大学为15人。(中央档案馆、上海市档案馆:《上海革命历史文件汇集(上海区委会议记录)一九二六年十二月—一九二七年二月》,1990年3月)

1月10日

中共中央、中共上海区委召开联席会议,赵世炎作了组织工作发言。此时,上海共分八个支部委和两个独立支部。八个部委为:闸北、浦东、曹家渡、南市、法租界、杨树浦、小沙渡、引翔港。两个独立支部为上大独支、吴淞独支。(中共上海市委党史资料征集委员会编:《中共上海党史大事记(1919.5—1949.5)》,知识出版社1988年版)

1月24日

上海公共汽车工人罢工,杨树浦工会联合会等工会前往慰问。上海大学校工团参加了慰问,并捐洋5元。(《公共汽车罢工昨讯·各工会纷纷援助》,《申报》1927年1月25日)

1月25日

上午9时,中共上海区委召开全体委员会议,讨论军政形势、工人运动、团的工作及学生运动。会议记录委员的发言称:"上大现象较好,现有130余同志,工作很积极。大中学关系,现在尚无甚冲突,但调动兼党团员,手续上是否要经过大学?"(《上海区委全体委员会议记录》,许玉芳、卞杏英编著《上海工人三次武装起义研究》,知识出版社1987年版)

1月28日

中共上海区委召开各部委书记会议,由各部委汇报罢工前的准备工作和区委关于深入群众、夺取武装等的讲话。上海大学在汇报中称:"支部可恢复,尚有五六十人。"(中央档案馆、上海市档案馆:《上海革命历史文件汇集(上海区委会议记录)一九二六年十二月—一九二七年二月》,1990年3月)

1月29日

下午2时,中共上海区委召开各部委书记会议,会议内容为各部委汇报工作和区委关于新年活动及举行政治宣传周的讲话。上海大学独立支部在汇报工作中称:"支部情形:干事多他往,不能好好工作,连组长都不大找到,宣传委员会已开过一次。同志情形:最近同志多不能到会。支部1个,人数50,列增7人。"(中央档案馆、上海市档案馆:《上海革命历史文件汇集(上海区委会议记录)一九二六年十二月—一九二七年二月》,1990年3月)

是月

上海人道互济会整理十名烈士传略,上海大学黄仁、何秉彝、刘华、贺威圣等四名烈士在列。(中央档案馆、上海市档案馆编:《上海革命历史文件汇集(上海各群众团体文件)一九二四年—一九二七年》,1988年12月)

2月

2月5日

中共上海区委召开活动分子会议,讨论目前政治现状和介绍"二七"斗争经过。在会

上,郭伯和宣读"区委警告本月不请假不到会同志"名单。(中央档案馆、上海市档案馆:《上海革命历史文件汇集(上海区委会议记录)一九二六年十二月——一九二七年二月》,1990年3月)

2月9日

中共上海区委举行全体会议,全区第一次代表大会定于2月11日上午召开。会上提出区委改选的名单,计正式委员13人:罗亦农、张佐臣、赵世炎、李振瀛、尹宽、汪寿华、张之甫、谢文锦、郑复他、佘立亚、庄文恭、张永和、王亚璋(女)。候补委员7人:张叔平、余泽鸿、江元青、杨培生、刘尊一(女)、郭持民、王承伟。(中共上海市委党史资料征集委员会编:《中共上海党史大事记(1919.5—1949.5)》,知识出版社1988年版)

2月11—15日

中共江浙区第一次代表大会在上海举行。出席大会的地方代表52人,代表全区5 157名党员。党中央代表彭述之、周恩来等出席了会议。彭述之代表中央作政治报告,罗亦农、赵世炎分别作政治报告和党务报告。大会的中心议题是:江、浙两省的政治状况和农民运动在革命中的地位。大会选举中共江浙区委正式委员13人:罗亦农、张佐臣、赵世炎、李振瀛、尹硕夫[①]、何今亮[②]、张之甫、谢文锦、郑覆他、佘立亚、庄文恭、张永和、王亚璋(女)。候补委员7人:张叔平、余泽鸿、江元青、杨培生、刘尊一(女)、郭持民、王承伟。(中共江苏省委党史工作委员会、江苏省档案馆编:《中共江苏党史大事记(1919—1949)》,中共党史资料出版社1990年版)

2月14日

《申报》刊登《上大附中添聘教职员》的消息,称上海大学在江湾建筑新校舍,已告落成,准备迁入。该校附属中学准定本月20日在新校开学,原任英文教员沈观澜已派往国外留学,张崇德亦有派往湘粤等地考察之说,故拟请前苏州乐益女中教员侯绍纶(复旦大学毕业)担任高中英文,增聘天津南开中学教员汪志清担任高中国文、心理等科,前上海景贤女中教务主任王芝九担任高中历史。东南大学学员蔡文星女士担任初中数学两班。原有教员如张作人、杨贤江、冯三昧、黄文容、陈贵三、吴庶五女士等继续聘请,至职员方面,除教务主任、训育主任仍由钟伯庸、高尔柏两人担任外,其事务主任一职,业由侯校务主任改聘陆宗赞继任。又该中学一切费用,均行酌减。

2月16日

《申报》刊登《上海大学附属中学招生》广告,称报名仍在闸北青云路校舍,考试则已安排在江湾本校新校舍进行。

中共上海区委(江浙区委)举行改选后第一次全体会议,选举罗亦农任区委书记,赵世

[①] 即尹宽。
[②] 即汪寿华。

炎负责组织,汪寿华负责职工,尹宽负责宣传,韩步先任秘书长。职工运动委员会主任赵世炎,学生运动委员会主任余泽鸿,妇女运动委员会主任刘尊一(负责知识分子工作)、王亚璋(负责女工工作),军事委员会主任顾顺章,济难委员会主任王弼,农民委员会主任罗亦农(兼)。(中共上海市委党史资料征集委员会编:《中共上海党史大事记(1919.5—1949.5)》,知识出版社1988年版;中共江苏省委党史工作委员会、江苏省档案馆编:《中共江苏党史大事记(1919—1949)》,中共党史资料出版社1990年版)

2月18日

《申报》刊登《上海大学开学通告》:"本校大学部定于三月一日、中学部定于二月二十日,在江湾上士路新筑校舍开学。凡我同学务于开学日前到学务处注册课报到。"

2月23日

中共中央、上海区委召开联席会议,决议停止今日暴动。上海总工会发令复工。对同志和工人宣传为准备进攻而停止。要扩大武装组织,准备暴动;扩大并充实市民大会;宣传市民政权等。决定组织特别委员会(简称特委会)指导工作并组织特别军委和宣委。特别委员会成员为:陈独秀、罗亦农、赵世炎、汪寿华、尹宽、彭述之、周恩来、肖子璋。特别军委成员为:周恩来、顾顺章、颜昌颐、赵世炎、钟汝梅;宣委成员:尹宽、郑超麟、高语罕、贺昌、徐伟。(中共上海市委党史资料征集委员会编:《中共上海党史大事记(1919.5—1949.5)》,知识出版社1988年版)

2月24日

上午10时,中共上海区委召开各部委书记会议,会议内容为各部委汇报关于罢工暴动情况及今后工作布置。上海大学杨之华提议女同志由国民党各区党部"分头组织,因此妇女不能集中,因区党部无力号召"。"上大女同志捕去五人,但新介绍得力三女同志"。王承伟在发言中称:"上大,很勇敢,演讲及包围总商会,很好。昨捕去数十人,杀二人。"(中央档案馆、上海市档案馆:《上海革命历史文件汇集(上海区委会议记录)一九二六年十二月—一九二七年二月》,1990年3月)

2月25日

中共上海区委召开各党团书记会议,讨论罢市问题和各方面工作情况。高尔柏在汇报中称:"上大同志都已散掉,已在调查,把他们组织。"(中央档案馆、上海市档案馆:《上海革命历史文件汇集(上海区委会议记录)一九二六年十二月—一九二七年二月》,1990年3月)

2月27日

上海总工会机关报《平民日报》创刊,由上海大学教师高语罕、郑超麟,学生糜文浩负责编辑。该报报道工人运动的各种消息,宣传革命思想。同年4月14日被国民党查封。(中共上海市委党史资料征集委员会编:《中共上海党史大事记(1919.5—1949.5)》,知识

出版社 1988 年版)

2 月 28 日

中共中央暨江浙区委(上海区委)特别委员会召开会议,讨论国民党江苏省党部改选问题,决定提出侯绍裘、高尔柏、谢文锦 3 人作为中共方面提出的人选,并明告国民党的吴稚晖。(中共江苏省委党史工作委员会、江苏省档案馆编:《中共江苏党史大事记(1919—1949)》,中共党史资料出版社 1990 年版)

中共上海区委召开各党团书记会议,会议内容为各党团工作汇报和区委报告当前上海形势以及行动准备。刘尊一在发言中说:"上大听差都做侦探,陆中之被捕,恩来①嘱做的纠察队徽章有数千个,国民党妇女部吴庶五很弱,不敢出席执行委员会。"(中央档案馆、上海市档案馆:《上海革命历史文件汇集(上海区委会议记录)一九二六年十二月—一九二七年二月》,1990 年 3 月)

3 月

3 月 1 日

中共上海区委召开各部委书记会议,各部委汇报工作及罗亦农谈形势与任务。上海大学独立支部在汇报时称:上海大学有 52 人,均表示不怕死。(中央档案馆、上海市档案馆:《上海革命历史文件汇集(上海区委会议记录)一九二七年三月—一九二七年五月》,1990 年 9 月)

3 月 4 日

上午 8 时,中共上海区委召开各党团书记会议,朱义权、余泽鸿、林钧、刘荣简②、侯绍裘、刘尊一等参加了会议并作了工作上的汇报。(《上海区委各党团书记会议记录》,许玉芳、卞杏英编著《上海工人三次武装起义研究》,知识出版社 1987 年版)

3 月 6 日

上午 8 时,中共上海区委召开各党团书记会议,朱义权、侯绍裘、林钧、余泽鸿、刘尊一、高尔柏参加了会议并作了工作上的汇报。(《上海区委各党团书记会议记录》,许玉芳、卞杏英编著《上海工人三次武装起义研究》,知识出版社 1987 年版)

3 月 7 日

下午 2 时,中共上海区委召开主席团会议,决定将上海的党组织划分区域,成立闸北、南市、沪东、沪西、公共租界(沪中)、浦东、法租界、吴淞等八个部委。还明确规定江湾地区属于闸北。(中央档案馆、上海市档案馆:《上海革命历史文件汇集(上海区委会议记录)一九二七年三月—一九二七年五月》,1990 年 9 月)

---

① 指周恩来。
② 即刘披云。

按：根据这次会议决定，上海大学独立支部建制撤销，划归于闸北部委领导。

3月9日

路透社日内瓦电称，英外相张伯伦，今日接见上海大学教授兼时报记者戈公振，并向之宣告英国对华政策。另国闻社日内瓦电称，戈公振在会晤英国外相张伯伦时，"曾告以英国如恃武力，于商业并无裨益"。(《英外相接见戈公振·谈英国对华态度》，《申报》1927年3月11日)

3月10日

上海大学青年团电贺国民政府迁鄂，称："武汉为全国产业政治文化之中心，我中央党部及国民政府在此正式成立，实足奠定革命基础。电讯迭来，曷胜鼓舞，用特驰电致庆，以抒诚悃。"(《各团体电贺国民政府迁鄂·上大青年团》，《申报》1927年3月10日)

3月12日

上海第一次市民代表会议召开，到会代表200余人，工人100余人，商人近50名，余为学生及其他职业团体的代表。会议通过宣言，选举中共上海区委书记罗亦农、上海总工会委员长汪寿华及各界代表31人为执行委员，其中包括上海大学教师侯绍裘，学生林钧、刘荣简①、王亚璋等。(中共上海市委党史资料征集委员会编：《中共上海党史大事记(1919.5—1949.5)》，知识出版社1988年版)

下午5时，闸北各工商学团体发起举行孙中山逝世2周年纪念大会。到会有5000余人。学界有上海大学、上大附中、艺术大学等10余所学校参加。(《昨日孙中山二周纪念详情·各地团体之纪念》，《申报》1927年3月13日)

3月13日

《申报》刊登《上海大学通告》："本大学行政委员会议决：(一)自三月十五日起，大学、中学新旧学生应一律到江湾新校注册缴费；(二)十六日起考试二期新生；(三)二十日正式授课。"

3月14日

上午10时，中共上海区委召开各部委书记、产总联席会议，各部委汇报组织情况及罗亦农谈北伐军到沪前的准备工作。上海大学在汇报中称上海大学"现有同志三十四人"。(中央档案馆、上海市档案馆：《上海革命历史文件汇集(上海区委会议记录)一九二七年三月—一九二七年五月》，1990年9月)

3月21日

上海大学学生参加上海工人第三次武装起义。

按：3月26日，《民国日报》刊登《上大学生之革命运动》的消息，称上海大学学生龙树

---

① 即刘披云。

藩、郭伯和、张书德等10余人,在闸北宝山路、虹江路及东横浜路一带,与各工团合攻奉、鲁军,以及在五区收缴枪械及虹江路前线冲锋。报道还称,在北火车站方面,上海大学也有学生加入前线作战。据上海大学教师许德良回忆:"上海工人第三次武装起义时,上大有学生军参加作战。"(王家贵、蔡锡瑶编著:《上海大学(1922—1927)》,上海社会科学院出版社1986年版)上海大学学生薛尚实在回忆中也有同样的说法:"上海工人第三次武装起义时,上大组织了学生军,配合工人纠察队作战。"(中国人民政治协商会议上海市委员会文史资料工作委员会编:《文史资料选辑(第2辑)》,上海人民出版社1979年版)

3月22日

第二次上海市民代表大会在九亩地新舞台召开,有1 000余团体的代表约4 000人到会。王晓籁、汪寿华、林钧3人为主席团。大会产生了上海特别市临时市政府,提出在正式市政府成立前的临时市政府委员19人的名单,他们是:罗亦农、汪寿华、林钧、何洛、丁晓先、侯绍裘、李振瀛、王景云、顾顺章、白崇禧、钮永建、杨杏佛、王晓籁、虞洽卿、陈光甫、王汉良、陆文韶、郑毓秀、谢福生,林钧任秘书长。(中共上海市委党史资料征集委员会编:《中共上海党史大事记(1919.5—1949.5)》,知识出版社1988年版)

下午,上海市民欢迎北伐军大会在公共体育场举行。1 000余团体参加了大会。上海临时市政府委员、秘书长林钧主持会议,汪寿华在会上发表演讲。(中共上海市委党史资料征集委员会编:《中共上海党史大事记(1919.5—1949.5)》,知识出版社1988年版)

3月23日

上午,上海大学派出陈望道、刘大白两位教授到龙华慰劳北伐军。受到国民革命军前敌总指挥参谋接见。下午,上海大学又派冯三昧、钟伯庸两位教授携带水果,再次到龙华慰劳北伐军。(《民众慰劳北伐军·上海大学》,《申报》1927年3月27日)

"拥护临时政府成立,欢迎北伐军莅沪大会"在闸北青云路广场举行,1 000余团体参加了大会。会议由上海学联代表、上海大学学生何洛主持。上海总工会代表、上海大学学生龙大道等到会演讲。大会通过宣言,坚决拥护上海临时政府,坚决拥护国民政府。会后举行了游行。(中共上海市委党史研究室著:《中国共产党上海史(1920—1949)》,上海人民出版社1999年版)

3月24日

《民国日报》《申报》刊登由上海大学行政委员会主席陈望道、中学主任侯绍裘联合署名的《上海大学暨附属中学校开课招生通告》:"本校新校舍已全部告成,前定开课日期因准备不及,未能实行。刻定4月1日起正式上课,并在4月1日以前招收新生,如各省县国民党部保送同志来校求学,可照上年成例准其免试。校址:上海江湾。"

上海大学与景贤女校在闸北青云路集会,欢迎北伐军。会后,上海大学师生到共和路北伐军第一师司令部慰劳。陈望道、李春鏵即席致欢迎词。(《民众慰劳北伐军·上海大

学》,《申报》1927年3月27日)

上午9时,上海大学学生会率同该校学生军会合闸北各校学生数百人,至中华新路顺成里上海学生联合会,将去年①遭军阀当局封闭的上海学生联合会办公处"自动启封",恢复办公。(《学联会自动启封》,《申报》1927年3月25日)

上海文艺协会成立仪式在中华歌舞学校举行。到会团体有中华艺术大学、晨光美术会、上海艺术大学、中华美术会等。通过组织大纲,推举洪野、黎锦晖、田汉、朱应鹏、丁衍镛、陈望道、傅彦长、仲子通、欧阳予倩为执行委员。(《上海美术志》编纂委员会编:《上海美术志》"大事记",上海书画出版社2004年版)

3月25日

下午,上海大学学生及景贤女中派代表到龙华慰劳北伐军。(《民众慰劳北伐军·上海大学》,《申报》1927年3月27日)

3月26日

《申报》刊登《上海市教育协会大学职教会组织》的消息,称上海大学教职员冯三昧、蔡慕晖、周越然等和复旦大学等校约三四十名教职员共同发起成立上海市教育协会大学职教会。

3月27日

孙中山逝世两周年纪念大会在公共体育场举行,到会的各界团体有1 000多个。会议由侯绍裘主持,中共代表罗亦农、国民党江苏省党部代表杨贤江、国民党上海特别市党部代表高尔柏到会演讲。(中共上海市委党史资料征集委员会编:《中共上海党史大事记(1919.5—1949.5)》,知识出版社1988年版)

3月28日

中共上海区委主席团举行会议,决定上海市政府党团以罗亦农、汪寿华、林钧、丁晓先组成干事会,以丁晓先为秘书。(中共上海市委党史资料征集委员会编:《中共上海党史大事记(1919.5—1949.5)》,知识出版社1988年版)

3月29日

上海大学为宁案发表宣言,谴责英美军舰炮轰南京,杀害华人甚众,"凡我国人应一致奋起,敦促国民政府,提出严重抗议"。(《各界对于宁案之表示·上海大学》,《申报》1927年3月29日)

《申报》刊登《陈望道对大学教授协会之声明》:"报载上海大学教授协会举我为执行委员,我从未接得该会只字,亦丝毫不知该会内容。他们举我为执行委员,我不知到底应该执行些甚么,以后该会无论有何行动,我个人完全不能负责。特此声明。"

---

① 即1926年。

3月30日

侯绍裘遵照中共上级组织的决定,率领国民党江苏省党部人员去南京办公。

案:据上海大学中学部钟伯庸回忆:"一九二七年三月底,侯绍裘叫我和高尔柏去南京时,他于黄昏时分来附中教师寝室,对我们说:'这次去南京,不能一无准备,我们随时会碰到不测的变化,刀子会随时搁在我们的头颈上。'这是一句何等悲壮的预言啊!"(王家贵、蔡锡瑶编著:《上海大学(1922—1927)》,上海社会科学院出版社1986年版)4月10日,蒋介石在南京发动反革命政变,对革命群众大肆屠杀,侯绍裘被捕,于4月15日在南京惨遭杀害。

4月

4月1日

上海大学在江湾新校舍正式上课。(《上海大学暨附属中学校开课招生通告》,《民国日报》《申报》1927年3月24日)

4月2日

上海大学中学部主任侯绍裘"因公私事繁,不能兼顾",上海大学聘中学部教员张作人代理中学部主任。(《上大附中聘定代理主任》,《民国日报》《申报》《新闻报》1927年4月4日)

4月3日

上海大学教授、作家蒋光慈为自己新创作的小说《短裤党》完成序言《写在本书的前面》,称:"法国大革命时,有一群极左的,同时也就是最穷的革命党人,名为'短裤党(Des Sans-culottes)'。本书是描写上海穷革命党人的生活的,我想不到别的适当的名称,只得借用这'短裤党'三个字。花了半个月的工夫,写成了这一本小书。当写的时候,我为一股热情所鼓动着,几乎忘记了自己是在做小说。写完了之后,自己读了两遍,觉得有许多地方很缺乏所谓'小说味',当免不了粗糙之讥。不过本书是中国革命史上的一个证据,就是由点粗糙的地方,可是也自有其相当的意义。"在这篇序言的最后,蒋光慈署明日期"一九二七,四,三,于上海"。(蒋光赤著:《短裤党》,上海泰东图书局1927年版)

按:《短裤党》是蒋光慈根据上海工人武装起义而创作的中篇小说,它是中国现代文学史上第一部描写工人阶级进行大规模革命斗争的小说。蒋光慈自1824年8月到上海大学任教,直到1927年5月上海大学被国民党当局武力封闭才离开。他这部《短裤党》,是在上海大学教授任上完成的,里面的主人公有着他在上海大学任教时的同事和学生的影子。

上午10时,上海临时市民代表会议在新舞台开第五次大会,上海大学等共800余职业团体代表3 000余人参加了大会。上海大学学生、市政府秘书长林钧作报告。(《市民代表会第五次大会纪》,《申报》1927年4月4日)

4月7日

下午1时,上海工商学兵各团体在西门少年宣讲团召开反英大同盟会成立会议。上海大学等170多个团体的400余位代表参加了会议。上海大学学生、上海学生联合会刘荣简[1]被推为大会主席。会议议决组织对英经济绝交委员会,推举上海大学等11个团体为委员。会议还推举上海大学等21个团体为"反英大同盟"执行委员。(《反英大同盟会昨日成立》,《申报》1927年4月8日)

4月11日

下午2时,反英帝国主义大同盟召开第一次执行委员会议,上海大学等14个团体共20余位代表参加了会议。上海大学学生刘荣简被推为主席。会议决定通告各团体进行针对英国的演讲和散发传单。(《反英大同盟昨日开会》,《申报》1927年4月12日)

4月12日

蒋介石发动"四一二反革命政变"。

按:陈望道回忆称:"'四一二'时期,我的印象最深,到了4月12日,一夜之间'左'的学生差不多被捉光了。学校此时已开不起来,我们就动员一些中间的学生去探监通消息,还动员了一些与右派有关系的学生去找叶楚伧等人,希望他们出来活动一下,设法营救被捕学生,但他们都不见了,躲起来了,为的是怕有人去找他们。"(邓明以著:《陈望道传》,复旦大学出版社2005年版)

中午12时,上海工人与市民为抗议上海工人纠察队被国民党军队缴械事件,在闸北青云路广场举行大会。到会的各工会、各公团100余团体。上海大学的学生参加了会议。(中共上海市委党史资料征集委员会编:《中共上海党史大事记(1919.5—1949.5)》,知识出版社1988年版)

4月13日

上海大学学生参加上海总工会在闸北青云路广场召开的群众大会。会后举行了游行,游行队伍在宝山路遭到当局的血腥镇压,酿成宝山路大屠杀惨案。(上海通志编纂委员会编:《上海通志(第1册)》,上海社会科学院出版社、上海人民出版社2005年版)

4月14日

下午1时,上海大学在江湾新校舍召开教职员学生联席会议,有400余名教职员、学生参加了会议。会议通过了20余件提案。学校国立运动委员会、膳食委员会、学生会执行委员会在会上作了报告。学校当局报告了学校学务、校务进行情况,介绍了今后发展的计划。(《上海大学教职员学生联席会议》,《民国日报》《新闻报》1927年4月16日;《上大开教职员学生联席会议》,《申报》1927年4月16日)

---

[1] 即刘披云。

4月15日

上海大学学生会发表加入反英大同盟宣言,表示"敝会同人,愤国权之丧失、公理之沦亡,对于反英大同盟之组合,绝对附从,一致抗拒英帝国主义之武装压迫、经济侵略",并呼吁"诸同胞坚其团结,加入奋斗,以争国权而造民族"。(《上大反英宣言·并通电援助大夏》,《民国日报》1927年4月15日)

上海大学学生会发表援助大夏大学通电,强烈谴责"英兵越界围搜大夏大学,殴伤同胞,捣毁物具"的强盗行径,呼吁"同胞一致电请国民政府严重抗议,以雪奇耻,而争国光"。(《上大反英宣言·并通电援助大夏》,《民国日报》1927年4月15日)

4月17日

中共上海区委主席团举行会议,决定出席党的第五次全国代表大会的代表。林钧等13人为代表。(中共上海市委党史资料征集委员会编:《中共上海党史大事记(1919.5—1949.5)》,知识出版社1988年版)

4月18日

上午10时,上海大学在江湾新校舍召开改选后的行政委员会第一次会议,陈望道、谢六逸、李春蕃、金耀光、冯三昧、刘大白、周由廑等参加。会议选举陈望道为行政委员会临时主席。会议通过向宁、汉双方请愿上海大学国立案,并决定在陈望道代表上海大学赴宁汉请愿期间,由刘大白暂行代理学校学务主任及临时主席。会议还通过临时提款案,议决由刘大白、冯三昧两人共同签字。(《昨日上大之重要会议》,《民国日报》1927年4月19日;《上海大学昨日开重要会议》,《申报》1927年4月19日;《昨日上海大学之重要会议》,《新闻报》1927年4月19日)

上海大学丁卯①级同学会召开成立大会,90余人参加了会议。会议推举李春蕃、方超骥、丁显、金耀光、李圣恩、汪涛等7人组成执行委员会。会议决定拟在江湾新校舍内建筑钟楼一座。(《民国日报》《申报》1927年4月20日;《上大丁卯级同学会成立》,《申报》1927年4月20日;《上海大学丁卯级同学会成立》,《新闻报》1927年4月20日)

4月19日

下午2时,上海大学附中学生会在第一大教室,开本届学生会改选大会,全体同学到会,武志祖主持会议。会议选举了由顾根兴等11人组成的执行委员会。(《上大附中学生会》,《民国日报》1927年4月23日;《上大附中学生会改选》,《时报》1927年4月23日)

南京国民党中央发出通缉令,通缉共产党人及"跨党分子"197人,其中包括在上海大学工作和学习过的恽代英、邓中夏、李硕勋、蔡和森、彭述之、侯绍裘、沈雁冰、瞿秋白、施存统、张太雷、林钧、何洛、高尔柏、朱义权、刘荣简、杨贤江、杨之华、余泽鸿、萧楚女、黄胤、王

---

① 即1927年。

亚璋、张秋人、刘一清、龙大道、高语罕等。

4月21日

下午,上海大学丁卯级同学会召开第二次全体大会,一百余人参加了会议。会议推举方超骥主席。会议"讨论毕业结束事宜,并由执行委员会代表方君报告工作甚忙,委员不敷分配,要求扩大组织,当即补选葛克信、钱宗湘二君加入。至于编辑特刊及建筑纪念物,均由该委员会负责进行"。(《上大丁卯级二次大会》,《时报》1927年4月23日)

4月25日

上午9时,中共上海区委召开各部委书记会议,闸北部委在汇报中称:"农民运动,已责成上大支部去作,《繁华世界》在那里销路很好。"(中央档案馆、上海市档案馆:《上海革命历史文件汇集(上海区委会议记录)一九二七年三月——一九二七年五月》,1990年9月)

4月27日

上午9时,中共上海区委召开各部委书记会议,会议内容为汇报工作及区委关于"五一"纪念等工作指示。会议记录中称"上大问题,闻右派要以武力接收,请区委注意,或要上大的校务行动委员会组织党团,由区委直接指挥"。(中央档案馆、上海市档案馆:《上海革命历史文件汇集(上海区委会议记录)一九二七年三月——一九二七年五月》,1990年9月)

下午,上海大学丁卯①级同学会召开第四次全体大会,方超骥主持了会议。会议讨论的毕业等相关事宜,议决学生的毕业论文一律在5月1日之前完成上缴。(《上大丁卯级同学大会》,《民国日报》1927年4月29日;《上海大学丁卯级之同学会》,《时报》1927年4月29日)

4月29日

上午9时,中共上海区委召开各部委书记会议,会议记录称:"学生方面,无甚工作,上大又在危险中。江湾农民仍由上大及复旦同志负责。"(中央档案馆、上海市档案馆:《上海革命历史文件汇集(上海区委会议记录)一九二七年三月——一九二七年五月》,1990年9月)

5月

5月3日

下午1时,上海大学被国民党军队用武力查封。

按:5月5日的《时报》刊登《江湾上海大学查封·学生一律出校》的消息,报道了上海大学被查封的经过。报道称:"江湾上海大学于前日下午一点钟,被龙华司令部派兵士三十余人,将该校四周包围,所有男女学生一概不准行动。进出口处皆架起机关枪,一时气

---

① 即1927年。

氛森严。兵士入校后,乃分队命学生集于第一教室,由该队指挥员谢某,声明系奉总司令部命令,限所有学生即刻离校,否则恐有危险。"5月6日的《时报》又刊登《上海大学查封后之布告》的报道,称:"闻国民革命军总司令以政治人才需用孔亟,拟开办政治训练班一所,即以该校房屋为所址。"同时,又刊登国民党军队前敌政治部发布的布告:"查上海大学为破坏国民党反动分子之巢穴,业经查获有据,兹特派员前往查封,除饬令该校先行全部解散、听候查办外,合将查封该校缘由布告,俾众周知。"5月6日的《大公报(天津)》刊登《上海大学·不容与国民党》的消息,称:"上海大学被封,学生驱逐。"

5月4日

上海大学江湾新校舍由国民党军白崇禧部占据。

上午9时,中共上海区委召开各部委书记会议,会议记录称:"上大有军队去,说是抄军械,结果把学生所有的财物都抢去了,学生已星散。伯弧①去找李石岑、郑振铎等,他们允许援助。"(中央档案馆、上海市档案馆:《上海革命历史文件汇集(上海区委会议记录)一九二七年三月——一九二七年五月》,1990年9月)

5月6日

上午10时,中共上海区委召开各部委书记会议,会议记录称:"上大同志分散,支书找不着他们。"(中央档案馆、上海市档案馆:《上海革命历史文件汇集(上海区委会议记录)一九二七年三月——一九二七年五月》,1990年9月)

《申报》刊登《上海大学暨附中善后委员会启事》:"本校已得政治部陈主任②允于日内设法改组,凡我校纯粹国民党员及忠实同学,务希即日往青云路天授里天字四十五号报到,共商一切事宜。至有共产嫌疑者,一律拒绝。特此通告。"

5月7日

《新闻报》刊登《上大维持善后委员呈请启封》、《时报》刊登《上大被封后之行动》的消息,称:"江湾上海大学,因有共产党嫌疑,已被查封。现闻该校所有纯粹国民党员及忠实之学生,公举方超骧、丁显、朱复、刘大白等为学校维持善后委员,负责进行一切请愿及改组事宜。"还称上海大学维持善后委员会已呈文上海政治分会,要求将上海大学启封。

5月8日

下午4时,上海政治分会教育委员会召开第三次会议,会议讨论了上海大学全体教职员呈请恢复该校原状案,决定:"函分会如该校跨党分子,业已肃清,即请克日启封,并定办法。"(《上海教育委员会之会议》,《申报》1927年5月10日)

---

① 指上海大学学生党伯弧。
② 指陈群。

5月9日

中共上海区委召开各部委书记会议,会议记录称:"上大同志已要他们尽可能的回校去,有同志要回家去武汉,要他作代表去武汉宣传。"(中央档案馆、上海市档案馆:《上海革命历史文件汇集(上海区委会议记录)一九二七年三月—一九二七年五月》,1990年9月)

5月10日

中国国民党上海特别市党部临时执行委员会召开第二次会议。潘宜之、陈群、陈德徵等参加会议。会议由陈群主持。会议讨论了上海大学问题,称:"上海大学学生六十三人呈该校于五月二日①被政治部封闭,其原因为肃清跨党分子,但上大五百余同学,捣乱分子实居少数,且均已畏罪潜逃,今忽遭封闭,致使多数忠实同志以及一部分尚未入党之同学均受打击,恳请本党部与以设法启封,并一面派员到校改组。会议决定将此案交政治会议上海临时分会办理。"(《市党部执行委员会第二次会议》,《申报》1927年5月11日)

5月11日

《申报》刊登《上大学生会呈请启封》的消息,称:"上海大学善后委员会召集校中忠实国民党员及一般无党派之同学,开全体大会,并改组学生会。结果选出执行委员方超骥、丁显、杨国辅、金耀光、陈德圻、廖上璠、吴铮、林道兴、汪涛、郑逸欣、薛成章等十一人,即日启用长方图记,负责办理对内对外一切事宜,并议决派代表,向当局请愿启封该校。"

5月12日

上海大学被封闭之各类物件,经北伐军东路军前敌总指挥部政治部教育股派员清点后,交中国国民党上海党务人员养成所秘书费哲民接收。(《东前总政部各科股消息·教育股》,《申报》1927年5月13日)

5月13日

上海大学被封后,陈德圻、廖上璠、吴铮、薛章、林道兴等11人被国民革命军第二十六军检查分处认为"有跨党嫌疑,拘捕逮案",后经查明,系属误会,已于今日释放。(《上海大学被拘学生已释放》,《申报》1927年5月15日;《上海大学学生释放》,《时报》1927年5月15日)

5月14日

上午10时,国民党中央政治会议上海临时分会召开第二十二次会议,白崇禧委派代表潘宜之出席了会议。会议讨论了上海大学的问题,称:"上海教育委员会函称,据上海大学全体教职员函称,该校舍为东总政治部派军封锁,请设法撤退恢复原状。又该校学生方超骥等呈称,清党殃及全校黉舍,请迅予启封各等因,经该会议决,请本会转咨政治部,如

---

① 应为5月3日。

该校跨党分子业已肃清,请克日启封,并请决定办法,决议与第三案同样办理。"代表白崇禧参加会议的潘宜之函称:"前因清党关系,曾将共党所举办之上海大学及法政大学查封,现闻共产分子之学生数百人,已先后赴汉,该二校留沪学生数百人多系青年向学之士,自不应听其失学,为社会讥评。故特建议,请将该二校合并改组为上海中山大学,其原有经费,若有不足,希转致财委会酌拨,并饬教委会于日内派员负责维持,以示本党爱护人才之至意由。"会议决定:"上海法政大学及上海大学二校现有学生,合并在上海大学,责成上海教委会派员暂行维持,一面责成该会计划筹备上海中山大学事宜,并整个的具体办法,速呈候本会核议。"(《政治分会昨开二十二次会议》,《申报》1927 年 5 月 15 日)

5月15日

《申报》刊登《上海大学学生廖上璠、薛成章、陈德圻、吴铮、林道兴、佟宝璋、陈伟天、黄义山、符步瀛、梁希陶、梁禹紧要启事》:"同人等自学校被封后,即从事谋划学校启封事宜,并努力清党运动,乃不为对方所谅,认为捣乱分子,突于本月十一日午前被国民革命军第二十六军稽查分处将同人等全行逮捕,幸省讯之下,确认同人等为忠实党员及无党派之同学,已于十三日二时释出。嗣后同人等当一本初衷,继续进行,任何阻碍所弗胥计,诚恐外界不明真相,用特登报声明。诸希公鉴为索。"

上海大学学生会召开第四次执行委员会议,讨论了国民党中央政治会议上海临时分会于 14 日召开的第二十二次会议关于上海大学和上海法政大学合并为上海中山大学事,经讨论结果,函请上海教育委员会依照政治分会议决案,从速派员来校维持并促定改组计划。(《上大学生会请派员到校维持》,《申报》1927 年 5 月 16 日)

5月16日

上午,上海大学学生会在闸北天授里办公处召开第五次执行委员会议,会议主席方超骥介绍了"营救被误捕之同学的经过"。会议决定推杨周辅、吴铮二人到上海教育委员会,请求执行政治分会议决案。(《上大学生会昨开执行委员会》,《申报》1927 年 5 月 17 日)

下午 4 时,上海教育委员会召开第五次常务会议,通过决定,将国民党中央政治会议上海临时分会第二十二次会议决定的上海法政大学、上海大学合并为上海中山大学一事交大会议决。(《上海教育委员会常务会议纪》,《申报》1927 年 5 月 18 日)

5月18日

上海大学学生会为上海大学被封闭一事发表宣言,称:"我上海大学自被封后,外界对于内容一切情形,多未明了,或讥为捣乱机关,或目为共产党巢穴,聚讼纷纭,甚嚣尘上,实则道路传言,大相刺谬,内容详情,讵尽如是。"宣言称:"频年以来,我上海大学,屡遭奇变,推源祸始,谁为厉阶,彼辈所赐,顾莫知也。自今以往,我全体忠实同学,当本坚忍不拔之精神,作中流砥柱之事业。""挽既倒之狂澜,支将倾之大厦,非异人任,吾辈之责也。忠爱同胞,其共勉旃。"(《上大学生会昨开六次执委会》,《民国日报》1927 年 5 月 20 日;《上海

大学学生会消息》,《申报》1927年5月21日)

5月19日

上午9时,上海大学学生会在闸北青云路天宝里该会办公处,举行第六次执行委员会会议。方超骥主持会议。会议通报了关于上海大学、上海法政大学合并改组国立中山大学事。会议决定21日上午9时,在恒裕里恒裕小学召集全体同学大会,讨论有关事宜。(《上大学生会昨开六次执委会》,《民国日报》1927年5月20日)

5月21日

上海教育委员会召开第五次会议,会议决定函复上海大学学生会,请会同上海大学教职员会,推派代表,直接向北伐军上海东路军前敌总指挥部政治部说明原因,陈请启封上海大学。(《上海教育委员会之议决要案》,《申报》1927年5月24日)

5月26日

下午,上海大学召开行政委员会会议,教员陈望道、周由廑、谢六逸;学生金耀光、丁显等10余人出席会议。议决陈望道因有要事离校返回家乡,辞去校行政委员会临时主席职,由谢六逸继任。由朱复、谢六逸负责进行复校事宜。冯三昧因家遭变故,要求辞去经济委员主席及注册课主任等职,以便回家料理。议决通过,所任注册事宜,改由朱复担任,经济委员会主席改由周由廑担任。(《上海大学之重要会议》,《申报》《新闻报》《时报》1927年5月28日)

5月27日

中共上海区委召开各部委书记会议,会议记录称:"上大支部有书记,同志找不着。"(中央档案馆、上海市档案馆:《上海革命历史文件汇集(上海区委会议记录)一九二七年三月——一九二七年五月》,1990年9月)

是月

上海大学教授刘大白对上海大学校务主任陈望道提出:"上大遭封闭了,但是只要你肯代表学校向国民党低头,向国民党保证,以后永远不违背国民党的意旨,上大就可启封了。"陈望道当即愤怒地回答道:"我决不向国民党低头!"(《钟伯庸同志的回忆》,王家贵、蔡锡瑶编著《上海大学(1922—1927)》,上海社会科学院出版社1986年版)

上海大学被查封后,当时的上海大学学生手抄了《上海大学学生职员名单》,该名单记录了社会学系、美术系、中国文学系、英国文学系等历届毕业生及职员的名单,也包括部分没有毕业的学生名单。(中共"一大"会址纪念馆保管部:《20世纪20年代的上海大学史料摘选》,中共"一大"会址纪念馆、上海革命历史博物馆筹备处编《上海革命史资料与研究(第12辑)》,上海古籍出版社2012年版)

按:《上海大学学生职员名单》每页长为27.8厘米,宽为19.5厘米,原件藏中共"一大"会址纪念馆。新中国成立后,原上海大学学生范守渊和林建略将各自保存的名单捐送

给上海有关单位。范守渊保存的名册分学生毕业年度细目，共 582 人；林建略保存的名单不分学生毕业年度细目，共 583 人。两份名单除数人姓名、籍贯有异，绝大多数相同。（益资：《上海大学毕业生姓名录》，《党史资料丛刊（第 3 辑）》，上海人民出版社 1985 年版）

《教育杂志》1927 年第 19 卷第 6 期刊登题为《教育界消息：一月来之全国学生党狱》称：上海大学自被"查封后，该校纯粹国民党员及忠实之学生，公举方超骥、丁显、朱复、刘大白等为学校维持善后委员会，负责进行一切请愿及改组事宜"。

6月

6月1日

《申报》刊登《五卅二周纪念大会纪详·闸北方面》的消息，称参加五卅二周年纪念大会的团体中有上海大学改组学生会代表。

6月2日

上海大学发表启事，称学校自遭当局封闭以后，已将重要文件送交律师蒋保釐代为保管，债权部分均有充分担保。至于各学生等均有退费可收，亦请克日前来先行登记，以凭核办。（《律师蒋保釐代表上海大学通告各债仅人》，《申报》1927 年 6 月 2 日）

6月3日

《申报》刊登《政治分会三十次会议纪》，称会议决定将上海大学学生会呈文提出的上海、法政两大学合并改组中山大学及通知东前政治部启封上海大学事，"交教育委员会"。

6月7日

下午 4 时，上海教育委员会召开第七次会议，议决事项中有："政治分会发交上海大学学生会呈一件，为请从速履行政治分会二十二次议决案，将上、法两大学改组中山大学，并将东前政治部准予启封，议决查政治分会原案，仅云该两校学生，俟上海中山大学成立设法容纳，并无该两校合组中山大学之主张。所请一节，根本不能成立。""上海大学学生会函陈该校被封恳请本会积极筹备中山大学由，议决与第十六案同样办理。"（《上海教育委员会第七次会议》，《申报》1927 年 6 月 2 日）

6月9日

《申报》刊登《上海大学丁卯级会启事》："丁卯级同学公鉴：本会所做之毕业图相已经做就，凡已缴照片及会费者，请径往南京路王开相楼领取。恐未周知，特此通告。"

6月14日

下午 3 时半，上海教育委员会召开第九次大会，公推杨杏佛为主席。议决事项中有："久泰美记营造厂呈请俯念该商厂艰难，迅饬上海大学将余欠造价克日交付该商厂收取，或将该校舍启封，俾该厂交付委造人，同时收取残余造价由，议决转呈中央教育行政委员会核办。"（《上海教育委员会之两会议·第九次》，《申报》1927 年 6 月 16 日）

6月18日

《申报》刊登《政治分会三十四次议事录》，政治分会第三十四次会议讨论了上海大学校舍建设款的问题，称："久泰美记营造厂承造江湾上海大学校舍，造价洋七万一千五百元，该校尚欠造价一万零五百元，又欠添造□屋及修路费洋一千一百四十元，连同该厂垫借之款三宗，计共二万一千六百四十元。乃该校被封，该校当局现在无款清偿，请俯念商艰，饬该校将余欠清还，或启封该校，以便委造人设法补偿，祈予示遵由，决议：查明核办。"

7月

7月2日

下午3时，上海教育委员会召开第十次会议，讨论了上海大学新校舍建设款的问题，议决："中央教育行政委员会批复久泰美记营造厂呈请饬上海大学交付余欠一案，系钱债事件不入教育范围应发还原呈着当事人，呈请主管官署核办由，议决照复该厂。"（《上海教育委会员第十次会议》，《申报》1927年7月4日）

7月27日

《申报》刊登《劳动大学劳农学院之筹备》的消息，称国立劳动大学之劳工学院，"拟将前上海大学校址，改作该院院址，业已奉总司令部命令，于月之十九日由张性书、郭颂铭二人，前往接收"。

12月

12月19日

《申报》刊登《特别市党部消息·工农部》的消息，称国民党上海特别市党部致函国立劳动大学，反对国立劳动大学拟将上海大学校舍拨充劳农学院，在该处附近圈稻农田二百亩，办理试验场等，并拟以每亩三元至六七元之租价订十年等情，又据该处农民协会条陈利害，要求国立劳动大学撤销原案，另觅地址。

下编

1929 年

5 月

5 月 21 日
熊式辉致电蒋介石,请示"上大反日会扣留日货发还"一案处理办法。(台北:"国史馆"档案)

1930 年

2 月

2 月 22 日

上海市土地局局长朱炎致公函给国立劳动大学,称上海大学赋税改归劳动大学。
(《上海市土地局年刊 1930 年(前期)》)

1936 年

3 月

3 月 3 日
上海大学校长于右任向国民党中央执行委员会递交关于"追认上海大学学生学籍与国立大学同等待遇"提案。(台北：中国国民党中央委员会文化传播委员会党史馆会议档案〈国民党中央执行委员会常务会议〉5.3.8.32)

3 月 26 日
中国国民党中央执行委员会发出公函，称经国民党中央执行委员会第八次常务委员会会议，决定批准于右任关于"国民政府追认上海大学学生学籍与国立大学同等待遇"提案。(台北："国史馆"档案 0902.21)

4 月

4 月 2 日
国民政府为国民党中央执行委员会常务委员会第八次会议决议通过于右任提议追认上海大学学生学籍与国立大学同等待遇一案致行政院、考试院训令，提出"自应照办"，并令考试院转饬铨叙部查照、行政院转饬教育部遵办。(台北："国史馆"档案 0902.21)

5 月

5 月 17 日
上海大学在南京的学生，为学籍问题解决召开会议，筹备组织上海大学同学会，推定筹备委员。关于学籍审查，决组设审查会，并函王陆一、吴企敬、刘道行、郑仲武等为委员。(《上海大学学籍问题解决·旅京同学等组同学会》，《中央日报》1936 年 5 月 18 日)

5 月 28 日
国民政府行政院院长蒋中正为国民党中央执行委员会常务委员会第八次会议决议通

过于右任提议追认上海大学学生学籍与国立大学同等待遇一案呈文国民政府主席林森"鉴核"。(台北:"国史馆"档案 0902.21)

6月

6月1日

《民报》刊登《前上海大学生籍与国立大学同等待遇》、《大公报(上海)》刊登《前上海大学学生学籍与国立大学同等待遇》的消息,称:"前私立上海大学,于民国十六年春,因环境关系停办后,迄今十载。现经中央通过该校学生学籍,与国立大学同等待遇,故该校各地学生,分头进行组织同学会。上海方面,亦经举行发起人会议,由林钧、丁丁等着手筹备。"

6月4日

国民政府文官处为国民党中央执行委员会常务委员会第八次会议决议通过于右任提议追认上海大学学生学籍与国立大学同等待遇一案致国民党中央执行委员会秘书处。(台北:"国史馆"档案 0902.21)

国民政府为国民党中央执行委员会常务委员会第八次会议决议通过于右任提议追认上海大学学生学籍与国立大学同等待遇一案致行政院指令。(台北:"国史馆"档案 0902.21)

《民报》刊登《前上海大学学生积极筹备组学生会》、《申报》刊登《上海大学组同学会》的消息,称:"北伐以前,私立上海大学,为我国唯一造就革命人才之最高学府。现中央为表彰起见,经中常会议决其学生学籍准依国立大学同等待遇,业由教育部呈复遵办。现该校在沪学生,经林钧、丁丁等发起筹组同学会,一度举行发起人会,并在厦门路商报社、闸北五卅公墓五卅学校、南市君毅中学三处为接洽处,凡该校学生,均可向该处通讯接洽,以便取得学籍。闻日内接洽者颇多,不日即将举行筹备会议云。"

6月8日

下午,上海大学同学会举行首次筹备会议及首次常委会议,选举林钧、丁丁、姚天羽、曹雪松、王秋心等五人为常务委员,组织常委会。筹备处设爱文义路 134 弄 7 号。(《前上海大学同学会筹备会》,《申报》1936 年 6 月 10 日;《上海大学同学会》,《大公报(上海)》1936 年 6 月 10 日)

7月

7月4日

晚上,上海大学留沪同学会假古渝轩川菜馆举行聚餐联欢会,教职员周由廑、周越然、汪馥泉、赵景深、唐鸣时及同学左明、朱超然、曹雪松、王秋心、张士歆、吴瑜等五十余人参加。席间,先由丁丁致词、报告同学会进行及晋谒校长于右任经过,后由汪馥泉等演说,再

由赵景深唱扬州空城计、讲各地方言等。(《上海大学同学·昨举行联欢会》,《申报》1936年7月5日)

9月

9月28日

下午,上海大学留沪学生同学会,假景平中学举行成立大会。校长于右任和教职员代表周由廑、周越然、唐鸣时、汪馥泉及学生一百余人参加了会议。会议除讨论提案、通过会章外,还选举林钧、高尔柏、丁丁、曹云松等十一人为执行委员,吴开先、陈贵之、唐纯茵等三人为监察委员。上海大学南京同学会特致贺电。会议结束后在会宾楼聚餐。(《上海大学同学会昨成立》,《民报》1936年9月29日)

是月

上海大学留沪同学会成立,并出版《上海大学留沪同学会成立大会特刊》。特刊刊登了原上海大学教师韩觉民、周越然、周由廑、唐鸣时和学生张士韵、孔另境、曹雪松、赵璧、姚天羽、韩一民、陈茵、丁丁[①]等的文章和诗歌,并刊登了《上海大学留沪同学会章程》草案。(中共"一大"会址纪念馆、上海革命历史博物馆筹备处编:《上海革命史资料与研究(第12辑)》,上海古籍出版社2012年版)

10月

10月22日

《民报》刊登《上海大学组同学会》、《新闻报》刊登《前上海大学组织同学会》的消息,称上海大学同学雷仲山等,准备在南京筹备同学会,并已请准该校校长于右任,定于11月10日召开成立大会。

11月

11月8日

《民报》刊登《上海大学同学会决在首都创办中学》、《新闻报》刊登《上海大学同学会在京创办中学》的消息,称:"上海大学同学会定十日在京成立总会,该会筹备会决定在首都创办中学,并呈请校长于右任设法收回校产,恢复母校。"

11月10日

上午10时,上海大学同学会总会在南京公园路民众教育馆召开成立大会,各地代表及会员500余人参加会议。校长于右任(王陆一代)、南京市政府社会局代表张少垣、警察厅代表徐亮参加会议并致词。主席团程永言等向大会提案提出6项提案并获通过。大会

---

① 即丁嘉树。

选举了由林钧、刘道行、彭贵宝等 21 人组成的理事会和由张治中、吴开先、刘汉溃等 9 人组成的监事会。(《上海大学同学会总会业已成立》,《中央日报》1936 年 11 月 13 日)

11 月 17 日

上海大学同学会总会召开第一次理事会,出席理事 16 人,林钧担任会议主席。程永言、高良佐、张一寒、林钧、朱义权、蒋崐、谢其皋 7 人被推选为常务理事,程永言为理事长。同日,上海大学监事会召开会议,推举张治中为监事长。(《上海大学同学会昨开首次理事会·程永言任理事长张治中为监事长》,《中央日报》1936 年 11 月 18 日)

12 月

12 月 1 日

上海大学留沪同学会举行首次执监委员联席会议。执监委员全体出席。会议除"讨论成立大会交下各案后,即选举常务委员及监委会主席,结果林钧、高尔柏、丁丁、张士韵、姚天羽等五人当选为常务委员,吴开先当选为监委会主席"。(《上海大学同学会推定常委·吴开先当选监会主席》,《新闻报》1936 年 12 月 2 日)

12 月 20 日

季士怡发出主张恢复上海大学意见书,请求于右任转呈主管院部拨款恢复上海大学。(原件藏中共"一大"会址纪念馆)

1937 年

2 月

2 月 1 日

《神州日报》刊登上海大学留沪同学会编《上海大学复校运动特刊》,发表王天任的《复校运动的意义及其使命》、姚天羽的《上海大学小史》、大畏的《我们需要母校》和李春鋽的《恢复母校》等文章。

2 月 26 日

下午,由上海大学教授叶楚伧、邵力子、王陆一及该校同学会理事吴开先、程永言等组成的上海大学学生学籍审查委员会,假监察院会客室举行第一次会议,开始审查。(《上海大学学籍审查会·今日在京开会》,《新闻报》1937 年 2 月 26 日;《上大组织学籍审查会》《时报》1937 年 2 月 26 日)

4 月

4 月 14 日

《民报》刊登《本月卅日于院长六十寿辰·上海大学同学会总会集资建立右任图书馆》、《中央日报》刊登《于院长六十寿辰·上海大学同学会发起集资建立右任图书馆》、《大公报(上海)》刊登《于右任六十寿辰·上海大学同学会筹建右任图书馆》的消息,称本月 30 日为监察院于院长六十寿辰,上海大学同学会,以于前为该校校长,拟集资"建立右任图书馆,借申庆祝,并资永久纪念"。

4 月 24 日

《民报》刊登《上海大学同学会为于院长建图书馆并建文翰别墅》的消息,称:"上海大学同学会发起建筑纪念图书馆及文翰别墅,经费现已筹备,即可兴建。闻寿辰期内,一切祝贺仪式,为于所不许,届期拟不举行。"

4月29日

《新闻报》刊登《于寿·中国公学毕业同学会昨午祝嘏·上大各地同学会代表到京祝寿》的消息，称："前上海大学学生感于于氏长校熏沐之恩，各地同学会发起建筑图书馆，以志纪念，并定明日分别庆祝。川、闽、赣、鄂、陕等各省同学会，并派有代表到京祝寿。至建筑纪念图书馆收款处，为南京建康路上海银行，致送者可径寄。"

4月30日

下午2时，上海大学同学会及华华中学在愚园路华华中学联合举行庆祝于右任校长夫妇六秩寿辰大会。于右任、邵力子、王陆一、周越然和同学会南京总会及上海、南昌、西安、镇江、武昌、开封、杭州、成都、福州等各地分会代表吴开先、丁丁、张世韵、唐纯茵及华华中学全体师生共一千余人参加会议。先由吴开先报告庆祝校长夫妇六秩寿辰意义、南京总会上海分会代表报告会务，后由邵力子等相继致词。同学会推丁丁、程永言恭迎于校长到会致训词。于右任训词谓："诸同学举行盛大庆祝，实不敢当。余对寿辰，不欲铺张，谅为诸同学所深悉。"于右任讲述自己幼年贫苦攻读及壮年从事革命经过，鼓励同学们"努力致学，储为国用，以建设新中国"。于右任对大会通过兴办文化教育提案表示赞同，但反对以"右任"命名。大会还通过如下提案：建立一个"右任图书馆"、创立一个"右任中学"、举办一个"右任文化馆"、编辑一部《于校长文集》、征集一部《于校长寿辰纪念集》，要求恢复母校"上海大学"，并分别由南京总会与上海分会办理。(《上海大学同学会·庆祝于院长寿辰通过》，《新闻报》1937年5月1日)

11月

11月26日

上海大学四箱档案在运往内地经过安徽宣城途中遭日军战机空袭，四箱档案化为灰烬。(台北：木栅档案：上海大学档，1940年3月，转引自叶文心著：《民国时期大学校园文化》，中国人民大学出版社2012年版)

按：1937年8月13日，淞沪抗战爆发。11月12日，经过3个月的浴血奋战，上海沦陷。上海大学的档案和文件被装入7个大木箱中，由校友会收藏起来。为了躲避日军的空袭，这些木箱被运到安徽当涂的乡间。后又转运到安徽宣城，计划通过浙赣铁路运到内地。11月25日，在宣城火车站，由于拥挤，7箱档案只有3箱装运上车，其余4箱改走水路。第二天，即11月26日，遇到日军空袭，4箱档案被炮火炸毁。幸存的3箱档案则最终运抵四川，得以保存下来。(台北：木栅档案：上海大学档，1940年3月，转引自叶文心著：《民国时期大学校园文化》，中国人民大学出版社2012年版)

1940 年

7 月

7 月 19 日

《申报》刊登《前上大生毕业证书已由教部颁发》、《新闻报》刊登《前上大毕业证书已由教育部颁发》的消息,称:"上海大学留沪同学会,日前召集执监联席会议,当经决议组织秘书处,以处理目前日常会务。各同学之毕业证书业经教育部验印颁发,凡学籍经该会审查通过者,均得自本月二十日起径至该会依照总会规定办理领取手续。该会会址在福州路三八四弄四号。"

1941 年

10 月

10 月 31 日

《新闻报》刊登《前上大毕业文凭一部分到沪·留沪同学可往接洽》的消息,称:"前上海大学,自中央通过补发文凭后,即由该校同学会协助于校长办理手续,现已完全办妥。闻所属留沪同学会之同学毕业证书,一部分已到沪,凡属沪会之各同学,可至福州路三八四弄四号向姚君接洽。"

1945 年

9 月

9 月 17 日

《申报》刊登《上海大学复校招生》简讯,称:"前由检察院院长于右任氏所长之上海大学,本学期决定在沪复校,分文理法商教育五学院,十四学系,本月二十五日将举行第一次招生。"

10 月

10 月 9 日

《民国日报》刊登《于右任校长电促上海大学复校》的消息,称:"本市上海大学为党国元老于右任氏所创,民国十七年停办,兹决定复校,继续招生。闻该校现已录取新生二百六十名。昨日于兼校长自重庆来电,敦促早日上课。一俟校舍觅妥,当可正式开班。"

1947 年

5 月

5 月 8 日

中午 12 时,上海大学同学会在中央银行俱乐部庆祝于右任校长六十晋九华诞,来宾有方治、严庄、陈行、杨千里、赵祖康、张维和校友吴开先、水祥云、赵曾钰等,共一百余人。先由吴开先致词祝贺,于右任校长在热烈的掌声中起立致词,勉励同学们以节约为本,并希望上海大学早日复校。(《于右任寿辰·上海大学同学祝贺》,《新闻报》1947 年 5 月 9 日)

6 月

6 月 29 日

《申报》刊登《二十年前旧学府上海大学将重建》的消息,称:"本年于氏六九寿诞时,曾集沪上校友称觞,席间决定于最短期间,重建该校。现闻校舍业经觅定,经费亦已集得一部分,假后将先行开办上大中学,一俟筹备就绪,当再开办大学。"

1948 年

5 月

5 月 3 日

晚上,前上海大学同学 30 余人,在南京举行年会,上海大学校长于右任、代理校长邵力子和夫人傅学文女士出席会议。(《上海大学校友昨举行年会》,《中央日报》1948 年 5 月 4 日)

1949 年

6月

6月8日

上海大学学生孔另境写就《旧事新谈——怀念革命的摇篮上海大学》一文。

按：该文发表于6月14日《大公报》，发表时题记"六月九日，上海"。

参考文献

1. 本书编委会编：《20世纪20年代的上海大学(上下卷)》，上海大学出版社2014年版。
2. 黄美真、石源华、张云编：《上海大学史料》，复旦大学出版社1984年版。
3. 王家贵、蔡锡瑶编著：《上海大学(1922—1927)》，上海社会科学院出版社1986年版。
4. 张元隆著：《上海大学与现代名人(1922—1927)》，上海大学出版社2011年版。
5. 中共上海市委党史资料征集委员会编：《中共上海党史大事记(1919.5—1949.5)》，知识出版社1988年版。
6. 中共安徽省委党史工作委员会编：《中共安徽党史大事记(1919—1949)》，安徽人民出版社1992年版。
7. 中共安浙江省委党史资料征集委员会编：《中共浙江党史大事记(1919—1949)》，浙江人民出版社1990年版。
8. 中共江苏省委党史工作委员会、江苏省档案馆编：《中共江苏党史大事记(1919—1949)》，中共党史资料出版社1990年版。
9. 中共山东省委党史资料征集研究委员会编：《中共山东党史大事记(1921—1949)》，山东人民出版社1986年版。
10. 中共江西省委党史资料征集委员会编：《中国共产党江西历史大事记(1919—1998)》，新华出版社1999年版。
11. 中共陕西省委党校党史教研室、陕西省社会科学院党史研究室编：《新民主主义革命时期陕西大事记述》，陕西人民出版社1980年版。
12. 中共常熟市委党史工作办公室编著：《中共常熟地方史》第1卷(1919—1949)，中共党史出版社2011年版。
13. 中共阜阳市委党史研究室编：《中国共产党阜阳地方党史大事记》，2011年版。
14. 中共温州市委党史研究室编：《中国共产党浙南历史大事记(1919年5月—1949年10月)》，中共党史出版社2000年版。
15. 中共南阳市宛城区委党史研究室编：《中共南阳县历史》第1卷，中共党史出版社1998年版。

16. 王健英编:《中国共产党组织史资料汇编——领导机构沿革和成员名录》,红旗出版社 1983年版。
17. 欧阳淞、曲青山主编:《红色往事:党史人物忆党史》第1册"政治卷",济南出版社,2012年版。
18. 杨尚昆著:《杨尚昆回忆录》,中央文献出版社2001年版。
19. 中共中央党史研究室编:《杨尚昆年谱(1907—1998)》(上卷),中共党史出版社2007年版。
20. 中共中央党史研究室、中共中央对外联络部、中国人民解放军总政治部编:《王稼祥》,中共党史出版社1996年版。
21. 徐则浩编著:《王稼祥年谱(1906—1974)》,中央文献出版社2001年版。
22. 张治中著:《张治中回忆录》,中国文史出版社1985年版。
23. 叶子铭编:《茅盾自传》,江苏文艺出版社1996年版。
24. 许杨清、宗诚编:《丁玲自传》,江苏文艺出版社1996年版。
25. 陆米强编:《陈绍康中共党史研究文集》,上海古籍出版社2007年版。
26. 中共临海市委、临海市人民政府编:《临海揽要》,西泠印社出版社2014年版。
27. 王荣福主编:《新民主主义革命时期临海党史图志》,浙江大学出版社2011年版。
28. 孔海珠、孔乃茜、孔明珠编:《我的记忆——孔另境散文选》,上海文艺出版社1987年版。
29. 谢燕著:《张琴秋的一生》,浙江人民出版社2018年版。
30. 中共凤台县委党史办公室编:《凤台县革命回忆录》,2016年版。
31. 何池著:《翁泽生传》,海风出版社2004年版。
32. 谢雪红口述、杨克煌笔录:《我的半生记》,杨翠华1997年印行于台北。
33. 〔俄〕郭杰、白安娜:《台湾共产党和共产国际〈1924—1032〉研究·档案》,台北"中央研究院"台湾史研究所2010年版。
34. 蓝博洲编著:《民族纯血的脉动——日据时期台湾学生运动(1913—1945)》,海峡学术出版社2006年版。
35. 梅昌明整理:《梅龚彬回忆录》,团结出版社2002年版。
36. 马纯古、章蕴等著:《回忆杨之华》,安徽人民出版社1983年版。
37. 中国人民政治协商会议全国委员会文史资料研究委员会办公室编:《和平老人邵力子》,文资料出版社1985年版。
38. 政协龙泉市委员会文史资料研究委员会编:《龙泉文史资料(第12辑)》,1992年版。
39. 邓明以著:《陈望道传》,复旦大学出版社2005年版。
40. 龙溪地区中共党史研究分会英烈传编审组、福建省龙溪地区民政局合编:《闽南英烈(第1卷)》,1985年版。
41. 周越然著:《六十回忆》,北方文艺出版社2019年版。

42. 胡允恭著：《金陵丛谈》，人民出版社1985年版。
43. 杨之华：《回忆秋白》，人民出版社1984年版。
44. 宋帮强著：《日据时期台湾共产党研究》，中国社会科学出版社2012年版。
45. 上海人民出版社党史丛刊编辑部编：《党史资料丛刊（第1辑）》，上海人民出版社1980年版。
46. 上海人民出版社党史丛刊编辑部编：《党史资料丛刊（第2辑）》，上海人民出版社1980年版。
47. 上海人民出版社党史丛刊编辑部编：《党史资料丛刊（第3辑）》，上海人民出版社1980年版。
48. 上海人民出版社党史丛刊编辑部编：《党史资料丛刊（第4辑）》，上海人民出版社1980年版。
49. 中国人民政治协商会议上海市委员会文史资料工作委员会编：《文史资料选辑（第2辑）》，上海人民出版社1979年版。
50. 中国人民政治协商会议福建省泉州市鲤城区委员会文史资料委员会编：《泉州鲤城文史资料（第8辑）》，1991年。
51. 中国人民政治协商会议全国委员会文史资料研究委员会《文史资料选辑》编辑部编：《文史资料选辑（第18辑）》，中国文史出版社1989年版。
52. 中国人民政治协商会议上海市委员会文史资料工作委员会、中共上海市委统战部统战工作史料征集组编：《上海文史资料选辑——统战工作史料专辑（八）》，上海人民出版社1989年版。
53. 中共上海市委党史研究室编：《上海党史资料汇编（第一编）》，上海书店出版社2018年版。
54. 傅学文编：《邵力子文集》（上、下册），中华书局1985年版。
55. 人民出版社编辑部编：《回忆张太雷》，人民出版社1984年版。
56. 吴云著：《无悔的奋斗——吴云回忆录》，大众文艺出版社2010年版。
57. 李鹏：《纪念我的母亲赵君陶》，《人民日报》2003年1月21日。
58. 郑超麟著：《郑超麟回忆录》，东方出版社2004年版。
59. 国务院学位委员会办公室编：《中国社会科学家自述》，上海教育出版社1997年版。
60. 上海社会科学院历史研究所编：《五卅运动史料（第一卷）》，上海人民出版社1981年版。
61. 上海社会科学院历史研究所编：《五卅运动史料（第二卷）》，上海人民出版社1986年版。
62. 《李大钊传》编写组编：《李大钊传》，人民出版社1979年版。
63. 周永祥著：《瞿秋白年谱新编》，学林出版社1992年版。
64. 中共湖南省委宣传部、中共湖南省委党史研究室、中共怀化市委编：《向警予纪念文

集》,湖南人民出版社 2005 年版。
65. 屈武口述、陈江鹏执笔:《屈武回忆录》,团结出版社 2002 年版。
66. 中共安徽省委党史研究室著:《中国共产党安徽历史(第一卷 1923—1949)》,中共党史出版社 2021 年版。
67. 本书编写组编:《中国共产党简史》,人民出版社、中共党史出版社 2021 年版。
68. 中共中央党史研究室著:《中国共产党历史第一卷(1921—1949)》,中共党史出版社 2011 年版。
69. 金立人、贺世友著:《杨贤江传记》,江苏教育出版社 1990 年版。
70. 中共中央党史研究室著:《中国共产党的九十年》,中共党史出版社、党史读物出版社 2016 年版。
71. 胡申生编著:《从上海大学(1922—1927)走出来的英雄烈士》,上海大学出版社 2020 年版。
72. 胡申生编著:《他们从上海大学(1922—1927)走进新中国》,上海大学出版社 2021 年版。
73. 胡申生编注:《上海大学(1922—1927)师生诗文书信选》,上海大学出版社 2021 年版。
74. 胡申生编:《上海大学(1922—1927)研究文选(1980—2020)》,上海大学出版社 2021 年版。
75. 本书编委会编:《上海大学(1922—1927)演讲集》,上海大学出版社 2021 年版。
76. 本书编委会编:《上海大学(1922—1927)师生回忆录》,上海大学出版社 2021 年版。
77. 本书编委会编:《上海大学(1922—1927)教材:施存统〈社会运动史〉〈社会思想史〉〈社会问题〉邓中夏 李立三〈劳动常识〉胡朴安〈文字学 ABC〉》,上海大学出版社 2021 年版。
78. 本书编委会编:《上海大学(1922—1927)教材:瞿秋白〈现代社会学〉〈社会哲学概论〉安体诚〈现代经济学〉蔡和森〈社会进化史〉》,上海大学出版社 2021 年版。
79. 王敏、徐未晚主编:《上海大学(1922—1927)与五卅运动》,上海大学出版社 2021 年版。
80. 王敏、徐未晚主编:《上海大学(1922—1927)与五卅运动外文史料选辑》,上海大学出版社 2021 年版。
81. 洪佳惠编:《〈民国日报〉中的上海大学(1922—1927)》,上海大学出版社 2021 年版。
82. 洪佳惠编:《〈新闻报〉〈大公报〉〈时报〉〈中央日报〉中的上海大学(1922—1927)》,上海大学出版社 2021 年版。
83. 上海市青年运动史研究会、共青团上海市青运史研究室编:《上海学生运动史》,学林出版社 1995 年版。
84. 复旦大学历史系、上海社会科学院历史研究所著:《1927 年前的上海工人运动史》,上海社会科学院出版社 2021 年版。

85. 上海市总工会、上海工人运动史料委员会编:《五卅运动六十周年纪念集》(内部发行),1985年版。
86. 辞海编辑委员会:《辞海(第六版)》,上海辞书出版社2009年版。
87. 中共海南省委党史研究室编:《中国共产党早期的海南人》,海南出版社2011年版。

后 记

本书的出版虽然后于著者此前所著述出版的《从上海大学(1922—1927)走出来的英雄烈士》(上海大学出版社2020年版)、《他们从上海大学(1922—1927)走进新中国》(上海大学出版社2021年版),其成稿实则更早。2014年和校宣传部谢瑾一起撰成《上海大学(1922—1927)大事记》,即为此书之雏形。在本书的扩充和编撰过程中,又不断地得到谢瑾以及孙蕊等人的帮助。因此,这里首先要向谢瑾、孙蕊多年来对我的帮助表示感谢。

从2018年9月本书初稿形成至今,上海大学党委宣传部、上海大学文学院的领导和教授,上海大学档案馆、博物馆,又从全国各地的革命陈列馆、烈士纪念馆,从我国的台湾地区,从俄罗斯等国家新搜集到大量新的档案史料,使著者在编纂本书时能及时参考和使用。在这里,要向所有老上海大学新史料的发掘者、提供者和编纂者,表示诚挚的感谢。

在本书中,通过注释和胪列参考文献的方式,刊登了所引用的文章和书籍。在此,向所有著作者和出版单位表示诚挚的感谢。

在本书的修订编撰过程中,上海大学档案馆副研究馆员洪佳惠,以其对史料的熟悉和对上海大学的热爱,对本书的编成提供了极富热情而又专业的帮助,在此,向洪佳惠表示由衷的感谢。

我要再次感谢上海大学出版社的傅玉芳、刘强两位责任编辑和美术编辑柯国富等。他们本身业已称得上上海大学史的研究专家,因此,在审阅本书时,不单单从编辑角度把关,在书的内容方面也提出了许多建设性的意见,并提供了珍贵的史料及线索。上海大学出版社社长戴骏豪、上海大学出版社期刊社党委书记曾桂娥一如既往地对本书的编撰、出版予以大力支持和关心。在这里,一并对上海大学出版社这个坚强团队表示钦佩和感谢。

在本书的编纂过程中,时时得到上海大学史的研究专家曾文彪教授、耿敬教授、刘长林教授、纪慧梅副研究馆员的指点和帮助,在此,依然要向他们表示谢意。

我作为上海大学的一名退休教师,在本书的编纂工作中,一直得到上海大学离退休党委余志龙、王宇华以及郭亮等人的关心和支持,在此,向他们表示忱挚谢意。

在本书的编纂过程中,华东师范大学教育高等研究院的胡乐野、上海古籍出版社编审姜俊俊,始终给予大力支持和帮助。可以说,如果没有她们的支持和帮助,本书以及此前已经出版的一系列关于老上海大学的著作,是无法顺利完成的。因此,我要再次向她们表示诚挚的感谢。

胡申生
2022 年 6 月